天津志愿服务蓝皮书
Blue Book of Voluntary Services in Tianjin

天津志愿服务发展报告
（2023）

ANNUAL REPORT ON THE DEVELOPMENT
OF VOLUNTARY SERVICES IN TIANJIN (2023)

钟会兵　主编　　李培志　执行主编

天津社会科学院出版社

图书在版编目（ＣＩＰ）数据

天津志愿服务发展报告. 2023 / 钟会兵主编 ; 李培
志执行主编. -- 天津 : 天津社会科学院出版社,
2023.12
（天津志愿服务蓝皮书 / 钟会兵主编）
ISBN 978-7-5563-0927-6

Ⅰ. ①天… Ⅱ. ①钟… ②李… Ⅲ. ①志愿者－社会
服务－研究报告－天津－2023 Ⅳ. ①D669.3

中国国家版本馆 CIP 数据核字(2023)第 207963 号

天津志愿服务发展报告. 2023
TIANJIN ZHIYUAN FUWU FAZHAN BAOGAO. 2023
责任编辑：李思文
责任校对：杜敬红
装帧设计：高馨月
出版发行：天津社会科学院出版社
地　　址：天津市南开区迎水道 7 号
邮　　编：300191
电　　话：（022）23360165
印　　刷：天津鑫浩林云印科技有限公司
开　　本：787×1092　　1/16
印　　张：14.25
字　　数：200 千字
版　　次：2023 年 12 月第 1 版　　2023 年 12 月第 1 次印刷
定　　价：88.00 元

前　言

　　志愿服务汇聚时代暖流，涵养主流价值，融入社会治理，彰显社会文明。习近平总书记在考察天津市和平区新兴街朝阳里社区时，称赞志愿者是为社会作出贡献的前行者、引领者，强调志愿者事业要同"两个一百年"奋斗目标、同建设社会主义现代化国家同行。几年来，天津牢记习近平总书记嘱托，扎实推进志愿服务事业高质量发展。

　　2023年是全面贯彻落实党的二十大精神开局之年，也是天津以实际行动传承雷锋精神、打造学雷锋"志愿之城"的关键之年。这一年，天津志愿服务组织化、项目化、精品化水平持续提升，志愿服务活动丰富多彩，群众参与志愿服务热情高涨，志愿精神在津沽大地广为弘扬。值得一提的是，2023年天津志愿服务理论研究迈出坚实步伐，天津市新时代文明实践暨志愿服务研究中心在天津社会科学院成立。该中心组建了一支实力雄厚的志愿服务研究队伍，选聘了一批志愿服务领域知名专家学者，举办高水平学术会议，推出高质量理论成果，为天津志愿服务事业健康发展提供了学术支持。

　　为进一步观察天津志愿服务发展的新情况，总结天津志愿服务发展的新经验，分析研判天津志愿服务发展所面临的机遇与挑战，由天津社会科学院社会学研究所发起，联合天津市精神文明建设办公室、天津市新时代文明实践暨志愿服务研究中心等单位和机构，共同撰写了《天津志愿服务发展报告（2023）》。报告围绕志愿服务助力高质量发展"十项行动"见行见效，聚焦天津志愿服务发展的实践前沿，提出了促进天津志愿服务事业高质量发展的思路和建议。

　　《天津志愿服务发展报告（2023）》共收录18篇研究报告,分为总报告、分报告、专题报告、实践报告以及案例报告。总报告为《天津志愿服务发展报告2023》;分报告包括《天津文化和旅游志愿服务发展报告》《天津巾帼志愿服务发展报告》《天津助残志愿服务发展报告》;专题报告包括《天津助老志愿服务专题报告》《天津交通志愿服务专题报告》《天津心理健康志愿服务专题报告》;实践报告包括《河东区志愿服务事业发展实践》《河西区志愿服务事业发展实践》《河北区志愿服务事业发展实践》《红桥区志愿服务事业发展实践》《东丽区志愿服务事业发展实践》《西青区志愿服务事业发展实践》《宁河区志愿服务事业发展实践》《蓟州区志愿服务事业发展实践》;案例报告包括《天津博物馆志愿服务实践》《平津战役纪念馆志愿服务实践》《中新天津生态城志愿服务实践》。

　　值此《天津志愿服务发展报告（2023）》出版之际,感谢各相关单位给予的大力支持和帮助。感谢天津市精神文明建设委员会办公室、天津市文化和旅游局、天津市妇女联合会、天津市残疾人联合会、天津博物馆、平津战役纪念馆、中新天津生态城管理委员会以及河东区、河西区、河北区、红桥区、东丽区、西青区、宁河区、蓟州区区委宣传部及精神文明建设委员会办公室等单位在调查研究、资料收集等方面所提供的帮助。在此,还要感谢天津市精神文明建设委员会办公室志愿服务处全体人员的倾力支持! 感谢天津市志愿服务联合会常务副秘书长田晓为蓝皮书撰写提供的建议和指导! 感谢天津社会科学院出版社诸位老师的辛苦付出!

目 录

总 报 告

分 报 告

专 题 报 告

实 践 报 告

案 例 报 告

天津志愿服务发展报告2023[①]

天津市新时代文明实践暨志愿服务研究中心
天津社会科学院社会学研究所　　联合课题组

摘　要： 天津深入贯彻习近平总书记关于学雷锋志愿服务系列重要指示精神,结合"十项行动",持续推进志愿服务高质量发展,取得了显著进展。2023年,天津志愿服务发展主要表现出以下特征:理论宣讲志愿服务品牌彰显;学雷锋60周年系列活动影响广泛;志愿服务研究迈上新台阶;志愿服务先进典型不断涌现;应急志愿服务展现专业能力;志愿服务组织化推动更加有力;志愿服务项目化水平进一步提升;志愿者和志愿队伍数量稳步增长;志愿服务阵地覆盖面不断扩大;志愿服务激励和保障普遍增强。2024年,天津志愿服务要坚持问题导向,持续发展壮大志愿者队伍、着力增强志愿者活力、大力加强志愿服务激励保障、全面提升志愿服务能力、不断提高志愿精神动力。

关键词： 志愿服务　新时代文明实践　志愿服务体系

① 本报告部分资料得到天津市精神文明建设委员会办公室的支持,特此感谢!

2023 年，天津市继续深入贯彻落实习近平总书记视察和平区新兴街朝阳里社区就志愿服务作出的重要指示，以纪念毛泽东等老一辈革命家为雷锋同志题词 60 周年为契机，大力弘扬雷锋精神，持续推进志愿服务事业高质量发展，志愿精神有序传承，志愿服务氛围更加浓厚；志愿服务队伍持续增长，力量进一步壮大；紧扣"十项行动"拓展志愿服务，活动丰富多彩，优秀项目层出不穷；志愿服务精准化、常态化、便利化、品牌化发展成效显著，服务效益大幅提升。志愿服务事业整体上呈现出健康快速发展的崭新局面，志愿服务的"津味""津神""津蕴"日益凸显。

一　2023 年天津志愿服务发展概况

天津市志愿服务事业在已有的基础上接续发展。坚持系统观念，采取综合举措，发展壮大志愿服务队伍，拓展志愿服务阵地，健全志愿服务组织体系，丰富志愿服务宣讲品牌，营造学雷锋志愿服务氛围，推动志愿服务精准化和日常化，落实志愿服务激励保障措施，提高志愿服务效能，有力地促进了志愿服务健康发展。

（一）理论宣讲志愿服务品牌彰显

2023 年 1 月 17 日，在习近平总书记视察天津市和平区新兴街朝阳里社区四周年之际，重温总书记对志愿服务工作的殷殷嘱托，依托新时代文明实践网格、站点、基地、综合体、服务圈，围绕"二十大精神润心田 文明实践谱新篇"活动主题，广泛开展理论宣讲、专题培训、学习讨论、图片展览、书籍推荐、文艺党课、图文征集等活动，让党的二十大精神"飞入寻常百姓家"。打造形成"永远跟党走"志愿宣讲品牌，一年内累计开展基层志愿宣讲 3.3 万余场次，"田间课堂""银发课堂""墙根课堂"等基层宣讲模式继续发挥独特作用。宝坻区"理响宝地"、津南区"金牌宣讲团"、武清区"百村百站宣讲接力"等一批特色品牌得到巩固和发展。在学习宣传贯彻党的二十大精神活动中，各区发挥志愿者优势，开展了形式灵活多样的宣讲活动。河西区元旦春节期间共组织专题宣讲志愿服务活动 60 余场,开展互动式宣讲志愿服务活动 30 余场,推出"党的二十大精神微宣讲"线上宣讲志愿服务活动,共 24 个专题,通过"学习强国"河西学习平台持续推出。西青区搭建群众理论学习平台,打造"模范宣讲团"等一批基层志愿宣讲队伍,开展"党的二十大精神宣讲进百站"活动。宁河区聚焦宣传党的二十大精神,组建区级、街镇和模范好人、百姓名嘴等多个层面的宣讲志愿服务队伍,以"听、说、唱、谈、聊、演、感"七种方式,到百姓中开展生动活泼的宣讲。其他各区也创造性地开展了丰富多彩的理论宣讲志愿服务。理论宣讲志愿服务深入基层,以群众喜闻乐见的形式帮助群众领会党的二十大精神,受到群众的欢迎,收到了良好的效果。

(二)学雷锋 60 周年系列活动影响广泛

2023 年是毛泽东等老一辈革命家为雷锋同志题词 60 周年。习近平总书记对深入开展学雷锋活动作出重要指示指出:"60 年来,学雷锋活动在全国持续深入开展,雷锋的名字家喻户晓,雷锋的事迹深入人心,雷锋精神滋养着一代代中华儿女的心灵。实践证明,无论时代如何变迁,雷锋精神永不过时。"市文明办发出《关于开展 2023 年学雷锋志愿服务系列活动的通知》,要求全市广泛开展学雷锋志愿服务活动。在 3 月 5 日"学雷锋纪念日"到来之际,天津市志愿服务工作协调小组成员单位精准对接群众需求,举办"学雷锋 做雷锋 共建天津志愿城"主题活动,全年推出 14 个重点志愿服务项目,涵盖志愿宣讲、为老助幼、民生保障、文化健身、健康医疗等领域。学雷锋活动月期间,全市各行业开展主题活动 1300 余场次。在全市开展的"津彩分呈·雷锋行动"垃圾分类志愿服务活动,近 6 万名志愿者深入社区、学校、公园等近 1500 个点位,围绕桶前值守、宣传引导、普及分类知识等内容开展"点对点、面对面、手把手"的交流宣传和指导服务,传承弘扬雷锋精神,全面推进生活垃圾分类工作。同时,加强学雷锋志愿服务宣传。开办新时代文明实践志愿服务主题展览,集中展示天津市 16 个新时代文明实践中心、文明委成员单位优秀志愿服务项目和文创产品。围绕雷锋精神和志愿精神设计制作"志愿梦娃""雷锋剪纸""志愿者沙画"等文创产品。设计学雷锋系列公益广告画面、短视频,在天塔、海河景观带等重点点位常态刊播。定期推出志愿服务专题稿件,如《天津日报》刊发专稿《一起聆听,雷锋精神的天津表达》,"文明天津"公众号刊发《志愿者,想问究竟什么人》《学雷锋,难不难?》《雷锋精神志愿精神 闪耀新时代的文明之光》等原创述评。开展雷锋精神在天津 60 年的史料梳理和经验总结,不断营造学雷锋、做志愿的浓厚氛围。

(三)志愿服务研究迈上新台阶

为了推进志愿服务科学化、专业化,加快"志愿之城"建设,2023 年 7 月天津市新时代文明实践暨志愿服务研究中心在天津社会科学院成立,并在市委宣传部、市文明办指导下开展工作。中心选聘全国、全市哲学社会科学领域专家组成研究队伍,立足天津市志愿服务发展实践,吸收志愿服务前沿理论,借鉴其他地区先进经验,总结实践经验,探索发展思路,创新文明实践和志愿服务的理论,为天津市志愿服务事业健康、持续、创新发展提供智库支持。天津市专家学者积极投身于志愿服务研究,在理论和实践两方面推出一系列论著,特色突出,成绩斐然。2022 年底,天津首部志愿服务蓝皮书《天津志愿服务发展报告(2022)》出版发行,全面总结天津志愿服务发展实践,提出推动志愿服务高质量发展的对策建议。该蓝皮书按年出版,将持续为志愿服务创新发展提供理论支撑和智力支持。津门学者在《光明日报》《天津日报》陆续发表多篇志愿服务阐释文章,宣传志愿精神、解读志愿服务实践,谋划志愿服务发展策略。天津社会科学院社会学研究所主办志愿服务天津论坛,邀请全国各地专家学者共同探讨志愿服务发展的重大议题,交流理论创新和实践经验,形成了丰硕的志愿服务咨政成果。2023 年 12 月 16 日,"关爱健康 志愿助力"医疗志愿服务交流研讨会在天津市眼科医院举办。研讨会上专家学者分享了在医疗志愿服务领域各有特色、富于创新的理念、思路与方法,为与会人员进一步打开了志愿服务视角、拓宽了志愿服务思路。

(四)志愿服务先进典型不断涌现

全市各区各部门积极参与学雷锋志愿服务活动,社会各界广泛动员,展现出生机勃勃的面貌,涌现出一大批先进典型。在市委宣传部、市文明办等21个部门联合组织开展2022年度天津市学雷锋志愿服务"六个一批"先进典型宣传推选活动,择优推选出49名优秀志愿者、46个优秀志愿服务团队、30个优秀志愿服务项目、30个优秀新时代文明实践所(站)、30名优秀志愿服务工作者、20个优秀学雷锋志愿服务岗(站)及"天津V站"。2022年12月31日,天津公布"六个一批"先进典型名单,并持续广泛宣传先进典型,通过他们的先进事迹示范带领更多市民参与学雷锋志愿服务活动,争做践行主流价值、弘扬志愿精神的示范者、引领者,为打造学雷锋"志愿之城"贡献自己的力量。2023年7月31日,2022年度全国学雷锋志愿服务"四个100"先进典型名单发布,天津有11个典型上榜,包括:最美志愿者4名,分别是天津市河北区枫叶正红老年志愿服务队队长孔令智、天津市滨海新区海滨街心港假日西里社区退役军人志愿者刘其政、平津战役纪念馆红色文化志愿服务队志愿者段力丹、天津市和平区朝阳里社区巾帼"阳光"团队发起人吕文霞;最佳志愿服务组织2家,分别是天津市静海区与爱同行助困志愿者服务中心、天津市公安局巾帼志愿服务队;最佳志愿服务项目2个,分别是天津市"津生有援 助力乡村振兴"公益项目、天津市宁河区"一粒米的春夏秋冬"乡村产业振兴服务项目;最美志愿服务社区3个,分别是天津市红桥区和苑街道梦和园社区、天津市河西区大营门街道东莱里社区、天津市宝坻区宝平街道白鹭湾社区。一些区和部门也选树先进典型,发挥示范引领作用。河北区表彰30名"最美志愿者"、15个"最佳志愿服务组织"、10个"最美志愿服务社区"、10个"最佳志愿服务项目"。通过表彰交流活动,增进志愿者之间沟通和联系,增强各志愿服务团队的凝聚力,营造更好志愿服务氛围。市生态环境局组织评选出2022年天津市"最美生态环境志愿者"14人,2022年天津市"最美生态环境宣传员"24人,2022年天津市"生态环境公益活动先进单位"1家,为全市主动践行生态文明理念、积极参与生态环境保护事务树立榜样。在第十四届中国青年志愿者表彰中,天津4名青年获得中国青年志愿者优秀个人奖,2家志愿服务组织获得中国青年志愿者优秀组织奖,2个项目获得中国青年志愿者优秀项目奖。

（五）应急志愿服务展现专业能力

针对应急志愿服务起步较晚、发展相对滞后，2023年2月27日，市应急管理局、市文明办、市民政局、团市委联合印发《关于进一步推进天津市社会应急力量健康发展的意见》（以下简称《意见》），进一步明确了天津市社会应急力量发展的指导思想、基本原则、发展目标、主要任务和组织实施等五个方面内容，提出科学规划培育、强化能力建设、构建联动机制、注重管理保障、加大动员宣传、严格奖励惩戒等六项主要任务，以及强化政治建设、加强组织领导、培养优良作风等三项组织领导措施，力求利用三到五年时间，培育一批管理规范、技能精湛、作风过硬、严格自律、情怀高尚的社会应急力量，成为我市应急救援力量的重要补充。《意见》为促进应急志愿服务发展、提高社会应急力量的综合素质和救援实战能力、推动社会积极参与应急救援工作确立了目标和路径，推动应急志愿服务快速发展。2023年10月，由中国志愿服务联合会主办的全国应急志愿服务培训班（第二期）在河南洛阳举行。这期培训班旨在深入贯彻落实习近平总书记关于志愿服务的系列重要指示批示精神，总结新冠疫情防控、防汛救灾等应急志愿服务经验做法，着力提高应急志愿服务队伍能力水平。天津市文明办、应急志愿服务队伍负责人、志愿者代表等参加了培训。在2023年的防汛救灾中，滨海新区、静海区、西青区、武清区等八个相关区承担引洪入海任务，科学调度志愿服务力量，助力防洪防汛工作。市委宣传部、市文明办快速响应，发动应急志愿服务力量。团市委组织青年志愿服务队深入防汛一线，针对防洪防溺水开展"成救心生"心肺复苏科普志愿培训。市妇联发布《防洪防汛倡议书》，号召广大巾帼志愿者开展物资帮扶、陪伴帮护、心理疏导、物品代购等邻里关爱服务。退役军人事务局印发《关于开展抢险救灾志愿服务活动通知》，积极动员具有应急救援专业特征的退役军人加入志愿服务队伍，吹响防汛集结号，形成了全市上下防洪防汛的强大志愿合力。数以万计的志愿者积极参与政策宣传、安置动员、巡查值守、物资搬运、疾病防控、群众情绪安抚、治安秩序维护等抗洪抢险救援工作，为保障群众生命财产安全发挥了重要作用，为防汛抗洪救灾取得胜利作出了重要贡献。天津派出7支应急救援服务团队114名志愿者，第一时间奔赴涿州市灾区，救援受灾群众8000余人。2023年12月18日,甘肃临夏州积石山县发生6.2级地震,导致当地房屋损毁,人员死伤。19日下午开始,宝坻、静海、武清、津南蓝天救援队的近30名队员驾驶8辆车,装满了御寒衣物、食品等救灾物资,相继出发,驰援甘肃灾区。20日一早,西青区平安蓝天救援队携带物资赶赴灾区。各救援队承担搬运物资、搭建帐篷、人员转移安置等任务,为抗震救灾贡献了天津应急志愿队伍的力量。

(六)志愿服务组织化推动更加有力

天津市第十二次党代会报告明确提出打造学雷锋"志愿之城",为志愿服务发展提出了明确的要求和目标,为志愿服务高质量发展绘制了蓝图。市志愿服务协调小组和党员单位按照《天津市志愿服务工作协调小组及其办事机构工作规则》落实职责,充分发挥统筹规划、协调指导和督促检查作用,凝成推动志愿服务发展的整体合力。天津市志愿服务联合会履行枢纽和引领功能,团结全市志愿服务组织和志愿者,积极完善志愿服务运行机制,推动志愿服务规范化、常态化水平大幅提高。市文明办积极开展文明实践志愿服务培训工作,2023年2月,举办天津市新时代文明实践志愿服务工作培训班,通过理论授课和现场教学相结合的方式,对文明实践志愿服务工作相关负责人进行培训,推动新时代文明实践中心建设工作提质增效,促进志愿服务在文明实践中发挥重要作用。基层党组织、社区居委会、志愿服务组织是志愿服务活动重要推动主体,结合群众生活和基层治理需要,经常性组织志愿者开展形式多样的志愿服务活动。组织化推动志愿服务发展的多层次分工协调的体系日趋完善。

(七)志愿服务项目化水平进一步提升

在"1·17"志愿主题日、"3·5"学雷锋纪念日、"12·5"国际志愿者日等重要节点,常态化开展活动,形成"天津是我家 建设靠大家""百万志愿者服务群众大行动"等优秀志愿服务项目,为满足群众对志愿服务活动的多样化、分众化需求作出了贡献。青年志愿者承担的赛事志愿服务项目高质量运行。2023年5月第七届世界智能大会期间,来自14所高校的天津青年志愿者在国家会展中心、机场火车站、各接待酒店、赛事场地等点位开展服务,涵盖展赛会务、语言翻译、媒体宣传、场站迎送、酒店接待、组织运行等 50 余个岗位的工作。志愿者们以最好的精神面貌、最饱满的热情为大会提供了最优质的服务。2023 年夏季达沃斯论坛举办期间,来自南开大学、天津大学等 12 所高校的 823 名志愿者,经过通用培训和专业培训后,在外事接待、内宾接待、媒体宣传、交通口岸、会议保障等 40 余类岗位开展志愿服务工作,为与会嘉宾提供热情、周到、细致的服务。他们不仅讲好天津故事、宣传好天津文化,更是向世界传递中国青年一代的精彩声音,书写了志愿服务的青春华章。2023 年 10 月 15 日,天津市举办马拉松比赛。赛事期间,来自天津医科大学等 9 所高校的 5000 名青年志愿者在马拉松赛道起终点、沿途水站、医疗站和补给站等 20 余类岗位开展志愿服务工作。志愿者们以热情饱满、周到细致、协作有序的服务,为赛事提供了有力保障,展现了天津青年志愿服务的良好形象。2023 年 12 月 5 日,天津发布 100 个新时代文明实践志愿服务项目,涵盖为老助老、阳光助残、基层治理、乡村振兴、法律服务等 13 个类别,包括心肺复苏、胸痛中心科普、义务按摩、义诊等志愿服务活动。通过为期两天的路演展示,让入围的团队同台交流互动,并将优秀志愿服务活动以项目形式固定下来,向全市推广。2023 年 4 月到 12 月,聚焦推动我市高质量发展"十项行动",推进文明实践志愿服务制度化常态化,市委宣传部、市文明办等 26 个部门联合组织开展了"学雷锋 做雷锋 共建天津志愿城"文明实践志愿服务项目大赛。各系统单位、各区广泛发动志愿服务组织,精准实施文明实践志愿服务项目,涌现出一批宣传宣讲、乡村振兴、生态环保、关爱未成年人、为老助老、阳光助残、医疗健身、应急响应、基层治理、文化文艺、法律服务、移风易俗等类别的优秀项目。经宣传发动、申报推荐、专家评审、分站赛遴选、总决赛展示等环节,共选出 10 个金奖、30 个银奖、60 个铜奖,共计 100 个全市优秀文明实践志愿服务项目和 14 个优秀组织奖。项目大赛活动为志愿服务项目化运作发挥了巨大推动作用。2023 年 9 月 15 日,市退役军人事务局举办首届退役军人志愿服务项目大赛。大赛以"学雷锋 做雷锋 共建天津志愿城"为主题,共设置宣传宣讲、关爱青少年、为老助老等 10 个参赛类别,各区退役军人事务局推选的 22 个优秀项目参加,最终评选出 1 个金奖项目、3 个银奖项目、6 个铜奖项目和 12

个优秀奖项目。"寸草心""手足情"志愿助老行动以养老机构、养老服务综合体和居家的经济困难、失能失智、高龄、独居等老年人为重点,以党员干部、在校学生和低龄健康老年人为骨干,面向全体老年人开展助老志愿服务。经过两年多的实践,此项目已经成为"津牌养老"品牌的重要组成部分。2023 年 12 月,市民政局、市文明办、市教委、市卫生健康委、市财政局、团市委、市少工委联合出台了《关于深化"寸草心""手足情"助老志愿服务工作的实施意见》,主要内容包括:通过"社工 + 邻里 + 志愿者 + 医生"相结合的方式,定期走访关爱特殊困难老年人和其他重点服务老年人,及时解决或协调解决急难愁盼问题;健全养老服务需求库,公益创投项目库,市、区、街道(乡镇)、社区(村)四级助老志愿服务人才库,完善四级老年人分类底册,辖区志愿服务组织、注册及普通志愿者底册;发挥党员干部助老志愿服务带头作用,引导青少年积极参加"寸草心"助老志愿服务,积极开展医养结合助老志愿服务;以各社区(村)、网格为基础,加强城乡社区基层老年协会建设,招募低龄健康老年人组成助老志愿服务队;各社区(村)要建立健全低龄老年人与高龄老年人结成"手足情"助老志愿服务对子,定期为高龄独居老年人提供关爱探访等服务;实施"寸草心""手足情"公益创投项目;利用重要节点组织开展助老志愿服务。为推进"寸草心""手足情"助老志愿服务制度化、常态化提供了重要保障。

(八)志愿者和志愿队伍数量稳步增长

截至 2023 年 11 月,天津市注册志愿者 296.94 万人,注册志愿服务团队 1.96 万支,与 2022 年末相比,注册志愿者增长 8.72 万人,注册志愿服务团队增长 0.16 万支,呈现出快速发展态势。志愿者性别相对均衡,注册志愿者中男性 152.84 万人,占 51.47%;女性 144.10 万人,占 48.53%。年龄结构相对合理,注册志愿者中 18 周岁及以下志愿者 13.87 万人,占 4.67%;19 至 35 周岁志愿者 107.61 万人,占比 36.24%;36 至 60 周岁志愿者 122.61 万人,占41.29%;60 周岁以上志愿者 52.85 万人,占 17.80%。中青年是志愿者的主体力量。(详情见表 1)志愿者和志愿服务团队显出旺盛的活力,近一年内,每月活跃志愿服务团队数量占总团队数量比例维持在 85.3%。各区组建区级志愿服务队 4000 余支,各街道(乡镇)、社区(村)建立学习宣传、文化健身、互帮互助、文明风尚、应急响应等"5＋N"志愿服务队 2.4 万余支,服务能力持续提升。

表 1　志愿者年龄分布表(截至 2023 年 11 月)

年龄	人数(万人)	占比(％)
18 周岁及以下	13.87	4.67
19～35 周岁	107.61	36.24
36～60 周岁	122.61	41.29
60 周岁以上	52.85	17.80

(九)志愿服务阵地覆盖面不断扩大

天津持续推进志愿服务阵地建设,扩大阵地覆盖面。截至 2023 年 4 月,全市建成区级实践中心 16 个、镇街级实践所 253 个、村居级实践站 5223 个,实现新时代文明实践中心、所、站三级全覆盖;建成市级新时代文明实践基地 100 个,在人工智能、文化文艺、体育健身、文明创建等多领域发挥示范引领作用;建成覆盖交通场站、公园景区、街道社区、公共文化设施等场所的志愿服务岗站升级版——"天津 V 站" 253 个。各区在文博场馆、院校、企事业单位、"两新"组织中广泛建立志愿服务基地、站点等 7104 个。阵地数量和覆盖面不断扩大,为志愿者开展志愿服务提供了良好的载体条件。

(十)志愿服务激励和保障普遍增强

天津市逐步完善志愿服务激励和保障措施,各区通过多种方式积极落实,促使志愿服务激励和保障普遍增强,提高了志愿者的积极性和从事服务的安全性。2023 年 3 月 2 日,武清区"文明银行"正式启动,是全市首个区级实体文明银行。"文明银行"是由武清区文明办开设的志愿服务积分兑换平台,集文明积分兑换、志愿者风采展示、志愿团队注册、志愿活动策划、群众线下参与等多功能于一体,通过建立健全登记、奖励、兑换、公开、监督、日常管理等工作机制,发挥全区志愿服务的"枢纽站""加油站"功能。武清区借鉴银行储蓄管理理念,修订完善《武清区志愿者礼遇办法》,出台《武清区"文明银行"积分兑换细则》,为每名志愿者建立志愿服务积分"存折",将参与志愿服务活动时长转化为"文明银行"储蓄积分,用于支取兑换礼遇物品、社会服务或参与区内重大活动入场券,以此引导和激励志愿者积极参与志愿服务。"文明银行"运行以来,有效提升了志愿者注册率和活跃度,增强了志愿者服务群众和参与社会治理的积极性。西青区加强志愿者礼遇,用好志愿服务积分兑换制度,志愿者可以用志愿服务积分到各村居文明实践站兑换油壶、雨伞等实用礼品;投入专项保障经费,为志愿者配备红马甲、帽子等志愿者标识,连续四年为全区志愿者购买"志愿者保险"。宁河区以"全国雷锋标兵"李秋萍之名,创立专项基金,募集捐款,专项用于志愿服务统筹资源、搭建平台、培育品牌,不断提升实践志愿的保障能力;设立奖金池,设置"十有"考核标准,以资金奖励的方式鼓励先进、孵化品牌;在 65 个村推广积分制,进一步加强群众参与志愿服务的积极性。其他各区也积极探索方法,提高志愿服务制度保障能力,加强对志愿者的激励,增强志愿服务活力。

二　天津志愿服务进一步发展面临的问题

天津志愿服务事业持续推进,补齐了一些短板,服务能力和效益全面增强。与社会发展的要求和人民群众对志愿服务的需要相比,志愿服务事业还存在一些不足。在今后的发展中,有针对性地解决这些问题,将会促进志愿服务事业发展。

(一)志愿服务队伍有待进一步充实

在一定程度上存在新增志愿者人数较少,队伍规模增长陷于停滞情况。有的志愿服务队伍由于中青年人比例低且加入者少,出现人员固化和年龄结构老化现象。在一些领域,志愿者和服务队伍数量少,服务活动和项目不够丰富,满足个性化、类型化、差别化、专业化需要的能力比较欠缺,在一定范围存在群众有需求却难以找到相应志愿服务的情形。分析其原因，一方面是不少群众对志愿服务缺乏基本的了解，自认为没有志愿服务的能力或者没有参与的必要；另一方面是志愿精神的宣传不够，没有形成强大的感召力和内生力，许多群众参与志愿服务的内在动力不足。

（二）志愿者活跃度有待进一步提高

在注册志愿者中，存在服务时长为 0 和服务极少的志愿者。有的社区注册志愿者很多，但实际开展活动、有服务时长记录的志愿者不多，开展活动的志愿者总是固定的少数人。有的社区志愿者只是偶尔参加志愿服务活动，长时间不参与活动。一些志愿服务组织缺乏开展志愿服务的积极性，开展活动少之又少，长期处于休眠状态，志愿者缺乏凝聚力和归属感。这种问题的出现，一方面由于志愿者与服务对象中间缺少供需对接渠道，志愿者想参与服务但没有顺畅的参与途径；另一方面由于符合居民群众需求、适合志愿者特长技能的志愿服务项目或活动少，导致一些志愿者没有活动可参与。

（三）志愿服务激励保障有待进一步增强

志愿服务的激励回馈制度不够完善，对志愿者的激励效果不明显。激励回馈制度的推行范围不够广，一些区域的志愿服务未得到回馈，积极性受到一定影响。嘉许和礼遇机制的落实存在区域差别，作用发挥不充分。在志愿积分兑换机制实施中，未做到按志愿者个性化需要定制服务，兑换服务的形式不够灵活，大部分仅能线下兑换实物商品，且兑换商品种类比较单一，对志愿者缺乏吸引力，造成积分兑换机制的激励效果不明显。志愿服务保障的资源不足，为志愿者提供的保障条件和措施非常有限，难以消除志愿者从事服务的顾虑，影响了志愿者积极性和志愿服务可持续。此外，志愿服务的制度保障、服务环境保障、权益保障不足。

（四）志愿服务效能有待进一步提高

志愿服务培训的覆盖面不够广，针对性不够强；一些志愿者对志愿服务基本知识掌握不全面,开展具体活动的专门技能不足,在很大程度上影响了服务的质量和效能。志愿者之间、志愿服务队伍之间缺乏必要的联系和沟通,缺少相互学习和深度交流的机制,缺乏以群众需求为出发点,多支队伍优势互补、协调配合开展活动的深度合作。志愿服务队伍的专业性不强,具有专业技术者数量较少,难以满足群众对专业服务的需要。一些志愿服务活动或项目的组织管理较为松散粗放,活动效率不高,效果不尽如人意。志愿服务组织内部针对战略规划和组织管理的交流讨论较少,发展思路不够明确,活动的创意不够丰富、精准度不高。

(五)志愿服务动力有待进一步增强

社会对志愿精神的知晓度不高,内化程度不够深,许多人不愿意参与志愿服务,志愿者中有少数人参与志愿服务的动力不足、积极性不高。雷锋精神作为志愿服务的精神基础,弘扬力度有待加大;宣传雷锋精神和事迹的方式有待创新和丰富,雷锋精神与志愿服务宣传的结合有待研究和深化。志愿服务先进典型的宣传渠道有待拓宽,宣传方式还可以更加灵活多样。与丰富鲜活、蓬勃发展的志愿服务实践相比,理论研究和成果转化还不深入,研究人才和队伍缺失且分散,具有前瞻性、针对性、战略性的研究成果不多,解决实践难题和指导志愿服务事业发展力度不够。

三 2024 年天津志愿服务发展的着力方向与建议

天津志愿服务在探索创新中稳步发展。定期对发展实践进行总结,有助于提炼经验和发现问题,确定未来发展的方向和重点。坚持实践导向和问题导向,通过制度机制建设等途径,围绕解决实践中遇到的各种问题,补齐发展的短板和弱项,是实现志愿服务健康发展的着力点。基于天津志愿服务发展中显现的问题,2024 年应在以下四个方面下功夫,不断提高志愿服务发展质量。

（一）持续发展壮大志愿者队伍

发挥志愿者特别是优秀志愿者的示范引领作用，多方位展示志愿服务成果和价值，引导更多居民参与志愿服务。针对一些领域和队伍中青年志愿者偏少的情况，考虑在多层面树立和宣传青年志愿者先进典型，充分发挥其对青年参与志愿服务的带动作用。同时，在学校等青年集中的机构，扩大青年志愿者队伍。继续推动党政机关、企事业单位和人民团体建立志愿服务队伍，充实教育、文化、文艺、体育、科技、医疗、法律等志愿服务力量。利用多种媒体扩大对志愿者注册渠道的宣传，让有意愿者都能成为志愿者。依托志愿服务活动招募志愿者，让群众通过了解具体志愿服务并权衡自己的能力，进而参与到适合自己的志愿服务中来。

（二）着力提高志愿服务活跃度

开展项目大赛，组织开展文明实践志愿服务项目大赛，遴选全市可复制、能推广的优秀项目，打造一批应急应需、便民利民的志愿服务项目，通过项目化运作激发志愿服务参与热情，增强志愿者服务积极性。完善平台建设，持续用好天津市新时代文明实践信息服务平台，优化文明实践志愿服务供需对接和服务点单应用。做好供需对接，推进文艺院团、高校、企事业单位与文明实践所（站）结对共建，推进企事业单位、两新组织新时代文明实践工作。广泛开展"点亮微心愿"活动，精准对接群众需求。推广问卷调查，广泛开展志愿服务问卷调查，摸清摸透服务对象、志愿服务组织、志愿者、共建单位等需求，提高志愿服务项目的设计、管理、评估及社会资源的协调拓展水平。

（三）重点强化志愿服务激励保障机制

根据志愿服务实践中反映的激励和保障问题，有针对性地完善激励和保障制度，逐步形成行之有效、内容完备的激励和保障制度。健全完善志愿服务嘉许激励办法，丰富落实激励制度的举措，引导各层面发挥积极性和创造性，探索多样化、个性化的形式，让志愿者通过积分兑换等方式得到真正有价值的回馈,从而使激励制度最大限度发挥作用。加快志愿服务保障制度建设,制定可操作性强的保障政策,加强保障的规范性。多方统筹保障资金和资源,切实提高实际保障能力,为居民参与志愿服务保驾护航。

(四)全面提升志愿服务专业能力

扩大培训覆盖面,基础知识培训与岗位专门培训相结合,提高志愿者的综合素质和志愿服务专业技能。发展志愿服务培训组织,健全志愿服务培训载体。拓展线上线下结合的培训方式,常态化推出内容丰富、授课方法灵活的高质量线上课程,供志愿者利用闲暇时间学习;经常性开展线下知识讲授和业务演练,让所有志愿者具备志愿服务的基本技能。根据实际需要增设志愿服务组织管理培训项目和课程,增强志愿服务组织内部治理能力和活动的组织管理能力,提高服务效率。跟进志愿服务发展实践,更新培训课程和项目,提高培训的实用性和及时性。加强志愿服务效果监测,依据监测结果改进服务,提高志愿服务的精准度和社会效益。面向基层和优秀志愿服务骨干开展对象化、分众化专业培训,建立全市新时代文明实践志愿服务培训基地,围绕项目设计实施、阵地建设利用、信息化平台搭建、组织管理、风险评估等内容开展专项培训。

(五)不断提高志愿精神动力

大力弘扬雷锋精神,通过各种媒体宣传雷锋精神和事迹,创新和丰富宣传方式,推动雷锋精神与志愿服务宣传结合,加大雷锋精神宣传进社区、进企业、进校园、进机关、进社区、进农村、进家庭、进公共场所的力度,扩大雷锋精神宣传的影响力。开展雷锋精神在天津的研究,整理和研究雷锋精神在天津的感人事迹和发展轨迹,系统开发和利用天津市的各类雷锋资源,形成雷锋精神在天津的资源库,夯实弘扬雷锋精神和开展学雷锋志愿服务的基础。广泛宣传志愿服务先进事迹,制作刊播公益广告和宣传片,营造"雷锋精神,人人可学;奉献爱心,处处可为"的良好氛围。

执笔人:天津社会科学院社会学研究所研究员　王光荣

天津文化和旅游志愿服务发展报告[①]

桂慕梅　天津市新时代文明实践暨志愿服务研究中心
　　　　天津社会科学院社会学研究所副研究员

摘　要：　多年来,天津坚持以人民为中心的发展思想,结合地方实际,贴近群众,推动文化和旅游志愿服务事业发展,在规章制度完善、服务队伍优化、项目品牌创建等方面取得了一定成效。同时也存在一定的短板和弱项。面对新时期的新要求,一是加快推进文化和旅游志愿服务一体化发展;二是加紧完善文化和旅游志愿服务保障机制,三是加大文化和旅游志愿服务的宣传力度,促使天津文化和旅游志愿服务再上新台阶。

关键词：　文化和旅游志愿服务　文化和旅游志愿服务品牌　公共文化服务体系

　　文化和旅游志愿服务是文化和旅游志愿者、志愿服务团队自愿贡献时间、文化知识、文艺技能、旅游信息等,以公共文化设施、场所及旅游景区为载体,

---

　　①　本报告部分资料得到天津市文化和旅游局、天津博物馆、天津图书馆、天津自然博物馆、天津美术馆、天津市群众艺术馆等单位支持,特此感谢!

面向公众开展的各类公益性文化和旅游服务。文化和旅游志愿服务涉及的活动主要有讲解导览、文明引导、图书阅读推广、艺术普及、文化传播和旅游咨询等内容。实践表明,文化和旅游志愿服务在培育和践行社会主义核心价值观、传播中华优秀传统文化、推进公共文化服务体系建设、提升公民文明素质、营造良好社会风尚等方面发挥着重要作用。天津重视文化和旅游志愿服务体系建设,坚持以人民为中心的发展思想,夯实文化阵地,建强志愿服务队伍,丰富志愿服务活动,不断推进文化和旅游志愿服务可持续发展。

一 天津文化和旅游志愿服务主要做法与成效

(一)出台条例标准,推动志愿服务制度化建设

规章制度对文化和旅游志愿服务的开展起引领性作用。近年来,天津市制定了一系列政策文件,探索志愿服务制度化建设。2018年9月29日,天津市第十七届人民代表大会常务委员会第五次会议通过的《天津市公共文化服务保障与促进条例》中明确提出:文化主管部门和其他有关部门应当加强对文化志愿服务活动的指导,建立文化志愿者招募、管理评价、教育培训和激励机制,规范和促进文化志愿服务活动,保障文化志愿服务组织和志愿者的合法权益。2022年7月27日,天津市第十七届人民代表大会常务委员会第三十六次会议通过的《天津市旅游促进条例》中提出:"本市鼓励和支持旅游志愿者开展旅游咨询、翻译接待、文明旅游引导、景区游览讲解和旅游应急救援等活动,为旅游者提供无偿服务。"2022年11月21日,天津市文化和旅游局印发《天津市基本公共文化服务实施标准(2022年版)》,对开展公益性培训、讲座等活动,建立文化志愿服务队伍等作出了具体的规定。

根据各自工作需要,天津博物馆等文化事业单位分别出台管理文件,规范本单位的志愿服务。其中,天津博物馆制定了《志愿者章程》和《志愿者行为规范》;天津自然博物馆制定了《志愿工作者章程》;天津美术馆制定了《志愿者章程》和《志愿者管理守则》;天津图书馆制定了《志愿服务队章程》《志愿者

管理办法》《志愿者招募说明》。这些文件划定了志愿者的年龄范围,对志愿者的学历和政治素养提出要求,规定了志愿者应承担的义务和所享有的权利,说明了志愿者加入团队的程序,明确了志愿者监督和志愿服务管理的相关细则。

相关规章、条例、标准等的制定和出台,为天津文化和旅游志愿服务夯实了制度基础,为天津文化和旅游志愿服务的有序开展提供了政策支持和制度保障,实现了对相关工作的规范管理和统一协调,有利于推动各项任务和活动落实落细。

(二)加强招募培训,提升志愿服务规范化水平

随着天津博物馆、天津自然博物馆、天津美术馆、天津图书馆等文化场馆陆续免费对外开放以及公众对精神文化需求的日益增长,文化场馆的观众流量逐渐增加,公众对文化场馆服务需求增大。志愿者和志愿服务团队成为文化和旅游部门必不可少的服务力量。

天津博物馆等文化事业单位根据工作实际,制定志愿服务招募方案,通过多种方式开展招募工作。一是面向社会招募。文化事业单位根据相关工作制度,结合志愿服务活动和项目需求,设定招募岗位,在官网、微信公众号、天津志愿服务网、"志愿汇"App(应用程序)等发布招募信息。文化事业单位收集志愿者或志愿服务团队报名信息,先进行初步筛选,之后以电话或短信等方式通知符合条件的志愿者或志愿服务团队参加面试。借由面试考核,文化事业单位将部分志愿者或志愿团队确定为本单位志愿服务队伍的新成员。天津博物馆等文化事业单位每年都会按照计划面向社会招募志愿者和志愿服务团队。二是馆校协同招募。文化事业单位与各级各类学校签署协议,共同合作,招募学校志愿者或志愿服务团队进入文化事业单位开展志愿服务。2023 年 3月,天津美术馆和天津大学外国语学院进行馆校合作。天津美术馆工作人员走进校园,向大学生介绍了天津美术馆志愿服务团队"联动共育、项目实训、美育推广"的志愿服务理念,讲述了天津美术馆与天津十余所高校共同合作开展志愿服务的历程,说明了讲解岗、设计岗、活动支持岗、新媒体支持岗四个志愿

服务岗位的设置情况及招募要求,面对天津大学外国语学院学生定向招募。2021年天津图书馆与耀华中学、南开中学、职业技术师范大学等学校志愿者协会、团委等进行合作,进行志愿者批量报名、统一招募等工作。三是动员本单位党员做志愿者。天津图书馆、天津市少年儿童图书馆等文化事业单位号召本单位党员利用业余时间开展志愿服务。天津图书馆依托内馆资源开展志愿服务活动,如在自助检索岗指导读者书刊检索,在户外防疫岗进行进馆预约宣传和双码查验,在书目管理岗对书架图书进行核对整理上架等。截至2021年底,全市博物馆、公共图书馆、纪念馆、群众艺术馆、文化馆等单位共有志愿服务组织1601个,其中在民政部门注册的有34个,文化志愿者11.2万余人,旅游志愿者1619人,此外还有18个景区组建了志愿服务团队。

为了使志愿者具备必要的文化和旅游知识,具有一定的文化艺术才能,对志愿者进行培训是文化和旅游单位组织管理的重要环节。文化和旅游单位一般进行两种类型的培训。一是开展志愿服务基本知识的培训。如讲解志愿精神、志愿服务的意义以及志愿者的权利和义务,介绍本单位关于志愿服务的规章制度,说明本单位志愿服务的工作规划、机构设置以及将要开展的志愿服务活动安排等。有些文化事业单位还会讲述本单位志愿服务的发展历程。二是提供文旅相关的志愿服务专业技能培训。天津博物馆、天津自然博物馆、天津美术馆等文化事业单位的志愿讲解岗专业性强,对志愿者的知识技能要求高,在志愿者进行志愿讲解之前,文化和旅游单位都要有针对性地开展较为复杂的岗前培训。一方面邀请馆内专家对志愿者进行专业知识、讲解技能、馆史等方面的培训,另一方面邀请馆外专业人员对志愿者进行普通话发音、势态语言、着装礼仪、观众沟通等方面的培训。培训之后进行讲解考核,考核合格后,文化和旅游单位根据志愿者的意愿和专长以及原有志愿服务小组情况,贴合工作实际调整组织架构,搭建形成新的团队,完成志愿讲解工作。

多年来,天津博物馆、天津自然博物馆、天津美术馆等文化事业单位不断努力,培育了一批又一批社会责任感强、服务水平高的优秀志愿者和志愿服务团队,多人多队多次获得国家级、市级等奖项。天津自然博物馆志愿服务团队获评2021年文化和旅游领域学雷锋志愿服务先进典型最佳志愿服务组织,天津自然博物馆"V博士"团队在第十届中国博物馆十佳志愿者之星推介活动中荣获"牵手历史——第十届中国博物馆优秀志愿服务团队"。天津博物馆陈朝霞获得2021年文化和旅游领域学雷锋志愿服务最美志愿者称号,天津博物馆志愿服务团队——"红色记忆宣讲团"分队在2021年度天津市学雷锋志愿服务"六个一批"先进典型宣传推选活动中荣获"天津市优秀志愿服务团队"称号。天津图书馆学雷锋志愿服务队在2022年度天津市学雷锋志愿服务"六个一批"先进典型宣传推选活动中荣获"天津市优秀志愿服务团队"称号等。

(三)利用平台,拓宽数字化志愿服务内容

文化和旅游志愿服务与互联网相结合,拓宽了志愿服务的覆盖面,使志愿服务活动取得更大成效。天津博物馆、天津美术馆、天津图书馆等文化事业单位的志愿者和志愿服务团队创新服务方式,利用官网、微博、微信公众号等网络平台,积极开展线上志愿服务活动。线上文化志愿服务活动丰富了广大群众的精神文化生活,为营造向上向善的社会氛围发挥了积极作用。

天津博物馆努力推出线上志愿服务活动。2020年3月,天津博物馆"红色记忆宣讲团"志愿服务团队策划了"春暖花开我在天博等你"志愿服务活动,团队成员组织创作20余幅书法作品,并录制视频发给湖北省博物馆,为湖北省博物馆志愿服务团队助力加油,将天津博物馆志愿者的关爱之情传递到湖北,祝福湖北早日战胜新冠疫情。天津博物馆与武汉博物馆为迎接"5·18国际博物馆日"的到来,共同推出"津汉同心、风雨同行——寻访津汉老街、解读双城故事"线上寻访活动。两座博物馆的志愿服务团队通过录制视频的方式,展现天津和武汉的老街老巷、历史遗迹。云寻访视频在两个馆的官方微信、微博和今日头条、抖音同步推出,微博两天的点击量就超过了14万。2021年的国际博物馆日,天津博物馆志愿服务团队开展"看天博展览 听天津故事"城市寻访活动,活动主题为"寻找桨声里的城市",团队成员带领50余名市民回顾了天津从漕运繁盛的古代到商贾云集的近代,再到改革开放飞速发展的当代的历史沿革,呈现了海河之畔的变化,近万名线上观众通过网络直播观看活动。2022年天津博物馆志愿服务团队策划推出"天博志愿者圆桌派"项目,2

月14日、3月3日、5月10日组织志愿服务团队书画组的三位资深志愿者以馆藏扬州画派为专题,在天津博物馆微信公众号分三期推出"天博志愿者圆桌派——扬州画派"节目。

天津美术馆推出"云观展"系列项目期间,志愿者利用官网、微信公众号、微博等,对馆内开设的特别展览进行网上讲解。天津美术馆和捷克共和国布拉格国家工艺美术博物馆共同主办的"穆夏——新艺术运动先锋"特展原设在天津美术馆四层线下举办,并为此次特展专门招募了40名讲解志愿者。2020年1月特展作品讲解活动由现场转至网络上进行,40名志愿者在天津美术馆工作人员组织下积极进行展览作品网上讲解活动,在20余天内累计讲解140余场。2022年2月,天津美术馆举办了"世界经典动漫原画展——云观展"直播导赏活动,志愿服务团队为观众做线上展览讲解共计5场,累计受众人数约9500人次。

天津图书馆志愿服务队伍——经典诵读志愿服务团队拓展思路,精心策划和组织线上志愿服务活动。2020年4月至5月,经典诵读志愿服务团队举办"志愿心火 声声不息"线上诵读活动,志愿者用心挑选经典古诗、名家名篇等文学作品,配上背景音乐,制成音频诵读作品。团队精选50多个优秀作品,上传到天津图书馆官网。2021年12月5日,经典诵读志愿服务团队利用微信群举办了题为"读经典美文 品百味人生"的线上朗诵会,志愿者为服务朗诵会进行了详细分工,有主持、朗诵、在线签到、线上协调、照片采集、后期文案制作等项工作。志愿者齐心协力为群众奉上一台精彩纷呈的朗诵会。

(四)面向基层,丰富志愿服务活动

天津市公共文化志愿服务总队坚持"服务基层、服务百姓"的工作宗旨,在全市范围内开展了丰富多彩、形式多样、契合时代发展的文化志愿服务活动。和平文化宫"心目影院"坚持每月第三周为盲人讲解一部电影,每月至少举办一次,至今已坚持16年。河西区文化馆公共文化志愿服务分队开展送文化下基层惠民文艺演出社区行、"砥砺一百年 辉煌再出发"总分馆联动等主题文化惠民演出。河东区文化馆公共文化志愿服务分队开展"百场'戏曲进万家'公

益活动"。河北区文化馆公共文化志愿服务分队以红色文艺轻骑兵"文化志愿者基层行"为主题开展一系列基层宣讲、诗歌朗诵、传统艺术进校园等活动。滨海新区文化馆公共文化志愿服务分队开展"送文化 种文化"庆祝建党百年文化进基层系列活动。静海区文化馆公共文化志愿服务分队开展"我为群众办实事·找块空地就演，放开嗓子就唱"系列活动。宝坻区图书馆面向全区开展点单式文化志愿服务，开展"桑梓大讲堂"文化志愿讲座活动。2021 年天津图书馆组织馆内团员青年开展志愿服务活动，完成 56 种 800 余册期刊下架、打捆、点数工作，接收期刊 3000 余册，拆包、分类馆藏报纸合订本 300 余册。2021 年，天津文明旅游志愿者利用外卖小哥等候取餐的时间，为他们送去冬季保暖用品，并推出"流动书架"，鼓励外卖小哥加强阅读、科学防疫，做好平安出行和文明送餐。[①] 2023 年 5 月 19 日，旅游志愿者在蓟州长城国家文化公园开展文明旅游志愿服务，志愿者向过往游客介绍文明旅游知识，倡导文明旅游。[②]

二 天津文化和旅游志愿服务品牌项目与优秀队伍

（一）"春雨工程"：文化志愿者边疆行品牌项目

"春雨工程"是文化和旅游部、中央文明办、国家民委联合推出的一项全国性文化惠民工程，通过对边疆民族地区开展文化志愿服务活动，促进边疆民族地区公共文化服务体系建设，加深内地与边疆地区的交往交流，增进内地与各民族之间的团结进步。

天津高度重视"春雨工程"，这项工作由天津市文化和旅游局负责主办、群众艺术馆负责具体实施，天津图书馆、各区文化馆等单位积极参与。天津市文化和旅游局坚持"高起步、高标准、高效益"的原则，成立专门领导小组，科学规

---

① 《志愿服务"不断档"文明新风润人心——2021 年天津文明旅游志愿服务持续"在线"》，https://baijiahao.baidu.com/s?id=1718020689208809829&wfr=spider&for=pc，最后检索时间：2023 年 9 月 26 日。

② 《5·19 中国旅游日天津分会场文明旅游志愿者在行动》，https://whly.tj.gov.cn/XWDTYX-WZX6562/MTJJ8464/202305/t20230520_6244932.html，最后检索时间：2023 年 9 月 26 日。

划、统筹协调,扎实推进"春雨工程"文化志愿者边疆行工作落实见效。天津市文化和旅游局主要负责人带队赴有关地区调研,在对口支援地区充分听取当地意见建议,以此为基础研究制定活动方案,确保"春雨工程"文化志愿者边疆行工作的科学性和精准性。

实施"春雨工程"以来,天津每年组织志愿者到西部地区开展多种多样的志愿服务活动,大舞台演出、大讲堂讲座、大展台展览是"春雨工程"的重要内容。相关单位组织招募天津各文艺院团的专业演员、各区文化馆群众文艺干部和社会各界文艺爱好者组成文化志愿服务团队,将最具天津地方特色的演出、展览、讲座等活动带给边疆群众。2021年5月27日至6月7日,41名文化志愿者赴新疆和田开展"我们的中国梦·中华文化耀和田"2021年"春雨工程"天津市文化志愿者边疆行活动。活动历时12天,其间开展了15场"大舞台"文艺演出,节目涵盖曲艺、戏剧、音乐、舞蹈、杂技、魔术等多个艺术门类,开展了8场"大展台"书画笔会交流。这次活动覆盖和田地区7县1市,惠及2万余名当地群众。2023年6月,天津市群众艺术馆、天津市多个区文化馆的业务人员以及天津市杂技团的演员共同组成文化志愿服务团队,到青海省黄南州同仁市开展2023年"春雨工程"天津市文化志愿服务黄南行活动。团队为当地群众带去了男女声独唱、二重唱、器乐合奏、魔术、杂技等节目。另外,还举行了书画交流笔会,天津书画家和当地藏文书法家现场挥毫泼墨进行创作。① 天津在新疆和田、西藏昌都、甘肃甘南、青海黄南等地区建立天津图书馆和天津市少年儿童图书馆分馆。天津相关部门充分尊重当地群众阅读习惯,突出当地文化特色,购置了一定比例的少数民族图书,确保所购图书真正为边疆群众所用。此外,考虑到部分地区没有少年儿童图书馆的实际情况,加大了少儿图书的购置比例,确保能够满足孩子们的读书需求。同时,还组织天津图书馆和天津市少年儿童图书馆专业人员为当地图书管理人员进行业务培训,讲解图书分类、上架管理等知识,为读者充分利用图书馆提供保障。截至2023

---

① 吴宏:《2023年"春雨工程"天津市文化志愿者青海黄南行启动》,https://baijiahao. baidu. com/s? id = 1770022651329731339&wfr = spider&for = pc,最后检索时间:2023年9月26日。

年,天津参与"春雨工程"志愿服务 1000 多人次,志愿服务团队的足迹遍及新疆、西藏、甘肃、青海等地区。天津在新疆和田、西藏昌都、甘肃甘南、青海黄南、河北承德等地区建立了 10 余家天津图书馆和天津市少年儿童图书馆分馆。捐赠各种图书乐器、文教用品近 200 余万元,开展"大舞台"演出 79 场,举办"大讲堂"培训 10 次,组织"大展台"书画笔会交流 35 场,活动惠及 55 个县市,惠及帮扶地区百姓群众 56.5 万人次。

"春雨工程"项目不是单方面的文化服务供给,而是采取了"走出去"和"请进来"相结合的方式推动活动开展,边疆民族地区基层文化工作者受邀来到天津开展各类文化交流活动。新疆和田、甘肃甘南、青海黄南、西藏昌都等地多次派文化志愿者和团队来津演出、参加培训以及进行参观展览等。天津与边疆地区的双向互动提升了双方的文化艺术水平,提高了文化志愿服务团队的服务能力,也促使各民族间的情谊愈加深厚。

"春雨工程"以文化志愿服务为主要形式,助推了文化交融,增添了社会活力。高位谋划、强化组织、双向互动三大举措促使"春雨工程"成为品牌特色突出、社会效益显著的经典文化志愿服务项目。天津市文化和旅游局主办、天津市群艺馆具体实施的"春雨工程"项目还起到了示范带动作用,各区文化部门也积极组织本地区文化志愿者开展"春雨工程"文化志愿者边疆行相关活动。和平区、河西区、北辰区、滨海新区等连续多年坚持参与"春雨工程"项目,为全市文化对口支援边疆工作作出积极贡献。天津"春雨工程"的大舞台演出项目多次被文化和旅游部评为"春雨工程"全国文化志愿者边疆行示范项目。

（二）经典诵读:天津图书馆志愿服务品牌项目

天津图书馆经典诵读项目是天津图书馆经典诵读志愿服务团队于 2013 年发起的全民阅读项目。最初仅有 18 名青年志愿者参与,随着项目不断优化,至今有 400 余位老中青少志愿者加入。受众群体不断扩大,获得社会各界广泛认可。

经典诵读项目以"六心"为宗旨,围绕党和国家重要决策、重要时事以及重要节日开展志愿服务活动,将阅读与诵读紧密结合,使阅读以艺术形式得到进一步延伸。"六心"是指深入基层,以真挚之心传递文化力量;文化帮教,以关爱之心服务特殊读者;主动作为,以动人之心声援抗疫之战;坚持不懈,以恒久之心打造惠民舞台;精准帮扶,以热忱之心助力别样人生;引领示范,以专业之心涵养志愿服务。经典诵读团队常年坚持走进社区、学校、机关、企业、军营、敬老院、戒毒所、偏远农村、旅游景区等基层单位,推广全民阅读活动。2019 年11 月,经典诵读志愿服务团队以"重阳敬老月 志愿服务下基层"为主题,开展针对老年读者的诵读活动。团队走进天津团泊湖地区的康宁津园养老中心开展经典诵读志愿服务活动。志愿者朗诵了《我的中国》《沁园春·长沙》《倔强的红军小鬼》等诗词散文。居住在康宁津园养老中心的老人们看完表演,对经典诵读团队的表演赞不绝口,希望志愿者们能够常来。① 2021 年 5 月 22 日,为庆祝中国共产党成立 100 周年,经典诵读志愿服务团队在天津图书馆复康路馆报告厅举办迎庆建党百年诗文诵读会。朗诵会推出了 21 个节目,以团体合诵、个人朗诵、配乐朗诵等形式展开。志愿者朗诵《致敬亲爱的党》,讴歌了中国共产党的伟大;朗诵《青春中国》,赞美了正在崛起的祖国;朗诵《喀喇昆仑的守卫者》,向默默坚守岗位、守护千家万户的边防军人表达敬意。志愿者以诵读方式读党史、诵经典,讲好党的故事。诵读会激发了志愿者和观众的爱国主义情怀,坚定了信念方向。② 2023 年 5 月 25 日,天津图书馆经典诵读志愿服务团队走进和平区朝阳里社区,与春华街朗诵艺术团联合开展"强国复兴有我 谱写时代华章"诗歌朗诵会。志愿者朗诵了岳飞的《满江红》、曹操的《短歌行》、杜甫的《石壕吏》、刘禹锡的《陋室铭》等经典名作,朗诵会将中华优秀传统文化带入基层,使广大社区居民切身感受到中华优秀传统文化的恒久魅力。③ 经典诵读志愿服务团队在朗诵中外文学名著、红色经典文艺作品等基础上开展各类阅读推广和文化交流展示等志愿服务活动。截至 2023 年 8 月,开

---

① 《天津图书馆经典诵读志愿队走进养老中心》,https://www. tjl. tj. cn/ArticleContent. aspx? ChannelId = 244&ID = 20448,最后检索时间:2023 年 9 月 26 日。

② 天津图书馆:《天津图书馆举办迎庆建党百年诗文诵读会》,https://weixin. tjl. tj. cn/wechat/index! showNews. action? newsId = 2821,最后检索时间:2023 年 9 月 26 日。

③ 天津图书馆:《携手社区诵经典 津韵书香进基层》,https://whly. tj. gov. cn/XWDTYXWZX6562/gzdtnew/202305/t20230530_6253449. html,最后检索时间:2023 年 9 月 26 日。

展各类活动和文化辅导 1020 余场,惠及 22.15 万人次。

经典诵读志愿服务项目品牌是文化事业单位与志愿服务团队协同建设的典范。作为依托单位,天津图书馆为经典诵读志愿服务团队搭建了良好平台,经典诵读志愿服务团队为天津图书馆提供了优质公共文化服务。双方在制度建设、队伍壮大、管理优化、服务模式创新等方面高度协同,形成了高效协作的良好局面。

天津图书馆经典诵读项目荣获各级各类奖项,其中有 2020 年全国文化和旅游志愿服务项目线上大赛二等奖、第五届中国青年志愿服务项目大赛铜奖、2021 年书香天津"优秀阅读品牌"、2022 天津市青年志愿服务项目大赛铜奖。天津图书馆经典诵读志愿服务项目获得人民网、新华网、《今晚报》、津云等媒体广泛报道,取得了良好社会反响。经典诵读项目已发展成为天津图书馆志愿服务品牌。

(三)读书推广优秀团队:天津市少年儿童图书馆文化志愿服务联盟

天津市少年儿童图书馆文化志愿服务联盟(以下简称"联盟")成立于 2017 年,这支团队以天津市少年儿童图书馆为阵地,成员主要有热心公益的社会人士、大学生、中学生及公益组织等,馆内党员志愿者也发挥了重要作用。团队主要面向全市范围内的低幼龄儿童和青少年,以及弱势和特殊群体开展志愿服务。团队还与南开大学、天津师范大学、天津工业大学、天津理工大学、天津城建大学、天津职业大学、南开中学、耀华中学、南开大学附属中学等学校建立长期合作关系,协同开展志愿服务活动。团队开展的志愿服务活动主要有四类:一是图书上架排序、整理和基础咨询服务;二是读者服务、活动组织与策划、文明督导;三是对读者进行培训与讲座、阅读指导;四是馆外弱势群体阅读推广等。团队以提高青少年阅读水平、丰富读者的读书活动、营造良好阅读氛围为目标,推动全民阅读的持续开展。

联盟除了开展一般性志愿服务,还利用少年儿童图书馆阵地优势,建立了特色志愿服务团队,"妈妈志愿乐读故事队"是其中优秀代表。"妈妈志愿乐读故事队"(以下简称"故事队")组建于 2018 年,旨在向社会推广少儿阅读。

儿童阅读专家和有绘本阅读经验的妈妈志愿者是故事队主讲人,他们每周末为0—6岁的儿童讲读绘本。故事队不仅给孩子讲读绘本,还会带领孩子进行绘本延伸领域的体验活动,并教授家长如何在家与孩子进行有效的亲子阅读。故事队在多年的志愿服务实践中摸索出一套工作机制,以此推动志愿服务活动的开展。馆内工作人员与故事队一起召开选题会,进行绘本阅读选题工作,主要从中国传统文化、季节变化、儿童发展阶段等角度筛选绘本。通过集体讨论确定绘本及讲读内容。负责讲读的志愿者需要准备课件。课件通常包含绘本和诗歌两部分内容。讲解志愿者通过诗歌引入绘本,再对绘本进行深度讲解。

除了在馆内进行活动,联盟还走进偏远地区、走到特殊和弱势群体之中开展志愿服务。联盟走进天津宜童自闭症研究服务中心、星童融合发展中心,为那里的自闭症孩子带去阅读的快乐。联盟还积极参与"春雨工程"文化志愿服务活动,2018—2019年多次前往河北省承德市围场满族蒙古族自治县和承德县,为那里的青少年开展公益讲座,与当地青年教师一起召开专题研讨会,交流青少年阅读推广经验。

天津市少年儿童图书馆文化志愿服务联盟开展的志愿服务获得青少年读者以及家长们的广泛认可和赞扬,志愿服务活动现场经常能够听到道谢声。人民网、津云网、天津志愿服务网、《今晚报》等主流媒体多次对天津图书馆开展的文化志愿服务进行报道。2019年,天津市少年儿童图书馆文化志愿服务联盟荣获天津市"学雷锋志愿服务五个一批"最佳志愿服务组织奖。

三 天津文化和旅游志愿服务存在的不足

经过多年建设,天津文化和旅游志愿服务持续发展,服务的整体水平不断提升,社会效益明显。然而,面对新时代对志愿服务事业高质量发展的要求,天津文化和旅游志愿服务还存在一些不足。

（一）文旅志愿服务有待协调发展

2018年3月原国家旅游局和原文化部合并成立文化和旅游部,我国旅游志愿服务进入新发展阶段。目前来看,相比文化志愿服务,天津旅游志愿服务尚处于起步期,志愿者和志愿团队少,还没有相对稳定的志愿者来源,志愿服务力量相对薄弱。志愿服务活动不多,所开展的活动集中在文明宣传、环境清洁、交通导引等方面,助残服务、语言服务等专业性高的志愿服务较少。旅游志愿服务组织管理工作发展较为缓慢。

（二）文旅志愿服务保障措施有待加强

近年来,随着天津文化和旅游志愿服务队伍不断壮大,志愿服务活动日益丰富,经费不足的问题日益显现。受有限经费影响,一方面志愿者的权益难以得到保障,必要的防护用品欠缺,基本保险无法落实;另一方面志愿服务活动难以经常开展,志愿服务活动规模受到限制,已经开展的项目难以持续维持良好水平。

（三）文旅志愿服务社会认可度有待提升

天津文化和旅游志愿服务活动丰富多彩,建设了一批可圈可点的品牌项目,但发展不均衡的现象比较突出。部分文化和旅游单位对外宣传推广志愿服务的力度较弱,导致群众对天津文化和旅游志愿服务开展情况的知晓程度不高。一些文化和旅游单位在宣传志愿服务的方式上较为单一,致使宣传效果不够显著,难以覆盖更广泛的受众,志愿服务活动群众的参与度较低,品牌项目文化惠民及示范引领作用未能充分发挥,天津文化和旅游志愿服务的社会气氛不够浓厚。

四 促进天津文化和旅游志愿服务发展的对策建议

天津市第十二次党代会提出要打造学雷锋"志愿之城",作为天津志愿服务事业的重要方面,天津文化和旅游志愿服务工作需紧跟社会形势变化,通过补短板、强弱项、提质量、增效益,促使天津文化和旅游志愿服务更好发展。

(一)加快推进文化和旅游志愿服务一体化发展

文化和旅游志愿服务是助推天津旅游产业发展的重要力量,也是提升天津城市文明形象的重要载体。作为我国重要旅游目的地,天津游客数量逐年增加。为了提高天津文化和旅游服务质量和水平,需要统筹谋划,完善文化和旅游志愿服务组织体系和工作体系。

第一,高位谋划发展。制定文化和旅游志愿服务发展规划,明确发展目标、重点任务和实施步骤,促使天津文化和旅游志愿服务加快发展、有序发展。

第二,完善组织体系。设立文化和旅游志愿服务的领导机构,构建文化和旅游志愿服务组织架构,明确各级组织的职责和任务。制定管理制度,出台文化和旅游志愿服务工作规范、标准等文件。设立联席会议制度,由领导机构定期或不定期召集各成员单位商讨、协调文化和旅游志愿服务工作,促进各成员之间的沟通交流、信息共享和协调行动。

第三,健全工作体系。根据招募计划,确定招募目标。面向熟悉天津文化和旅游的居民、旅游专业相关的高校师生等开展招募工作,尽快建立文化和旅游志愿服务队伍。对新招募的志愿者进行旅游讲解、文明指引、环境保护等方面的培训。聘请文化和旅游专业人才、资历深的文化和旅游志愿者作为培训师资,通过现场集中和网上教学相结合的方式,促使志愿者具备必要的知识技能,胜任志愿服务工作。明确文化和旅游志愿者的注册、记录、退出机制。建立反馈机制,了解志愿者的需求和建议,不断改进志愿服务工作。做好文化和旅游志愿服务活动和项目的策划,整合资源、统筹协调,保证活动和项目顺利开展、达到良好服务效果。

(二)加紧完善文化和旅游志愿服务保障机制

必要的物质和资金不仅为志愿者和志愿服务团队参与志愿服务提供了方便,同时也保护了志愿者和志愿服务团队的公益热情,因此需要建立和完善志愿服务保障机制。

第一，制定详细的经费预算和经费使用计划，尽可能争取财政基本资金支持，为文化和旅游志愿者依托公共文化设施、景区景点开展志愿服务提供经费保障。对于参与重大文化和旅游活动的志愿服务，申请相关部门拨出专款保证文化和旅游志愿服务顺利开展。

第二，探索多元化经费供给方式，引入社会资本，拓展经费筹集渠道。设立志愿服务基金和志愿者保护专项基金，建立志愿服务物资储备库，创新支持方式。与企业合作，邀请企业赞助或捐赠资金、物资等，共同开展文化和旅游志愿服务。利用知名企业的品牌效应，吸引更多社会捐赠者。利用社会捐赠探索义卖活动，将捐赠物品进行义卖，将所得款项用于支持文化和旅游志愿服务。

第三，强化物品和资金使用规范。在物品和资金使用之前，制定详细的预算和计划，确保精打细算地使用物品和资金，避免浪费和不必要的开支。合理分配物品和资金，将其用在最需要的地方。按标准和志愿者注册人数，每年为志愿服务工作拨付定额资金，用于志愿者保险金储备。在开展志愿服务期间，为志愿者提供意外身故保险、意外残疾保险和意外医疗保险，降低和转移志愿服务过程中的风险，保障志愿者、志愿服务组织的基本安全和权益。建立严格的财务管理制度，加强对物品和资金使用的监管。明确资金的审批程序、报销流程等保证物品和资金使用的透明度。运用定量定性方法，定期全面、客观、准确评估资金的使用效益。根据评估结果，优化未来的资金使用方案。

（三）加大文化和旅游志愿服务的宣传力度

采取多元措施宣传推广文化和旅游志愿服务工作和活动，吸引更多群体关注，特别是让文化和旅游知识丰富、有文艺特长的群众了解文化和旅游志愿服务，愿意加入天津文化和旅游志愿服务队伍。通过宣传推广，让更多的群众积极参与天津文化和旅游志愿服务，增强社会对天津文化和旅游志愿服务的支持力度，形成人人想参与、爱参与的文化和旅游志愿服务新态势。

一是拓展宣传广度。通过制作海报、手册等宣传资料，以图文并茂的形式呈现宣传信息。制作和发布短视频、动画短片、纪录片等,通过视觉和听觉双重刺激,增强宣传内容的感染力。在宣传内容方面注重突出亮点和特色,通过发布优质信息,提高群众对天津文化和旅游志愿服务的关注度。贴近群众,开展主题活动。通过讲座、文艺演出等方式,拉近志愿服务与群众的距离,提高群众对文化和旅游志愿服务的认知度。发挥志愿者模范带头作用,通过志愿者和群众之间的交流,将志愿精神传播给更多的人,利用社会关系网络,扩大宣传覆盖面,提升群众对文化和旅游志愿服务的认可度。利用多媒体形成宣传矩阵。通过报纸、广播、电视等主流媒体,对志愿者事迹、志愿服务表彰工作等进行宣传报道,提高文化和旅游志愿服务的知名度和美誉度。利用互联网平台,如官方网站、微博、微信公众号、微信群等,加强与群众的互动交流,增强文化和旅游志愿服务的社会影响力。二是加强宣传深度。针对不同受众群体,开展有针对性的宣传活动。可以利用网络平台发放调查问卷,收集和了解受众的需求和意见,在此基础上,制作符合受众喜好和审美的宣传资料,加深群众对文化和旅游志愿服务的理解和认同。三是加增宣传热度。增加宣传的频次,通过反复宣传,保持群众参与文化和旅游志愿服务的热度。

参考文献:

[1]李培志:《文化志愿服务与构建现代公共文化服务体系》,《特区实践与理论》2016年第5期。

[2]良警宇:《中国文化志愿服务发展报告(2019—2022)》,社会科学文献出版社,2022。

[3]陆士桢:《中国特色志愿服务理论与实践体系构建研究》,《中国青年社会科学》2021年第6期。

[4]王方园:《多方共建文化志愿服务保障机制研究》,《图书馆学刊》2015年第10期。

[5]王全吉:《文化和旅游志愿服务与管理》,北京师范大学出版社,2021。

天津巾帼志愿服务发展报告

李宝芳　天津市新时代文明实践暨志愿服务研究中心

天津社会科学院社会学研究所副研究员

赵　强　天津市妇女联合会宣传部

摘　要： 近年来,天津创新打造巾帼志愿服务的"天津模式",引导广大妇女弘扬雷锋精神和志愿精神,积极奉献社会。巾帼志愿服务将宣传党的精神与志愿服务有机融合,用心用情关爱特殊群体,服务方式和项目持续创新,各领域蓬勃发展,但是与新时代对志愿服务发展的要求相对照,天津巾帼志愿服务仍然面临一些挑战,如管理机制尚待理顺、队伍建设存在不足、培训机制有待完善及社会化机制有待加强等。为推动天津巾帼志愿服务深入发展,应当进一步完善巾帼志愿服务工作机制,不断健全巾帼志愿服务体系,夯实基础,推动巾帼志愿服务规范化、规模化、社会化、品牌化发展。

关键词： 巾帼志愿服务　巾帼志愿服务品牌　巾帼宣讲

　　巾帼志愿服务作为妇女开展"学雷锋"活动的重要载体和新时期妇联组织加强妇女思想政治引领、培育和践行社会主义核心价值观、融入社会治理的重要抓手,经历了从自发到自觉、从零星分散到规范有序的发展变化。目前天津巾帼志愿服务项目涉及扶贫帮困、爱心助学、文明劝导、心理咨询、法律援助、环境保护、家庭教育、群众文化、大型活动等方面。广大巾帼志愿者不仅为创建文明城市、弘扬社会新风、推进新时代文明实践作出了积极贡献,也为社会治理和社会发展注入重要的"她力量"。

一　天津巾帼志愿服务的主要实践与成效

2021 年 10 月 21 日,天津巾帼志愿服务总队成立,并在 16 个区建立分队。近年来,天津市妇联着力以"16 + N"模式推动巾帼志愿服务队伍建设、突出巾帼志愿服务特色、把握巾帼志愿服务特点、拓展巾帼志愿服务载体,立足组织妇女、宣传妇女、凝聚妇女、服务妇女儿童和家庭,秉承"立足基层、关爱家庭、扶危济困、奉献社会、凝聚人心"的服务宗旨,创新打造巾帼志愿服务"天津模式",引导广大妇女弘扬雷锋精神和志愿精神,积极奉献社会,推动本市巾帼志愿服务成为文明城市建设的"靓丽风景",让志愿服务巾帼红绽放于新时代。

(一)展巾帼担当,将宣传党的精神与巾帼志愿服务有机融合

巾帼志愿者勇于担当,积极开展"巾帼大宣讲",将宣传党的精神与志愿服务有机融合。2021 年以来,以建党 100 周年、党的二十大召开等节点为契机,市妇联结合"巾帼心向党 奋进新征程"学习教育活动和"学习贯彻党的二十大精神·巾帼志愿者在行动"主题活动,依托新时代文明实践站、儿童之家等阵地资源,组织"巾帼大宣讲"志愿服务队,用群众喜闻乐见的宣传方式,宣讲习近平新时代中国特色社会主义思想,让党的创新理论深入人心,推动党的精神在基层落地生根,引导群众从身边的发展和变化中、在美好生活的展望中充分感受共产党好、社会主义好,筑牢妇女群众的思想基础,激励广大妇女积极投身巾帼志愿服务,引领广大妇女群众感党恩、听党话、跟党走。2021 年至今,津南区已宣讲 600 余场、受众万余人。滨海新区将"先进妇女""最美家庭""巾帼致富带头人"纳入巾帼宣讲队,依托妇女之家、儿童之家、新时代文明实践站开展"巾帼大宣讲",2021 年至 2023 年 6 月,线下线上累计开展宣讲活动 702 场,受众 17.1 万余人。

还有一些特色巾帼志愿服务项目致力于将巾帼宣讲作为责任使命。如和平区天朗艺术团"党的声音我来传"巾帼志愿服务项目,围绕巾帼心向党、建功新时代主题,组织和平区巾帼志愿者深入街道社区、机关、企业、学校开展宣讲

活动,把巾帼志愿者请上讲台,把话语权交给她们,让妇女、家庭担任宣传教育的主角,用真人、真事、真心话、真感情、真感受唱响时代主旋律。针对老百姓急难愁盼的问题,让老百姓听得懂、能领会、可落实,把党的创新理论讲清楚、讲明白。三年多来,天朗巾帼志愿者每天坚持提供线上宣传服务,定期走基层进行线下宣讲活动,共提供志愿服务总次数 1850 次,其中参与现场宣讲 150次、线上主题活动 40 次、原文诵读 1230 次、帮教谈话 30 次、整理发布资料 400次,受益群众超过 10 万人次。

（二）展巾帼柔情,实现关爱特殊群体服务常态化

近年来,天津常态化开展巾帼志愿服务,用心用情关爱儿童、老人和困难妇女,巾帼志愿服务逐渐融入生活、处处可及。一是结合春节、端午、中秋等重要时间节点开展主题志愿服务,巾帼志愿者组织写春联、包粽子、做月饼等特色活动,将爱心送给孤寡老人、困难妇女儿童等需要温暖的人。二是重点围绕生活照料、心理抚慰、健康保健等方面帮助空巢老人和生活困难老人解决实际问题,通过唠家常方式走访特殊困难妇女,了解她们的实际困难和需求并及时做好记录,在节假日前购买慰问品送至她们家中,尽最大可能为她们争取帮助,鼓励她们积极生活。三是在世界读书日、母亲节、家庭日、儿童节等节日期间,以爱国爱党、亲子阅读、安全教育、厉行节约等为主题,依托新时代文明实践中心、儿童之家等场所开展关爱儿童、亲子绘本共读、七夕传承好家风、文明家庭大讲堂等活动,缓解家长育儿焦虑,推进构建和谐亲子关系,普及科学育儿理念,开展家庭家教家风建设,将培育和践行社会主义核心价值观与推进家庭文明建设融会贯通。

各区结合实际,不断推出为老助老、关爱帮扶弱势群体的特色巾帼志愿服务。如河西区妇联多年聚焦居家养老巾帼志愿服务,依托专业团队开展"心系桑榆 情暖夕阳"手工编织活动,深入各街道、社区居家养老服务中心、新时代文明实践中心（站）开展活动 126 场、受益 1200 余人,丰富老年人业余文化生活。宁河区秋萍巾帼志愿服务队足迹遍布 8 个镇、2 个街道的新时代文明实践站,为老年人、残疾人等理发 3500 余人次,其中上门理发 300 余次;姐妹缘巾帼志愿服务队在板桥镇、宁河镇新时代文明实践中心驻点每月定期开展 6～8 次老年日间照料服务,为 65 岁以上老人理发、按摩、健康宣讲、血压及血糖检测、入户慰问及家政服务等 140 次。在对滨海新区部分街道、社区开展相关困难妇女群体民生问题调研的基础上,新滨海义工协会发起"守护她 撑起家"关爱妇女公益项目,针对困境妇女的普遍性问题及广泛性需求,设计开展一系列持续关爱活动,发扬中华民族扶贫济困的传统美德,发动志愿者群体帮扶,开展营造社区关爱氛围的倡导活动,发掘社区互助力量,建立温情融爱的人文环境,搭建社区困境妇女关爱平台,对困境妇女群体形成持续性帮扶,至今已有四年时间。新北街道裕川家园社区"红色管家团"巾帼志愿服务示范队聚焦辖区空巢老人,于 2021 年 11 月推出"情暖桑榆"关爱空巢老人志愿服务项目,主要围绕送温暖、送健康、公益讲座、义诊、爱心理发、法律咨询、宣传服务等开展关爱空巢老人活动,给予心理安慰,提升老年人生活质量,受益老年人已逾 200 人次。

(三)展巾帼力量,广泛参与各领域志愿服务

天津妇联整合各种资源优势,依托新时代文明实践站所及执委工作室、妇女之家、家长学校、儿童之家等妇联工作阵地,发动妇女群众广泛参与,通过强宣传、树典型,感召社会各界形成参与志愿服务的良好风尚,吸纳社区妇女代表、楼门院长、退休人员、社区文化团队、学生、"六小"商铺外来女职工、辖区共建单位职工、"两新"支部党员、退役军人、人大代表、政协委员等具有较强社会责任感的女性成为巾帼志愿者,提高了巾帼志愿服务水平,扩大了社会影响,营造了全社会共同关注和参与的良好氛围,形成多种类型、各具特色的巾帼志愿服务队伍。截至 2023 年 6 月,各区都活跃着多支巾帼志愿服务队伍,河东区现有巾帼志愿服务团队 165 支,2700 余人;南开区已备案 39 支巾帼志愿服务队,参与人数达千人;西青区有巾帼志愿服务队 282 支,注册巾帼志愿者50223 人;静海区有巾帼志愿服务团队 100 支,3500 余人;滨海新区注册"滨城·微光"巾帼志愿服务示范队伍 100 支,注册巾帼志愿者 3322 人。与此同时,天津巾帼志愿服务产生了一些有社会影响力的巾帼志愿服务品牌队伍,如

河西区挂甲寺街老妈妈志愿服务队、"河西大姐"志愿服务队、西岸特警巾帼志愿服务队，河北区"枫叶正红"志愿服务队和反家暴护卫队，西青区"好大妈帮帮团"志愿服务队、假日风景社区快乐大妈志愿服务队、大寺镇青舞飞扬巾帼志愿者服务队，津南区主妇联盟巾帼志愿服务队，宝坻区"木兰"巾帼志愿服务队，宁河区秋萍巾帼志愿服务队、"检护晨星"巾帼志愿服务队、爱心妈妈巾帼志愿服务队，蓟州区于学艳爱心志愿者服务协会巾帼志愿服务队、一家人志愿者协会巾帼志愿服务队、蓟运花巾帼志愿服务队、蓟州区爱心协会巾帼志愿服务队等。

巾帼志愿者活跃于文明劝导、环境保护、创文创卫、乡村振兴等各个领域。尤其在新冠疫情防控形势严峻时期，巾帼志愿者紧紧围绕防疫工作的要求部署，不惧艰险，全力投身新冠疫情防控工作。她们进村入户、卡点执勤、卫生消毒、登记信息、宣传防疫……在社区防控和邻里互助中倾情奉献，筑起了抗击新冠疫情的坚强防线，为打赢新冠疫情防控阻击战贡献了巾帼力量。如2022年新冠疫情防控期间，蓟州区妇联闻令而动，全区巾帼志愿者在各级党委政府的领导下迅速投身新冠疫情防控一线，成立由百名巾帼志愿者组成的巾帼抗疫突击队，积极开展新冠疫情防控工作。天津市公安局广大女民警、女辅警志愿者迅速响应、美丽逆行，投入新冠疫情防控工作中，以春风化雨的柔情、敢闯敢拼的韧劲、忠诚无私的坚守和舍小家为大家的奉献精神，奋斗在新冠疫情防控的各个岗位上。女警巾帼志愿服务队面对严峻复杂的新冠疫情形势，踊跃报名，积极投身社区核酸筛查、现场秩序维护、防疫政策解答、卡口执勤等工作，以"新冠疫情不退我不退"的坚强决心，义无反顾地奋战在防疫战线各个岗位，为阻断病毒传播筑起一道道坚实的防线，化身新冠疫情防控的铿锵玫瑰。

（四）展巾帼风采，持续深化专业志愿服务

随着巾帼志愿服务社会化、专业化的不断推进，各行各业的女性纷纷投身志愿服务。天津巾帼志愿服务正融入专业精神，体现专业特点，吸引更多专业人做专业的事，志愿服务内涵和外延不断得到丰富与拓展。巾帼志愿者充分发挥自身优势，用自己的专业技能为群众送去法律服务、心理疏导、健康咨询、消防安全科普等专业服务。

天津公安、税务、司法、消防等行业部门纷纷成立巾帼志愿服务队,为群众提供专业服务。自从2021年12月天津市公安局巾帼志愿服务总队成立以来,队伍已由原来的18支发展到49支,下辖志愿服务分队168个。女警志愿者深入社区、繁华街道、养老院、学校、企业及困难群众家中,开展义务巡逻、《反家庭暴力法》宣传、防范电信诈骗、预防经济犯罪宣传及禁毒宣传等专业志愿服务,为大家普及电信诈骗知识、法律常识,推广"国家反诈中心"App等。2023年3月3日,津税巾帼志愿服务队成立,税务系统的巾帼志愿者们利用八小时工作之外的时间参与助企惠民志愿行动,到企业、社区以及繁华路段,现场解答税务问题,进行税收政策宣传,用热情细致的服务和专业的税务知识,实实在在地为纳税人解难题、办实事。河西消防救援支队牵头成立了河西大姨消防志愿联合会,覆盖全区14个街道,巾帼志愿者达500余人,她们积极深入社区参与消防安全知识宣传,组织参与各类消防活动300余场,真正实现从培训一位居民到带动整个家庭、影响整个社区的目的。河西区妇联与区司法局共同组建巾帼律师宣讲团,宣讲团14名经验丰富的律师对接14个街道妇联,在全区范围内积极开展"绽放自我·妇女法与我们同行"主题法治宣传活动近200场,深入学习宣传贯彻党的二十大精神和习近平法治思想,广泛宣传保障妇女儿童权益的法律法规,推动新时代妇女权益保障工作高质量发展。河西区卫生健康系统积极成立巾帼志愿服务队,组织卫生健康系统的巾帼志愿者面向社区和企业,走到广大妇女群众身边,开展不同主题的妇女病知识宣讲和健康咨询活动。

一些巾帼志愿服务品牌项目也通过整合社会资源、吸纳专业力量积极为群众提供心理咨询等专业服务。如于学艳爱心志愿服务协会于2014年开设心理健康类志愿服务项目——心灵驿站公益项目,主要为蓟州区妇女群众提供心理咨询、心理团辅、诉前调解等服务,并在27个乡镇(街道)成立了心理服务站。截至2023年6月,已累计为个人提供心理疏导1800余次,开展心理团辅326场次,为12960人普及心理知识,帮助5000余人摆脱了心理困扰,该项目被评为天津市优秀志愿服务项目。2016年以来,滨海新区妇联积极探索创新新时期妇女维权服务的内容和模式,整合社会资源,延伸服务触角,建立了滨海新区妇女法律心理帮助中心,创立"暖心滨城·幸福万家"心理服务品牌项目,为广大妇女群众提供专业便捷的法律心理服务。自成立以来,滨海新区妇联法律心理帮助中心聘请专业优质的心理咨询师队伍,在心理接待窗口面向公众开展一对一心理咨询服务,为广大市民提供专业便捷的公益心理咨询和援助服务,已接待来电及面询千余例,积极践行"我为群众办实事",深入各开发区、街镇、村居、机关和企事业单位、学校、社会组织举办"暖心课堂暨心理健康大讲堂"上百场,受到群众欢迎。

（五）展巾帼智慧,积极推动志愿服务创新发展

巾帼志愿服务充分发挥"联"字优势,延伸工作手臂、发动多方力量,立足为民服务"办实事",凝聚巾帼力量"有作为",突出重点、创新载体,不断整合资源,凝聚巾帼智慧,在志愿服务阵地、方式和项目上持续创新。

一是志愿服务阵地纵横延伸。妇联组织以妇女儿童和家庭需求为导向,以融入社会治理为根本,整合教育、卫健、政法、司法、城管、公安、街道社区等各类志愿服务资源和力量,不断拓展服务领域,积极打造法律援助、心理疏导、养老助残、家庭矛盾纠纷调解等一批有妇联特色的志愿服务项目。巾帼志愿服务充分利用现有组织和阵地,把有限资源整合起来,上下联动、左右联合,形成工作合力。阵地建设在纵向上涉及区、街、社区三级妇联组织,在横向上包括新时代文明实践中心(站)、妇女之家、妇女微家、执委工作室、家长学校、儿童之家等妇联工作阵地。如河北区已建立"妇女之家"118个、"儿童之家"118个、"妇女微家"159个、执委工作室10个,为巾帼志愿活动开展提供了阵地保障。

二是志愿服务工作方式不断创新。如河东区大王庄街道丰盈里社区以"党旗红"引领"巾帼红",以"巾帼红"带动"志愿红",以"志愿红"拓展"多协同",以"多协同"促进"特色红",重点打造了"丰盈志愿红"品牌,广泛发动巾帼志愿者参与社区基层治理工作,创建了6支定向志愿服务队,即丰盈模范党员先锋队、丰盈文明行为劝导队、丰盈志愿巡逻服务队、丰盈文化惠民宣传队、丰盈社区环境美化队和丰盈爱心帮扶互助队。蓟州区建立"妇联+"特色工作机制,推动巾帼志愿服务持续发展。其一,建立"妇联+于学艳爱心志愿者服务协会志愿者"机制。蓟州区巾帼爱心驿站和 27 个乡镇(街道)爱心驿站分站联动,组织协会 1800 余名巾帼志愿者常态化开展送理论政策、送心理健康、送权益保障、送技能培训、送关心关爱、送志愿服务"六送"活动,切实将党和政府的关怀、"娘家人"的关爱送到妇女群众心坎上,打通联系服务妇女群众的"最后一米"。其二,建立"妇联+蓟州区家政协会志愿者"机制。针对 331 个经济薄弱村困难妇女及全区 188 名在库单亲困难母亲的实际需求,区家政协会巾帼志愿者采取送课下乡和集中培训的方式,开展家政职业技能等培训 150 余场,6100 余名妇女受益,带动 2300 余人就业。其三,建立"妇联+家庭教育志愿者"机制。以加强家庭家教家风建设为着力点,组织巾帼志愿者开展《中华人民共和国家庭教育促进法》宣讲进乡村活动 54 场,举办建设"最美家庭"学习会、分享会等活动 35 场,指导广大妇女创建幸福家庭、打造幸福乡村、建设幸福蓟州,以千千万万家庭的良好家风筑牢社会和谐稳定基础。

三是志愿服务品牌项目日益涌现。其一,立足社区,开展精细化服务项目。如西青区宁德公益项目,探索志愿服务助力网格化管理、精细化服务,主要开展社区关爱和社区矛盾调解等工作。北辰区好榜样博爱自习室项目已累计为北辰区 4200 余名中小学生提供服务,并吸纳天津市多所高校近 800 名在册大学生志愿者参与。其二,搭建爱心平台,为弱势群体提供帮扶项目。如津南区小蜜蜂志愿服务项目,成立了敬老爱老、阳光助学、义卖募捐、绿色环保、健康生活等多个项目组,开展帮扶弱势群体、公益宣传、环保等各类公益活动。宁河区"从头爱你"义务理发项目,是由秋萍巾帼志愿服务队针对农村老年人和特殊群体理发难题发起的公益项目。志愿者们与基层街镇结成对子,每月到当地开展义务理发活动 2 次,并针对出行不便的高龄老人、残疾人提供上门服务,切实解决了农村老年人、残疾人等群体的困难。项目启动以来,已与 10 个街镇结成对子,开展活动惠及 3500 余人次,深受群众好评。其三,依托新媒体平台,打造网上志愿服务项目。如滨海新区的"四微集市"线上志愿服务品牌,是借助"妇联+"新媒体平台,链接各单位、各系统、各级妇联组织丰富资源,打造集"微宣讲""微关爱""微课堂""微服务"于一体的线上志愿服务品牌,依托"巾帼微课堂"开展政策宣讲、家庭教育、普法宣传、安全知识普及等,打通思想引领"最后一公里",筑牢网上宣传阵地。

二 天津巾帼志愿服务队伍与品牌项目

(一)天津市公安局巾帼志愿服务队

天津市公安局高度重视巾帼志愿服务队建设,2021年12月率先成立了市局巾帼志愿服务总队、交警总队及全局各属地分局共18个公安巾帼志愿服务队。各单位按照要求,纷纷组建巾帼志愿服务队,迅速形成了服务总队—服务队—服务分队的三级管理模式。广大女警积极响应市局妇联"志愿服务,奉献有我"倡议,踊跃报名,广泛参与。截至2022年底,公安巾帼志愿服务队已由原来的18个发展到49个,志愿服务分队达到168个,队员总人数达1400余人。市公安局妇联以"凝聚公安巾帼力量,打造津门服务品牌"为目标,进一步规范管理,并将开展巾帼志愿服务活动列入全局队伍建设绩效考核,推动公安巾帼志愿服务工作制度化、规范化运行。广大女警志愿者充分发挥自身优势,倾情奉献,利用业余时间深入社区、高考考点、养老院、学校、繁华街道、商超、企业及困难群众家中,开展反诈、禁毒宣传,交通纠违、秩序维护和困难帮扶等志愿服务。截至2022年6月,全局各志愿服务队共开展各类志愿服务156项,接待、服务群众23200余人,发放反诈宣传册、禁毒宣传品及交通安全提示单38000份,现场解答、解决群众实际问题11600余件。

立足公安职能,普法宣传有作为。为不断增强广大市民的法律意识和法治观念,各巾帼志愿服务队适时开展禁毒、反诈、交通安全、校园安全、反家庭暴力等普法宣传,群众利益得到有效维护。2022年6月26日国际禁毒日当天,市公安局巾帼志愿服务总队及全市18支巾帼志愿服务队组织200余名巾帼志愿服务队员,在全市同步开展"健康人生 绿色无毒"全民禁毒主题宣传活动。通过播放禁毒宣传片、展示毒品样品、讲解禁毒知识、发放禁毒宣传册以及动员群众关注禁毒微信公众号,积极宣传毒品的严重危害性,提升广大群众的识毒、辨毒能力。南开分局、津南分局开展"关爱老年人 防范电信诈骗"活动,巾帼志愿服务队深入社区、老年活动中心、晨练广场,重点针对老年人常见的冒充亲友、投资理财、销售保健品等典型案例进行讲解,向群众宣传《中华人民共和国反家庭暴力法》《中华人民共和国妇女权益保障法》和防范电信诈骗知识等,提高老年人反诈意识,让更多老年群众学法、懂法、守法,切实维护群众利益,促进家庭和睦文明。河西分局开展"警蓝助教护航青春"警校共建活动,巾帼志愿服务队走进校园,围绕防范未成年人犯罪、校园欺凌等方面,在寓教于乐中提高学生的风险防范和自我保护意识和能力。

投身新冠疫情防控,服务大局显担当。2022年元旦刚过,天津市公安局广大女民警、女辅警闻令而动、美丽逆行,迅速投身新冠疫情防控工作,为打赢新冠疫情防控阻击战贡献公安巾帼力量。津南分局、武清分局巾帼志愿服务队面对严峻复杂的新冠疫情形势,积极投身社区核酸筛查、现场秩序维护、防疫政策解答、卡口执勤等工作,义无反顾地奋战在防疫战线各个岗位,用责任和担当谱写新时代巾帼风采。河北分局巾帼志愿服务队女警们踊跃报名,积极参与,以"新冠疫情不退我不退"的坚强决心,投身防控一线,全面助力新冠疫情防控。红桥分局、西青分局巾帼志愿服务队深入社区核酸检测点和居民家中,维护现场秩序,核对居民信息。女警们的温情劝导、温度执勤,赢得了群众的理解和配合,为阻断病毒传播筑起一道道坚实的防线,成为防控"疫"线的"最美风景"。

坚持搞好结合,做好实事暖民心。坚持巾帼志愿服务与"我为群众办实事"实践活动紧密结合,依托各警种业务特点,积极为群众办好事、办实事、解难事,用爱心暖民心,积极构建和谐警民关系。出入境管理总队启用出入境证件移动办理服务,队员们认真做好实地走访、上门送证、信息跟踪查询、政策宣讲等服务,着力打造优质、高效、便捷的出入境服务品牌。武清分局服务队定期深入辖区孤寡老人家中,为老人们送去米面油粮等生活用品,陪老人们唠家常,帮老人剪头发、修指甲,用实际行动营造"警民一家亲,警民鱼水情"的良好氛围。滨海新区公安局、南开分局、河东分局巾帼志愿服务队在2023年高考期间,深入辖区考点,开展"护航高考"志愿服务活动,协助维护考点门前治安秩序、进行交通疏导,为考生和家长们提供分发防暑药品、出具临时身份证明等必要帮助,并为家长普及预防涉高考电信诈骗常识,提升考生及家长反诈意识,深受考生和家长欢迎。

(二)武清区"妈妈管护队"

天津市妇联推进妇联组织"一区一特色"深度参与新时代文明实践中心建设,推动妇联工作与新时代文明实践互为支撑、有机融合,把引领服务联系妇女群众的工作做在平常、抓在经常、落到基层。在此背景下,武清区倾力打造草根巾帼志愿服务团队——妈妈管护队,助力基层社会治理。武清区妇联通过组织化推动和社会化动员,汇聚社会各界、各类优秀妇女人才,不断壮大组织力量。目前武清全区所有村、社区均建立"妈妈管护队",队员已近万名。"妈妈管护队"依托新时代文明实践中心、所、站,累计开展庭院美化、新冠疫情防控、巾帼宣讲、邻里守望、扶贫助困、文明创建等志愿服务活动3600余场,提供志愿服务时长1万余小时,已成为全区妇联组织助力天津新时代文明实践的靓丽品牌。

围绕全区农村人居环境建设中心工作,武清区妇联把家庭作为改善农村人居环境的切入点,深入基层调研,在河北屯镇李大人庄村、白古屯镇韩村、黄庄街道城上村等10个试点村率先建立"妈妈管护队",定期开展清整庭院志愿服务,实行队旗、标识、服装、行动"四个统一"。武清区妇联定期开展"妈妈管护队"工作经验总结和推广交流活动,指导与服务相结合,同时积极构建"群众点单、妇联派单、管护队接单"的服务机制,推动妈妈管护志愿服务活动开展更加精准、更具实效。在美丽庭院打造等志愿服务活动基础上,逐步拓展新冠疫情防控、巾帼宣讲、邻里守望、扶贫助困、文明创建等服务项目,加强与专业公益组织合作,探索建立志愿服务回馈机制,将"妈妈管护队"巾帼志愿服务打造为常态化项目。

围绕新时代文明实践中心建设"一个目标、四个定位",武清区妇联坚持"党建带妇建 妇建促党建"的工作思路,结合妇联基层组织建设"破难行动",

强化党建引领,着力推动"妈妈管护"品牌有效运转,服务基层宣传思想工作。开展"红色故事诵起来、优良家风讲起来、红色歌曲唱起来、盛世画卷绘起来、美好生活舞起来"等多种文明实践活动,推动党的创新理论"飞入寻常百姓家",引领妇女群众感党恩、听党话、跟党走。开展"巾帼同心向党 共建千村美院""绿色创建 妈妈服务""巾帼齐动员 服务暖人心"等服务活动,做好人居环境建设的宣传、清洁和监督;开展"助推成长 芳华绽放"新农学堂、新女性课堂活动,大力提升农村妇女创业创新能力。开展"娘家温情送到家"活动,为单亲困难母亲、"两癌"患病妇女、残疾妇女等生活困难的妇女、家庭送去关心关爱。开展"爱伴成长 五彩假期"活动,关注留守儿童、孤儿及其他困境儿童学习生活,引领妇女群众在志愿服务广阔舞台上展现作为。面对新冠疫情防控工作要求,"妈妈管护队"闻令而动,勇担重任,冲锋在前,协助村街、社区核酸筛查、卡口防疫、准备物资、搭建帐篷、调试设备、维持秩序,为一线人员准备早餐,确保核酸检测工作有条不紊。新冠疫情期间,"妈妈管护队"主动做百姓生活的守护者,以妈妈之心为民排忧解难。聚焦老人、儿童和困难群体,关爱特殊群体,提供暖心服务,通过微信、电话、入户等方式及时掌握群众的需求和困难,提供买菜、买药、代购急需生活用品等服务,打通关爱服务到家"最后一米"。

三 天津巾帼志愿服务面临的挑战

天津创造性地组织开展了丰富多彩的巾帼志愿服务活动,呈现巾帼志愿服务特色活动遍地开花的蓬勃发展态势,展示出巾帼志愿服务的独特魅力。但是与新时代对志愿服务发展的要求相对照,巾帼志愿服务仍然面临一些挑战,如管理机制尚待理顺、队伍建设存在不足、培训机制有待完善及社会化运行机制有待加强等,上述挑战严重制约着巾帼志愿服务事业的健康持续发展。

(一)管理机制尚待理顺

当前,很多巾帼志愿队伍都是借助妇联组织力量建设起来的,一些巾帼志愿者同时还是团组织的青年志愿者、组织部门的党员志愿者或者民政部门的社区志愿者,存在"一人分饰多角"现象,呈多头管理、各自为政的状态。此外,巾帼志愿服务对接存在信息差问题,导致志愿服务缺乏时效性,因而在"救急"上还需下功夫,很多时候存在服务者和服务受众之间无法匹配的问题。

（二）队伍建设存在不足

在巾帼志愿服务中,低水平、易重复的基础型服务占比较大,技能型、专业型服务相对稀缺,难以满足人民群众对志愿服务日益多样化、多元化的需要,导致巾帼志愿服务发展低效。此外,由于人员流动性较大、稳定性缺乏、主动性不强,服务缺乏常态化。很多志愿者都是退休后从事志愿服务活动,鉴于身体健康状况、家庭问题等现实原因,无法保证常态化开展服务,影响了志愿服务队伍的稳定持久。

（三）培训机制有待完善

巾帼志愿服务在招募和培训中存在临时召集、简单培训等临阵磨枪的现象,缺乏定期深入的专业培训。尤其街镇、村居层面缺乏志愿服务的专业培训、专业辅导。部分基层巾帼志愿者参与志愿服务积极性很高,但是不知道怎么做、做什么,有的就停留在挂名志愿者的层面。

（四）社会化运行有待加强

巾帼志愿服务的行政化推动色彩仍然明显,社会化动员机制亟须加强。巾帼志愿服务活动的持续开展需要一定的经费资源作支撑,而目前经费主要来源于各级妇联组织的自身活动经费和志愿者自筹等途径,政府、企业和社会对公益性志愿服务活动的资金支持力度还不够,严重影响了志愿服务的长效持久发展。

四 促进天津巾帼志愿服务深入发展的对策建议

新形势下深入推进巾帼志愿服务,需要继续完善巾帼志愿服务工作机制,不断健全巾帼志愿服务体系,团结带动更多的妇女践行雷锋精神和志愿精神,积极参与各领域志愿服务,为促进国家治理体系和治理能力现代化贡献更多巾帼力量。

(一)夯实基础,推动巾帼志愿服务发展规范化

进一步完善巾帼志愿服务管理机制,推动巾帼志愿服务规范化。公开巾帼志愿者招募条件和程序,完善巾帼志愿者注册、登记、备案、召集制度,细化人、财、物等各项管理措施,统一志愿服务工作标准和流程。不断完善志愿者培训体系,加强对基层妇联干部巾帼志愿服务相关业务培训,重点加强村(社区)妇联主席、妇联执委、调解员等培训,由妇联干部覆盖到基层志愿者的素质培训和专业技能培训,在培训内容上侧重实用性,不断提升巾帼志愿者的工作理念和服务水平。

(二)整合资源,促进巾帼志愿服务发展规模化

充分发挥妇联组织密切联系群众、网络健全的功能,动员社会力量参与,形成资源共享、载体共用、工作互动、优势互补的共赢态势。大力调动妇女群众的积极性,吸纳更多的女干部、女知识分子、女个体工商户等女性群体加入,鼓励她们以自己的知识、技能为社区群众提供志愿服务。要注重发现、培养人才,选拔志愿服务组织带头人,加强巾帼志愿者之间的沟通交流,互相激励,互相赋能,不断壮大巾帼志愿服务队伍。

(三)开放发展,坚持巾帼志愿服务发展社会化

坚持面向社会、开放发展的原则。通过社会招募、网络招募、媒体招募、项目招募等多种方式健全社会化动员机制,吸引不同层次的妇女群体参与和支

持志愿服务。面向全市妇女儿童和家庭，建立更加系统的社会化服务机制，针对人民群众最关心、最直接、最需要的服务，开展志愿服务，满足不同层次的需求。广泛整合政府、企业、社团组织等社会资源，完善社会化保障机制，通过募集社会资金、政府购买公共服务、申报志愿项目等不同形式，加大对巾帼志愿工作的统筹扶持力度，以保障必要的服务资金。

（四）打造特色，加强巾帼志愿服务发展品牌化

加强和创新管理方式，强化巾帼志愿服务宗旨，改变单一服务内容，以广大妇女群众和家庭的需要为原则，确定巾帼志愿服务的内容和项目，扩大服务的覆盖面与受益面。充分调动、整合巾帼志愿者服务队资源，针对服务的盲区，本着"需求＋可能"的原则，努力拓展新的服务项目、内容和领域，按照党政关注、群众所需、自身所能的原则，开展形式新颖、内容丰富的特色服务，着力在法律维权、家庭建设、心理疏导等领域加强巾帼志愿者服务品牌化建设。对于已成熟的巾帼志愿服务品牌项目，要加大宣传力度，扩大引领示范带动效应。

参考文献：

［1］黄晓虹：《探索巾帼志愿服务参与社会管理创新的途径和启示》，《大众文艺》2016年第12期。

［2］谭慧慧：《健全巾帼志愿体系的实践与思考》，《中国妇运》2012年第5期。

［3］吴海鹰：《在参与社会治理中推进巾帼学雷锋志愿服务》，《雷锋》2019年12月号。

天津助残志愿服务发展报告[①]

张雪筠　天津社会科学院社会学研究所副研究员

摘　要： 助残志愿服务是志愿服务的重要组成部分,也是推进残疾人事业发展的重要手段。在实践中,天津助残志愿服务紧握时代脉搏,围绕实现残疾人共同富裕的目标,沿着中国特色助残志愿服务的发展方向,以满足残疾人需求为切入点,从保障残疾人基本权益出发,促进助残志愿服务实践与数字技术相结合,打造服务品牌,完善服务标准,构建长效服务机制,不断拓展助残志愿服务的实践方式与空间、开辟新的服务领域、提升服务效能,切实提高了残疾人的获得感、幸福感和安全感。但面对志愿服务事业高质量发展的要求,天津助残志愿服务在资源整合等方面仍面临着挑战,需要继续加强对助残志愿服务的统筹协调、完善激励保障机制、加大宣传力度。

关键词： 助残志愿服务　助残志愿服务品牌　助残志愿服务管理

近年来,天津从建设"志愿助残服务平台"、举办志愿助残典型培育与推广交流活动入手,以数字为牵引,发挥大数据志愿助残服务平台辐射带动作用,建设集项目展示、典型宣传、业务培训、组织交流和资源对接于一体的综合志愿助残服务平台,拓展助残志愿服务项目,提高助残志愿服务效能,深入推动助残志愿服务向纵深发展,努力为残疾人提供多元化、常态化、专业化服务,让

① 本报告部分资料得到天津市残疾人联合会的支持,特此感谢!

助残志愿服务得到全社会的广泛认同。

一　天津助残志愿服务发展的主要做法

（一）健全助残志愿服务组织体系

完善助残志愿服务体系，形成了"横到边，纵到底"覆盖市、区、街（乡、镇）、社区（村）的四级助残志愿服务组织网络。市残联发挥示范引领作用，积极调动社会助残力量、发展助残志愿服务队伍、培育助残志愿服务典型，支持群团组织和社会组织、企事业单位实施助残慈善项目，开展志愿助残服务关爱行动。区残联将业务工作与志愿服务第三种力量相结合，建立"残疾人服务机构＋志愿者"模式，整合资源，开展志愿服务活动。街（乡、镇）残联将业务工作与新时代文明实践紧密结合，使志愿服务有场所、有队伍、有内容、有活动、有保障。社区（村）残协依托新时代文明实践站，将相关工作纳入残疾人基层组织建设四级网络，做到工作网络全覆盖、服务关口前移、服务阵地共建，打通服务残疾人的"最后一公里"，实现残疾人群众在哪里，志愿服务就延伸到哪里。

（二）强化助残志愿服务队伍建设

各级残联、各部门、各单位结合自身特点和优势，将志愿服务与助残服务有机结合，建设数量充足、构成多元、扎根基层、富有活力的助残志愿服务队伍，做到残疾人有需求，助残志愿者有回应，成为志愿服务体系的重要组成部分。截至 2023 年 6 月，全市共有 22.55 万助残志愿者，其中有 5.83 万名残疾人志愿者（详见图 1、图 2），他们从事着权益维护、语言翻译、心理辅导、就业扶贫、教育培训、家政服务、康复医疗、走访慰问、扶弱助残等助残志愿服务项目，他们就像一团团火，温暖了无数受助残疾人的心灵。

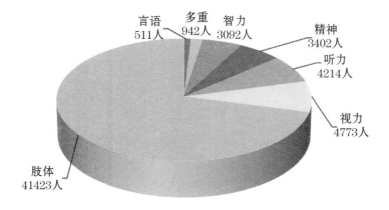

图1　残疾人志愿者类别分布

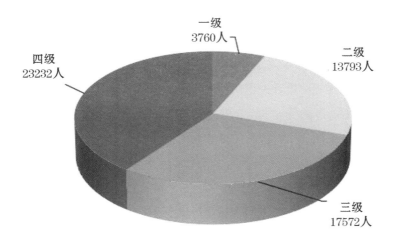

图2　残疾人志愿者等级分布

(三)建设助残志愿服务数字平台

2021年,推出"天津助残志愿服务"小程序,发展互联网助残志愿服务模式。一是实现了与"天津志愿服务网"注册同源管理和同步记录。助残志愿者在微信"天津助残志愿服务"小程序注册、认领任务并线下完成服务的,服务时长同步在"天津志愿服务网"记录。二是搭建线上学习交流平台。设立"志愿小课堂"，提供理论宣讲、案例分享的模块化视频课程，宣传优秀团队和项目的做法和经验，传播志愿助残知识。三是打造助残品牌。设置"爱益助残"板块，以倡导全社会积极参与助残志愿服务理念为基础，探索、梳理、总结可复制、可推广的助残志愿服务模式，发挥示范带动作用。第四是强化宣传。专刊、专栏、新闻、新政宣传助残志愿服务动态和成果，让助残志愿者及时了解相关政策信息。先后开辟了"万众一心 众志成城 助残志愿者疫情防控志愿服务在行动""学雷锋活动专区""天津助残志愿服务展示交流展馆"，展示优秀团队志愿服务风采，发挥出志愿助残典型线上交流的平台效应。

（四）打造助残志愿服务品牌

坚持典型引路，选树培育结合，提高志愿服务效能。市残联、精神文明办立足选树与培育相结合，充分挖掘了一批特色鲜明、效果显著、可复制、可推广的优秀典型。"十四五"以来，通过全市上下联动，市区两级广泛征集优秀助残志愿服务团队和项目，累计选树区级助残志愿服务典型 93 个。其中荣获天津市学雷锋志愿服务"六个一批"先进典型称号 30 个，天津市"优秀志愿服务社区"1 个、"优秀志愿者"4 个、"优秀志愿服务团队"10 个、"优秀志愿服务项目"8 个、"优秀志愿服务工作者"3 个、"优秀新时代文明实践所（站）"1 个、"优秀学雷锋志愿服务岗（站）/优秀'天津 V 站'"3 个；1 名助残志愿服务个人荣获全国学雷锋志愿服务"四个 100"先进典型"最美志愿者"荣誉称号，5 个单位和个人获提名。这些优秀典型包括：坚持 8 年义务养护 50 个智障少年，带动残疾人以社村服务站为载体开展'四个一'为老为残志愿便民服务的天津好人田丽超；发挥专业优势，9 年间坚持开展手语陪诊服务听力残疾人超 8000 小时，在学习强国平台获点赞无数的天津医科大学爱心手语社；由医生、教师等各行业志愿者自发组成的滨海爱心车队，坚持 8 年组织星星公益出行项目，义务接送残疾孩子就学、就医、亲近大自然共计行驶 50 多万公里，相当于绕行天津市 50 圈。

（五）加强助残志愿服务培训

一是举办天津市助残志愿者培训会。聘请专家学者结合天津助残志愿服务特点从理论政策、服务实践、案例解析等多个角度解读助残志愿服务在残疾人服务中的重要作用;讲解助残志愿服务项目运作方法、助残志愿服务团队管理知识,以前沿理论引领助残志愿服务具体实践,引导助残志愿服务工作更加规范、更可持续发展。二是举办助残志愿服务学习交流展示活动。2021 ~ 2023 年,市残联连续组织优秀助残志愿服务团队代表现场学习交流和路演展示。通过专家点评促优、互动交流促学、现场路演促宣传等方式,为助残志愿服务骨干队伍提供了专业切磋、共同成长的契机,助其提质赋能,并发挥志愿服务创新成果的带动作用,营造助残新风尚。三是制作优秀典型案例微课。在网站、公众号等媒体示范演示剖析优秀案例,影响带动更多残疾人和热心残疾人事业的爱心人士加入助残志愿服务行列,广泛传播新时代助残志愿服务知识、理念和技能,促进助残志愿服务的专业化、科学化发展。

二 天津助残志愿服务的主要类型

天津助残志愿服务坚持助残志愿服务的多元化发展,在助残志愿服务更加充实、更有保障、更可持续上求实效,服务宗旨明、服务内容专、服务时间长、服务效果好,助力残疾人高品质生活。立足残疾人需求,充分利用"全国助残日""国际残疾人日""全国爱耳日""全国爱眼日""国际盲人节""国际聋人节""志愿者日"等重要节点和元旦、春节等重要节日以及残疾人事业重大活动,志愿者、志愿组织深度开展教育宣传、医疗救助、法律援助、应急救护、就业帮扶、扶弱济困等助残服务(详见图3)。

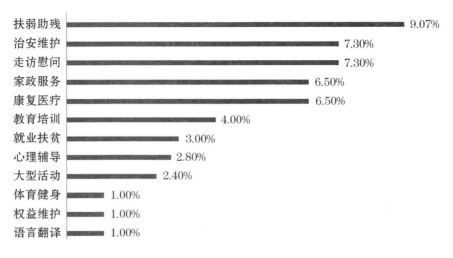

图3　主要助残志愿活动分类

（一）社会保障类助残志愿服务

天津市互联帮扶志愿服务队助残大篷车项目、河北区新开河街东海花园社区、北辰区普东街秋怡家园社区新时代文明实践站等持续开展社区公益服务，围绕重要节日节点，定期组织志愿服务队员为残疾人提供助残出行、采购物资、帮扶就医、入户家政等服务，常态化开展知识宣讲、治安巡逻、文明宣导、参观学习等活动，在社区残疾人群众中享有很高声誉。宁河区残联阳光助残志愿者服务队深入各镇新时代文明实践站和残疾人家庭开展"送政策、送培训、送帮扶"惠残政策宣传，坚持"日联络、周探视、月走访"，做到残疾人的家庭、思想状况和困难需求底数清、情况明。常态化开展"冬季送温暖、夏季送凉爽"和助学、助困、助医、助行、助教等扶残助残精准服务，5000多名困难残疾群众获得帮助。天津津一助残公益服务中心等助残志愿服务组织多方链接社会资源，开展创新性志愿服务工作，与特定残疾群体建立稳定持续的帮扶联络，定期开展助行、助困、助学、助乐、助医等志愿服务。

（二）就业帮扶类助残志愿服务

宁河区岳川食品厂就业服务基地助残扶贫志愿项目、天津市益道公益服务交流中心、西青区"创美助残公益"志愿服务队等为残疾人搭建就业创业平台，创造发展机遇，在促进残疾人平等就业方面帮扶助力。天津世纪圣发志愿者团队"暖心圆梦 助力康养"项目与圣发精康医院和东丽残疾人庇护性就业服务指导中心配合，对精神障碍患者进行针对性职业康复训练和岗位培训，为他们可以更好地融入社会打下基础。天津市交通职业技术学院为残疾人举办电子商务就业（创业）公益培训班，重点围绕品牌选择、场景搭设、语言技巧、营销心理、物流管理、供应链管理、新媒体运营等内容进行既有理论知识，也有实景演示的系统授课，为残疾人自主创业提供了帮助。

（三）法律援助类助残志愿服务

南开区学府街风湖里社区党群服务中心在落实落细各项安置措施基础上，深研法律法规，勇于担当作为，创新建立了由社区作为失去亲人的智力障碍残疾人监护人的机制，为社区治理新模式作出了实践探索。西青区"星火"法律志愿服务队坚持"法律惠民生"宗旨，开通残疾人维权绿色通道，为残疾人提供"订单式"法律服务，联合西青区残联深入社区、村居、残疾人就业基地开展法律宣传活动，扎实推进残疾人维权工作。

（四）扶弱济困类助残志愿服务

天津市静海区与爱同行助困志愿者服务中心坚持开展"帮扶弱势群体、爱暖残困家庭"项目，发动爱心人士参与，制定具体帮扶方案，定期组织志愿者上门慰问困难残疾家庭。天津市残疾人福利基金会众悦基金充分整合社会资源，履行社会责任，每年安排资金对孤独症儿童进行救助，成立医疗、法律服务队，为困难群体进行义诊及法律援助；积极参与抗疫工作，筹措各类物资，支援各级政府、机关单位、医院等防疫工作。天津滨海蓝天救援队"归家行动"项目聚焦残疾人群众的生命安全，依托高水平、专业化、行动力强的救援队伍与专业设备,帮助众多走失的智力障碍残疾人回归家庭。

(五)科技类助残志愿服务

2022年,市残联对"融畅"App导向标识系统进行提质赋能改造,突破电子地图导航服务单项应用,打造数字出行、数字生活、数字管理服务三位一体的惠老助残服务平台新载体。为使其快速融入残疾人生活,市残联、盲人协会等各部门志愿团队在"全民数字素养与技能提升月"期间策划了"五融五惠——'融畅'App宣传推广活动",以"营造无障碍环境,提升残疾人社会参与水平"为主题,组织残疾朋友在不同场景中体验"融畅"App的便利性,乐享数字生活,共享天津数字发展成果。随后,市残联又同步推出一系列助残志愿服务活动推广"融畅"App,切实发挥出科技赋能残疾人的作用,扩大残疾人生活半径。

(六)文化类助残志愿服务

南开区扶弱助残新时代文明实践志愿服务岗依托"心之光"志愿助残工作室推出线上党史学习教育课堂、老年手机课堂、盲人数码课堂、视障防疫有声手册、原创文化课等,深受残疾朋友欢迎。天津商业大学生物技术与食品科学学院"津生相伴 与爱同行"党员志愿服务队利用纪念日和节日的契机,挖掘红色教育资源,开展红色教育主题实践活动,引导残疾群众在党史学习教育的生动课堂中汲取精神力量,凝聚残疾人精神共识。春华秋实志愿服务团队每年组织十余场文艺演出,并举办新颖的助残相声大会,众多文体明星鼎力支持,丰富了残疾人文化生活。天津市残疾人综合服务中心志愿服务队积极发挥示范带头作用,紧扣时代主题促进残健融合,组织残疾人走进天津市博物馆、科技馆、图书馆等文化场馆,为残疾人提供参与社会、服务社会、共享社会发展成果的机会。

(七)心理辅导类助残志愿服务

天津师范大学心理学院联合宁福里社区关注残疾人心理健康开展"多彩

宁福－心灵驿站"志愿助残项目。根据社区残疾人年龄分布、婚姻状况围绕残疾人对社区的依存度、邻里关系、心理健康状况等方面设计问卷开展入户调研。通过调研为社区残疾人做心理建模分析,结果显示残疾人抑郁、焦虑症状高于常人。为了使残疾人打开心结、敞开心扉,专业的心理咨询师为残疾人提供一对一心理疏导和心理咨询服务,定期为社区残疾人开展"快乐原来很简单"的团体辅导活动。通过常态化的心理咨询和团辅活动,帮助残疾人建立起友善的邻里关系,提高对社区的信任度,提升社区归属感,促进社区和谐。

三 天津助残志愿服务面临的挑战

经过多年的发展,天津助残志愿服务在组织管理、队伍建设、品牌创建、服务效果等方面取得了明显成效。然而,助残志愿服务要在现有发展基础上实现突破,仍然面临着一些挑战。

(一)助残志愿服务的资源需要进一步整合挖掘

残疾人是特殊困难群体,对志愿服务的需求量大,需求专业性高,助残志愿服务需要全社会的共同参与。目前,天津市的助残志愿服务虽然形成了以残联为组织主体的志愿服务网络,但是仍需要进一步地整合与挖掘志愿服务资源。一是缺乏能够有效整合全社会助残资源的领导协调机构,尚未建立起各个部门与团体之间的沟通合作渠道,资源整合不够充分,限制了助残志愿服务的高质量发展。二是需要进一步挖掘专业性强的助残志愿服务资源。残疾人的需求决定了助残志愿服务需要大量具有医学、心理、法律等背景的专业人士参与,但目前助残志愿服务中专业人士的比例不高,在一定程度上影响了助残服务向纵深发展。

(二)助残志愿服务的组织与管理需要进一步加强

助残志愿服务是政府支持引导、社会组织与个人参与的结合。除了政府,还有个人、志愿服务团队、社会组织等参与主体。服务力量结构复杂,成员数量庞大,需要有力地组织与管理。目前助残志愿服务主要由残联负责,在其他相关部门中,助残志愿服务在绩效考核、评奖中的作用还很微小。同时,由于欠缺充足物质保障和精准有力的激励机制,助残志愿服务的制度化、规范化发展还不充分。

（三）助残志愿服务的针对性与有效性需要进一步加强

随着社会的发展,生活水平的不断提高,残疾人对助残志愿服务的需求日益多样化,对助残志愿服务的质量提出了新的更高要求。但目前还缺乏对残疾人具体志愿服务需求的全面精准的调查、分析与总结;缺乏助残服务需求与供给的有效对接机制,针对残疾人的特定需求、可持续的助残志愿服务项目还不够多。

四 天津助残志愿服务事业高质量发展的对策建议

为进一步巩固助残志愿服务的发展成果,不断壮大助残志愿服务队伍,提高助残志愿服务质量,提出如下建议。

（一）进一步加强对助残志愿服务的统筹协调

助残志愿服务是志愿服务中的重要内容,要统筹协调,组织动员全社会的志愿服务资源,充实到助残志愿服务中。因此,建议成立"天津助残志愿服务协调小组",制定《天津助残志愿服务工作协调小组及其办事机构工作规则》,明确各相关主体的责任分工,对全市助残志愿服务进行部署,对全市志愿服务资源进行统筹协调,形成完善的助残志愿服务组织协调工作体系。建立联席例会制度,定期召开协调小组会议,推动建立助残志愿服务长效机制。

（二）进一步加强助残志愿服务的保障激励

首先,完善助残志愿服务资金保障机制。将助残志愿服务资金纳入政府的财政计划中,从政策制度层面为助残志愿服务提供资金保障。建立专门的助残志愿服务基金募集资金,广泛动员包括企业、商会、行业协会等在内的社会力量积极为助残志愿服务提供资金支持。助残资金主要用于以下几个方面:志愿者与志愿服务组织的培训;以需求为导向科学建立实施志愿助残项目;对优秀的志愿服务奖励激励等。从制度层面规范志愿服务资金的募集、监管和使用流程,完善资金监管和使用制度,使企业捐助和社会捐助的资金等进入良性运行轨道。其次,完善助残志愿服务激励机制。建立助残志愿服务激励专项资金,简化表彰程序,扩大表彰范围。出台表彰激励政策,通过提供公益性岗位、保险、就业就学同等条件下优先录用等激励方式,鼓励群众参与助残志愿服务。

(三)进一步加强助残志愿服务的宣传推广

加强助残志愿服务的社会宣传,弘扬社会主义核心价值观和人道主义思想,倡导扶残助残的社会风尚,宣传平等、参与、共享的残疾人观,深入挖掘助残志愿服务典型,讲好新时代助残志愿服务故事。一方面要广泛运用报纸、杂志、广播、电视、网络等渠道,及时报道助残志愿服务活动中的先进人物和先进事迹,搭建更加广阔的宣传平台,扩大助残志愿服务的社会影响力;另一方面深入实施助残志愿者"种子计划"。加大对天津助残志愿服务创新成果的总结提炼和宣传阐释,选树更多的骨干和"种子",特别推出一批优秀的残疾人参与志愿服务的典型,宣传助残自助的精神,引导、动员广大社会公众积极投身助残志愿服务。

专题报告

天津助老志愿服务发展报告

丛　梅　天津社会科学院社会学研究所研究员

摘　要： 养老是全社会的责任,孝亲敬老是全社会的传统,那么,助老就是全社会的行动。助老志愿服务是志愿服务体系中的重要组成部分,是社会养老服务体系的有效补充。近年来,天津助老志愿服务不断取得新成绩。面对助老志愿服务供需对接不畅、缺乏激励机制等问题,为实现助老志愿服务高质量发展,本报告从以下方面提出建议:构建高质量党建引领、社会参与的社区助老志愿服务新格局;设立"市民助老日",加大助老志愿服务的宣传力度;将志愿服务和慈善项目有机结合,为助老志愿服务注入新活力;打造社区志愿者之家,完善社区助老志愿服务培训机制;健全助老志愿服务激励机制,不断完善"时间银行";依托"互联网+"技术,加强助老志愿服务专属信息平台建设;建立健全助老志愿服务保障机制,实现助老志愿服务常态化、长效化。

关键词： 助老志愿服务　助老志愿服务新格局　助老志愿服务保障机制

"十四五"期间,我国进入人口加速老龄化阶段。在"未富先老"的社会背景下,如何利用好现存的人口红利和人口机会,健全并完善助老志愿服务体制机制,探索建立一个满足多样化养老需求的助老志愿服务体系,使之成为养老服务体系的必要补充,是我们面对的重要课题。助老志愿服务体系不仅有利于巩固和发展居家养老和机构养老,进一步完善养老服务体系,创新养老服务方式,提升养老服务能力,有效应对老龄化社会的到来,还可充分发挥民间作用,发展银发经济,汇集社会各方力量,整合社会现有资源,凝聚力量,共同迎接老龄社会的多重挑战。

志愿服务是充分激发社会活力,让社会有效运转起来的重要手段。[①] 志愿服务对推进社会文明进步,推进国家治理体系和治理能力现代化具有重要意义。志愿服务强调个体对社会繁荣和共同进步所能尽的责任和义务,是公民参与社会的重要途径。[②] 助老志愿服务作为志愿服务体系中的重要组成部分,对于进一步完善现有养老服务体系具有重要的现实意义。

一 天津助老志愿服务的现状及做法

(一)天津助老志愿服务现状

目前国际上普遍将 65 岁及以上人口占总人口的比重作为衡量一个国家或地区老龄社会程度的标准。第七次全国人口普查数据显示,我国 65 岁及以上人口已突破 2 亿人,占比已达到 13.5%。截至 2022 年底,全国人口中 60 岁及以上人口占 19.8%,其中 65 岁及以上人口占全国人口的 14.9%,较第七次全国人口普查时上升了 1.4 个百分点。[③] 预计到 2050 年,全国 60 岁及以上老年人口将超过 4 亿人,我国将成为超老龄化社会。

与此同时,人口老龄化带来的高龄、独居、失能半失能老人数量大量增加,

---

① 富晓星、刘上:《层级文化互动:一个志愿组织的生命史》,《社会学研究》2022 年第 4 期。

② 穆青主编:《志愿服务理论与实践研究》,北京理工大学出版社,2010,第 68 页。

③ 丛梅:《天津市社区老年志愿服务专题报告》,载《天津志愿服务发展报告(2022)》,天津社会科学院出版社,2022,第 76 页。

将进一步加剧养老服务领域的供需不平衡问题。从"养"老服务逐步扩展为"助"老服务，虽然一字之差，其内涵和外延都有所不同。助老志愿服务的发展能够扩大老年人的社会支持网络，使更多老人受益，具有普惠性，从而有效平衡社会供需，为养老服务体系的超前应对提供重要保障①。

2023 年，在天津市文明委统一领导、市文明办牵头、民政卫健等相关部门共同参与下，全市的志愿服务工作进一步发展，志愿服务工作格局进一步优化。截至 2023 年 3 月，全市注册志愿者 289.49 万余人，较 2022 年 10 月增加 3.55 万人，志愿服务团队 18987 支，较 2019 年初增幅达 65%。其中，助老志愿服务是全市志愿服务的重要组成部分。市民政局最新"寸草心"和"手足情"志愿助老行动统计资料显示，天津 2021 年下半年至 2023 年上半年开展 11598 次助老志愿服务活动，75802 名志愿者参与助老志愿服务。在 3700 多个助老志愿服务组织中，枫叶正红老年志愿服务队、朝阳里社工站、"健康城市"天津医大青年志愿者服务队等一批助老志愿服务组织以优质的、可持续的助老服务受到广大老年人及全社会的欢迎。

（二）天津助老志愿服务做法

党的二十大报告强调，"实施积极应对人口老龄化国家战略"。助老志愿服务作为现有养老服务体系的补充，发挥了民间力量，通过组织成员的自我管理、自我组织、自我成长，履行了社会责任，同时实现了非简单依靠政府和技术强行管理的自治。助老志愿服务不仅有效解决了老年人日常生活中的急难愁盼问题，还让老人们体会到来自社会各界的关爱和帮助，提升了获得感和幸福感。其主要经验和做法有以下几点。

1. 充分发挥雷锋精神，持续推进天津社区助老志愿服务工作

雷锋精神是中国共产党人精神谱系里的伟大精神之一。2023 年恰逢毛泽东等老一辈革命家为雷锋同志题词 60 周年。习近平总书记对深入开展

---

① 陆杰华、岑欣仪：《老龄社会新形态下涉老志愿服务的需求特点与政策框架探讨》，《中国志愿服务研究》2020 年第 2 期。

学雷锋活动作出重要指示,强调要深刻把握雷锋精神的时代内涵,让雷锋精神在新时代绽放更加璀璨的光芒。志愿服务是当代雷锋精神的传承和延续,是加强和促进精神文明建设的重要载体。[①] 为充分发扬雷锋精神,天津不断推进志愿服务工作,弘扬新时代雷锋精神和"奉献、友爱、互助、进步"的志愿精神,除了在每年的"1·17志愿服务主题日"和"3·5学雷锋纪念日"开展大型志愿服务活动,还让"雷锋精神"融入日常的养老服务工作。例如,天津市河北区枫叶正红老年志愿服务队坚持免费为行动不便的老人提供帮助,每月都会按照需求和登记的名单,入户为行动不便的老人理发,[②]十几年如一日从未按下"暂停键"。

2. 党建引领基层治理,助老志愿服务蔚然成风

2013年,习近平总书记视察天津,提出了"三个着力"的重要要求。"着力加强和改善党的领导"为基层广大社区工作者指明了方向。在全国文明城区创建活动中,全市各区积极打造"文明实践 + 党群服务 + 社会治理"综合体,发挥"大党委"作用,全面推进党建引领志愿服务模式、社区志愿与文明实践相融合模式,持续优化志愿者的服务项目,形成社区助老"十五分钟志愿服务圈"。志愿者成为党委的好助手和好帮手,推动了社区志愿服务的专业化发展,进一步提高了志愿服务水平。例如,天津市和平区朝阳里社区,发挥社区党委对志愿服务的引领作用,让志愿者成为社区治理的好帮手。[③] 社区党委在党员中积极开展"认岗、认亲、认难题"活动,党员认岗率已达70%,建立"一帮一"的帮扶对子70余对。80岁的退役军人齐达昌是朝阳里社区的社区志愿者,在他的随身小本子里记着社区里需要上门理发服务的三四十位老年人的家庭门牌号、姓名和联系电话,他主动定期上门为这些行动不便的老年人免费理发。他表示,参与助老志愿服务活动使得他的老年生活更加有意义。

---

① 时和兴、林炜炜:《大力弘扬雷锋精神 推进养老志愿服务》,《中国社会科学报》2023年4月12日。
② 天津河北:《助老理发志愿服务没有"暂停键"》,《学习强国》2022年4月15日,天津学习平台。
③ 天津和平区朝阳里社区:《党建引领基础治理,志愿服务温暖人心》,《学习强国》2023年5月11日,天津学习平台。

3.积极参与助老志愿服务,构建和谐社区关系

积极参与助老志愿服务活动的志愿者普遍有着精神追求,那就是为社会奉献爱心。从"退休老年志愿者帮'双职工'家庭顺便购菜购物",到"中青年志愿者节假日为社区老年人开展文化服务",融洽了社区关系,建立了社会信任。据第四次中国城乡老年人生活状况抽样调查,我国低龄老年人口占全部老年人口的56.1%。不可忽视和低估健康、低龄老年人口(包括年龄不满60周岁的准老年人)巨大的社会潜能和人力资源。倡导参与志愿服务活动,一方面有利于老年人远离孤独寂寞,保持必要的社会交往,提升晚年生活的幸福感和身体健康水平;另一方面调动了老年人自身力量,借助老年志愿服务组织这个平台,通过"时间银行"和"邻里互助"等方式为居家养老增添力量,既减轻了子女负担和压力,又降低了社会成本,身体力行地促进社会和谐进步与代际关系的融洽。[①] 通过参与志愿服务活动这一积极方式,实现自我社会价值。

二 天津助老志愿服务面临的新挑战

(一)助老志愿服务供需对接不畅

由于缺少统一调度指挥志愿服务对接的信息平台,难免出现志愿者资源分布不均衡现象。截至2022年底,天津共有60岁及以上老年人口320万人,占比为23.5%,超出全国平均水平3.7个百分点。而全市目前现有可提供志愿服务的志愿者285.94万余人,[②]其中,有47.4%的志愿者表示从事过助老服务志愿工作。然而,各区助老志愿服务组织发展不均衡不充分,开展工作还存在一定的局限性,没有形成助老志愿服务常态化和长效化,在老年人中影响力有待增强。与此同时,一些低龄老年人想参与志愿服务活动,而助老志愿服务的组织或平台有

---

① 丛梅、郭宁、张雪筠、高原:《城市老年人参与社区志愿服务活动路径研究——基于天津的实证研究》,《理论与现代化》2020年第5期。

② 天津社会科学院社会学研究所课题组:《天津志愿服务发展报告》,载《天津志愿服务发展报告(2022)》,天津社会科学院出版社,2022,第5页。

待明确和建立,相关制度亟待健全和进一步完善。①

(二)助老志愿者缺乏专业培训

长期以来,由于"未备先老",助老志愿服务人才的培养与培训工作尚不规律,缺乏针对老年人生理、心理特点的专门培训,培训的规范化和专业化有所欠缺,实践中多依赖自身经验和同行间的口口相传。助老服务志愿者因此较少长久地投入同一种志愿服务中,并在助老志愿服务过程中成为这方面的"专家"。此外,受老年人较为特殊的身体状况影响,助老志愿服务有一定专业性要求,特别是对高龄和失能老人的助老服务,相应的专业知识和技能培训尤为重要。加之助老志愿者的流动性较大,容易影响老年人对志愿服务的感受和评价。

(三)城镇社区和农村社区助老志愿服务发展程度不同

城乡之间的助老志愿服务发展程度和服务水平存在明显差距。城市和农村生活方式的差异,致使城乡之间志愿服务模式的互相借鉴较为困难,农村青壮年人口的流失使得农村地区不容易建立稳定的助老志愿服务组织和工作队伍。例如,2022 年版的《全国示范性老年友好型社区评分细则》分为城镇社区和农村社区,虽然评分细则的构成都是居住环境安全整洁、出行设施完善便捷、社区服务便利可及、社会参与广泛充分、孝亲敬老氛围浓厚、科技助老智慧创新、管理保障到位有力七个方面。但是每个方面的具体指标和赋分标准有很多不同,城镇社区比农村社区的评审标准多出 10 项,尤其是农村社区和城镇社区社区物质和社会空间环境差异较大,居住环境、交通条件、医疗条件等即便达到评审标准,也不在一个水平线上。这些差异都使得城镇社区和农村社区助老志愿服务发展程度不一,需从实际出发,因地制宜开展城乡助老志愿服务活动。

---

① 丛梅:《天津市社区老年志愿服务专题报告》,载《天津志愿服务发展报告(2022)》,天津社会科学院出版社,2022,第 87 页。

（四）助老志愿服务缺乏激励机制和常态化、长效化管理

随着老龄化程度的不断加剧，各个社区的助老志愿服务主要配合社区内社会组织开展的各项活动，虽然助老志愿服务活动已广泛开展，但常态化的组织管理方面没有跟上，而且有些助老志愿服务是慰问式或者节日性的，长效化的助老志愿服务尚未形成。同时，志愿者参与助老志愿服务活动后，未有相应的激励机制予以鼓励和"助老时间银行"的统筹管理，使得部分助老志愿者失去长期参与志愿服务活动的动力和热情。

（五）对助老志愿服务的认识需要进一步提高

由于社区居民的异质性，加上个体素质的参差不齐，对志愿服务的精神理念宣传不到位，对助老志愿服务的主体担当、理念内涵等方面的认识还存在片面性，部分市民错将"志愿服务"等同于"自愿服务"，这些片面性的认识需在日后的宣传教育工作中得到纠正。

三 天津助老志愿服务的发展思路和政策建议

（一）构建高质量党建引领、社会参与的社区助老志愿服务新格局

习近平总书记考察天津市和平区新兴街朝阳里社区的社区志愿服务展馆时指出，"志愿服务是社会文明进步的重要标志，是广大志愿者奉献爱心的重要渠道。各级党委和政府要为志愿服务搭建更多平台，更好发挥志愿服务在社会治理中的积极作用。"①和平区新兴街道于1989年成立了中国第一家社区志愿者协会。作为全国第一个成立社区志愿服务组织的城市，天津在吸引居民参与社区志愿服务方面有着传统优势和良好基础，在深入总结提炼朝阳里

---

① 范军：《深圳社区志愿服务发展报告》，载《深圳志愿服务发展报告（2020）》，社会科学文献出版社，2021，第140页。

社区志愿服务经验的基础上,还应在社区党委全面领导下,以社区化推动志愿服务持续发展,推进志愿服务制度化,健全并完善助老志愿服务的体制机制,如长效激励机制和监督评估机制。构建高质量党建引领、社会参与的社区助老志愿服务新格局,以"五社联动"为抓手,推动助老志愿服务从提供基本社会服务向参与社会治理、营造孝亲敬老社区氛围、打造老年友好型社会方向发展,促使助老志愿服务在社区共建共治共享治理现代化体系中发挥重要作用,让"党建+助老志愿者"成为社区治理的标配。

（二）设立"市民助老日",加大助老志愿服务的宣传力度

养老是全社会的责任,孝亲敬老是全社会的传统,那么,助老就是全社会的行动。建议以每月第二周周六为"市民助老日",建立社会助老长效机制。"市民助老日"作为一项全社会参与的公益性、群众性活动,应当充分发挥社区居民的积极性和创造性,发挥雷锋精神对助老志愿服务的助推作用,将志愿精神逐步根植于天津的城市文化,成为天津文化软实力的有机组成部分。与此同时,加大助老志愿服务的宣传力度,"老吾老以及人之老",广泛普及助老志愿服务理念,在活动中逐渐培育民众的助老志愿服务意识。落实好全国示范性老年友好型社区评分细则中要求的"敬老爱老助老典型宣传",利用重阳节、"市民助老日"等时间节点,通过新媒体宣传渠道(微信公众号、微博等)和传统媒体宣传渠道(广播电视、报纸等),弘扬新时代"奉献、友爱、互助、进步"的志愿精神,提高其信息的覆盖面和扩大其影响力。重视社区助老爱老志愿服务文化氛围的营造,形成"天津文化"和"天津作为",为我国全民助老树立可推广、可复制的天津经验。

（三）推动助老志愿服务和慈善项目有机结合,给助老志愿服务注入新活力

为有效缓解助老志愿服务活动资金不足等问题,依据《天津市志愿服务条例》第七条,"红十字会、慈善协会、残联、科协、文联等团体、行业组织,应当发挥各自优势,推动志愿服务组织发展,支持志愿服务活动。"建议将助老志愿服务和慈善项目有机结合,借助社会慈善力量,为天津助老志愿服务提供资金和项目支持,为助老志愿服务注入新活力、增添新动力。近年来,"慈善天津"优良传统不断发扬光大,慈善理念深入人心,随着经济社会的发展,慈善项目和志愿服务内容从传统的扶危济困领域向多领域需求拓展,已涵盖助老助残等多个领域。[①] 2023 年社区志愿服务体系不断完善,依托全市社区综合服务设施建立的社区志愿服务点已达 4142 个,覆盖率达 85.44%。全市基金会、慈善协会等慈善组织数量也翻了一番,由 2012 年的 71 家发展至 163 家。[②] 开展"天津公益行"和天津公益慈善"云展会"等活动。将助老志愿服务和慈善项目有机结合,建立并完善志愿者服务时间、技能、物品交换和社区慈善组织捐赠回馈机制,形成良性互动、协调发展、合作共赢的新格局,引导更多社会力量积极投身社会慈善事业和助老助残活动,从而实现双赢。

(四)打造社区志愿者之家,完善社区助老志愿服务培训机制

党的十九大以来,党和政府的工作重心转向"突出人民群众在社会治理中的主体地位和首创精神"。社区党群服务中心是以社工作为运营主体的公共平台,其中,社区志愿者只是参与者,缺少真正的主人翁感受和体验。我们可以借鉴深圳宝安区航城街草围社区的做法,以志愿者为中心设立单独的"志愿者之家",为助老志愿者提供关爱服务和保障机制,加强助老志愿服务支持网络建设,激励和保障助老志愿者以更大的积极性参与社区志愿服务活动。按照"政府主导、社区主办、社会参与、互助服务"的原则,建议地方各级政府给予经费保障,每年由财政划拨专款支持此项工作。

助老志愿服务具有较强的专业性,该领域人才是极度缺乏的,我们可以利用职业学校、社区市民学校等教学机构,对社区志愿者进行分类、分级、分科培训。通过系统化的助老志愿服务技能培训,逐步建立专门化、专业化和专职化的社区助老志愿服务队伍,如为老助浴服务、为老助餐服务、便民家政服务、为

---

① 王晓旭:《天津——慈善成果"津"彩纷呈》,《中国社会报》2023 年 5 月 22 日,第 4 版。
② 《慈善事业津彩这十年》,《天津日报》2022 年 9 月 7 日。

老送药陪护服务队伍等。加大助老志愿服务的专业化培训,通过建立健全社区助老志愿者招募和培训制度,分级、分科地进行培训,促使社区助老志愿服务队伍向规范化、专业化方向发展。建立培训、考核与实践相结合的工作机制,使助老志愿者和志愿服务组织更有效和更精准地提供对接服务,持续推进助老志愿服务高质量发展。

(五)健全助老志愿服务激励机制,不断完善"时间银行"

为落实积极老龄化政策,鼓励和引导低龄健康老人参与助老志愿服务活动,辅助社区居家养老政策落地,将助老志愿服务组织的建立和活动项目纳入社区网格化管理体系,构建社会、社区、家庭三位一体的社会助老支持体系。建议在基础条件相对较好的社区,依托街道办、社区居委会或老年协会,在自愿参与的基础上,为有参与社区助老服务意愿的低龄老年志愿者搭建参与平台,发挥热心公益的低龄健康老人的积极性,为创新城市社区基层治理模式和打造"我为人人、人人为我"互帮互助的老年友好型社区奠定基础。[1] 制定完备的助老志愿服务参与计划和服务项目,逐步实现助老志愿服务活动的制度化、规范化、常态化。例如,天津多个社区在推进老年友好型社区创建过程中,积极培育"银龄志愿服务队",打造"时间银行"社区助老志愿服务模式,为社区有需要的长者提供心理关怀、上门探访、智能手机教学等助老服务。

"时间银行"旨在通过志愿互助服务,寻求化解某些社会问题的方法和方式,如贫困、养老服务短缺等问题,从而增进社会福祉。[2] 借助"时间银行""邻里互助""搭伴助老"等手段,构建新型劳动互换制度,并在实践中不断完善"时间银行"。"时间银行"作为一种新型的互助养老服务,其目的是鼓励刚刚退休的低龄、健康老年人参与社区助老服务,为独居、高龄、空巢的老年人提供帮助,组织建立在平等互惠基础上的互助养老志愿服务。同时以储蓄服务时

---

① 丛梅、张雪筠、高原:《互助养老能否解决"老"问题》,《天津日报》2019 年 10 月 8 日。
② 陈友华:《客观看待时间银行的价值与作用,深入研究时间银行的理论与实践》,"老龄与未来"公众号,2023 年 7 月 26 日。

间的方式来记录自己的劳动。① "时间银行"的做法目前得到北京、天津、南京、常州等地方政府部门的重视和积极回应。

（六）依托"互联网＋"技术，加强助老志愿服务专属信息平台建设

当前天津人口出现老龄化、高龄化、空巢化叠加并行的现象，2022 年底，天津 60 岁及以上老年人口数为 320 万，占全市人口比重的 23.5%，表明天津已经进入中度老龄化社会。此外，80 岁及以上高龄老人占老年人口数目 15.2%，失能半失能老人约占老年人口总数的 5.32%。② 聚焦社区高龄、空巢、独居、失能和半失能老人的居家养老问题，依托"互联网＋志愿服务"平台，加强区、街、社区三级助老志愿服务专属信息平台建设。通过全市共享的社区助老志愿服务专属信息平台建设，整合助老志愿者资源，更好地对接助老服务需求。各个社区可以定期或不定期发布社区内经常性的或者固定性的助老志愿服务项目，以及一些特殊的助老服务需求，使助老志愿者能够随时随地根据自己的时间和专业特长，灵活选择助老志愿服务项目。平台可对参与助老志愿服务人员实行分类管理，依据有参与意愿的助老志愿者的年龄、性别、专长、服务时间等具体信息，建立长效积分服务激励机制，为有需求的失能半失能、空巢独居和高龄老人，提供可持续的社区居家助老志愿服务和心灵关爱。

（七）建立健全助老志愿服务保障机制，实现助老志愿服务常态化、长效化

健全助老志愿服务保障机制，目的是规范合理使用志愿者，降低志愿者的流动性，确保志愿服务事业高质量发展。目前天津已经进入中度老龄化社会，社区助老志愿服务在基层各个社区蓬勃开展，急需围绕着老年人参与志愿服务的法律保护和组织保障等方面进行顶层设计，形成更为科学合理的制度安

---

① 全国老龄工作委员会办公室编：《第四次中国城乡老年人生活状况抽样调查数据开发课题研究报告汇编》（上），华龄出版社，2018，第 279 页。
② 郭宁等：《2017—2018 年天津市老龄事业发展状况分析与预测》，载《2018 年天津市经济社会形势分析与预测（社会卷）》，天津社会科学院出版社，2018，第 88 页。

排,夯实助老志愿服务的政策支撑,吸引社会各界积极参与。目前社区的低龄老年志愿者参与助老志愿服务的积极性最高,然而参与助老志愿服务活动的法律保护还有待完善。例如,在参与助老志愿服务活动中,是否为老年志愿者购买了人身意外保险、是否有餐饮保障和服装保障等。针对上述问题建议对《天津市志愿服务条例》等相关法规条例及时进行修订和完善,以确保助老志愿者的合法权益,赋能助老志愿者,实现助老志愿服务常态化、长效化。

参考文献:

[1]深圳市志愿服务基金会、深圳国际公益学院主编:《深圳志愿服务发展报告(2020)》,社会科学文献出版社,2021。

[2]谭建光:《中国志愿服务:从青年到社会——改革开放40年青年志愿服务的价值分析》,《中国青年研究》2018年第4期。

[3]王述祖、原新主编:《天津市助老服务模式探索研究》,中国人口出版社,2014。

天津交通志愿服务发展报告

周建高　天津社会科学院社会学研究所研究员

摘　要： 随着城市化的快速大规模发展,如何维持良好的交通秩序以保障人民生命安全、经济社会有序发展成为城市治理面临的严峻考验,于是交通志愿服务应运而生。天津交通志愿者来自各行各业、各个年龄段,与青年志愿者、社区志愿者等群体部分交叉。他们以个人或团队的形式,在街头、社区或车站、车厢,从事交通安全、交通秩序、文明交通、绿色交通等的宣传、劝导、维护工作。交通志愿服务配合公安交警等维持交通秩序,有助于减少交通摩擦、避免交通事故,帮助政府顺利完成关于体育、商品交易等的大型集会活动,有助于塑造行业和城市正面形象。而志愿者也在服务中体现了自身价值,获得成长。天津交通志愿服务时间长、规模大、影响广,但也存在实践丰富而理论研究不足、制度建设有待加强、志愿服务供需不匹配等问题。建议制定交通志愿服务规范,加强理论研究,扩大交通志愿服务者队伍,促进天津市志愿服务事业更好发展。

关键词： 交通志愿服务　交通志愿者　交通志愿服务方式

在中国高速城镇化过程中,活跃于城市街道、公共汽(电)车、机场、地铁等场所的交通志愿者,为城市交通的安全、秩序、文明作出了不可忽视的贡献。天津交通志愿服务是全市志愿服务事业的重要组成部分,历时已久、内容丰富、社会影响大,是志愿服务发展中不可遗漏的篇章。

一 交通志愿者的来源和构成

交通志愿者是指在道路、居住区、车站、机场等交通场所,在公交车、地铁等客运交通工具内无偿提供与交通相关服务的人员。

交通运输方式的进化极大地推动了人类文明的进步。但是伴随汽车的广泛应用,很多问题也随之而来,主要表现为交通事故、噪声和尾气污染、交通拥挤拥堵等。全世界交通事故造成的死亡人数超过了战争造成的死亡人数,交通拥堵带来的经济损失也十分庞大。我国城市人口密度高、宽马路、稀路网,加上家用汽车快速普及,市场经济发展带来人员与货物流动性大增,多重因素导致城市交通拥堵、交通事故等问题比较严重。在政府大力加强交通基础设施建设、加强交通管理的同时,交通志愿者通过自己的行动在促进民众交通安全意识的普及、维持交通秩序等方面发挥了积极作用。

天津市的交通志愿者,从来源看有两种。一种是民间自发的志愿者,有的交通志愿者,因为自己在交通事故中曾得到别人的帮助,于是自发开始从事交通志愿服务,热心助人。另一种是政府部门或社会团体等组织机构招募的志愿者,其中既包括交通运输系统内的干部职工,又包括非交通运输系统的各界人员。例如,为以良好的交通环境迎接中华人民共和国成立60周年,天津市文明办、天津市公交集团首次联合,以18岁至65岁身体健康、乐于奉献的市民为对象,公开招募了100名"维护站区交通秩序"志愿者。[1] 2023年7月上旬,由天津市文明办、市公安交管局联合组织,开展了"文明单位示范文明,争做文明有礼天津人"文明交通志愿劝导行动。此次行动中,来自天津市全国文明单位的千余名志愿者在全市160余个重点路口,引导广大市民自觉遵守道路交通安全法律法规,树立文明出行、安全出行的交通理念。

天津市交通志愿者的构成可以从三个方面进行分析。从年龄结构看,

---

① 《天津出租车国庆前"告别"夏利 公交车开辟10条新线》,北方网,http://news.enorth.com.cn/system/2009/07/15/004125369.shtml,最后检索时间:2023年8月3日。

天津交通志愿者从小学生到老年人，各个年龄段都有。从专业角度看，有专业的交通志愿者，即专注于交通方面志愿服务的人；也有非专业的交通志愿者，即除了交通领域志愿服务，还做其他方面服务志愿的人。从与现有的志愿者概念分类关系看，交通志愿者分布于青年志愿者、社区志愿者、党员志愿者、职工志愿者、老年志愿者等群体之中，与既有的志愿者群体分类是交叉关系。

总之，天津市交通志愿者来自各行各业、各个年龄段，参与者广泛。

二　交通志愿服务的内容

交通志愿服务指与交通相关的无偿服务中，其主体是城市交通、旅客运输领域的服务。志愿服务内容丰富，以倡导和维护文明交通秩序为主要目标。

（一）维护交通安全

对安全的需要是人生的重要需要。交通志愿服务中，交通安全自然成为首要关注的内容。天津市有专门以道路交通安全和路面巡查为服务内容的志愿服务组织。该组织是发起人在多年坚持做志愿服务的过程中认识了很多同志后，牵头组建的。该组织志愿服务的主要工作是巡查道路上的信号灯、井盖、中心护栏等设施的齐全、正常与否等，及时向管理部门反映问题，协助交警处理事故及后续事宜。自成立至 2019 年 3 月，该组织参与过交通安全宣讲、事故救援、大型赛事等志愿服务工作超过 1000 次，通过注册的志愿者 20 多人，大多通过了专业救援培训资格认定。发起人每天往返于市区和滨海新区，关注道路安全状况，遇到交通事故就尽力帮助处理。他曾经在滨海新区回市区的高速上发现一起多车相撞的事故，立即停车路边，检查事故车辆人员状态，拦车将心脏不舒服的驾驶员送医院。同时，为避免发生后续事故，他及时提醒全部事故车辆熄火，把交通事故状况向高速军粮城收费站、路况信息、高速支队值班室报告。此外，他还向陆续到达的消防救援人员和交警介绍情况，协助处理。[①] 有的交通志愿者热心到中小学生中义务宣讲交通安全,呼吁社会重视青少年道路交通安全。有的志愿团体经常到企事业单位、学校、社区等场所宣讲交通安全知识,增强市民的交通安全意识。

(二)维持交通秩序

以倡导和维护交通秩序为主要目标的志愿服务在交通志愿服务队伍中占大多数。迄 2023 年 9 月 15 日,天津志愿服务网显示的服务项目中含有"交通秩序"的志愿服务团队达 5426 个。志愿者团队的系统团队[②]中,包含"交通秩序"服务项目的团队达 614 个。在 2018 年至 2023 年 7 月的 123 个天津市交通相关志愿服务团队中,服务项目中明示主要是交通秩序或包含交通秩序的团队有 87 个。[③]

以交通秩序为主要内容的志愿服务,有宣传交通法规,针对交通者(行人或车辆)的违法违规陋习进行劝止,针对无序停放的自行车、汽车整理归置等。例如,2019 年受到表彰的志愿服务团队中有参与共享单车定点存放摆位、助力全国运动会文明交通引导、春运期间车站出行咨询、文明交通疏导等多种活动。天津市红桥区自行车运动协会每周一、三、五分别组织志愿者到红桥区商业繁华路段、快速路出入口、学校及幼儿园附近路口,在交通早高峰期间进行文明劝导、维护交通秩序。宁河区平安志愿者协会美丽中华爱心联盟中队经常开展治安巡逻和交通执勤,积极宣传《中华人民共和国道路交通安全法》《天津市文明行为促进条例》等法律法规,做文明交通的倡导者、实践者和守护者。

众多志愿服务队在早晚通勤高峰时,配合执勤民警维护交通秩序、劝阻违规交通行为。例如,天津市中安机动车驾驶员培训有限公司志愿服务队在交通高峰时段配合执勤民警维护交通秩序,劝导行人及非机动车按信号灯通行。

---

① 《天津唯一纯公益交通安全宣传和路面巡查的志愿服务团队,发起人被称为"不穿警服的流动交警"》,百家号"天津交通广播",https://baijiahao.baidu.com/s? id = 1627053259629885193&wfr = spider&for = pc,最后检索时间:2023 年 8 月 2 日。

② "系统团队"是志愿服务组织分类的一种,并列的还有社区团队、青年志愿者团队、红十字团队、职工志愿者团队。系统团队一般是公安交管、教育、行政等企业、机关等机构的志愿服务组织。

③ 天津志愿服务网,http://zy.enorth.com.cn//web/team/Team! listDo.action? svo.state = 20,最后检索时间:2023 年 9 月 15 日。

光复道街枫叶正红老年志愿服务队邀请交警开展专业培训,接受培训后每日在学校放学时段护送学生安全通行,同时还积极参与每年高考期间的交通秩序维护和节假日景点周边共享单车秩序摆放。

交通志愿服务出现了专业化现象。例如,天津市河东区的胡素德带领"夕阳红指路队",每周拿出两个半天在天津站附近为来自各地的旅客义务指路、劝导文明交通。天津公交头等舱红十字志愿服务队每周六在天津站前、后广场为旅客提供志愿导引、咨询等,倡导旅客遵章守法,文明出行。

交通志愿服务兼顾日常事务与临时性事务。平时的事务,如道路交通秩序、交通安全;临时的事务,如大型体育赛事、会展、大型公共节假日等。夏季达沃斯论坛、世界智能大会等大型国际性会展活动中,交通志愿者都发挥了积极作用。2018 年达沃斯论坛期间,志愿者和交通运输车辆保障组进驻铁路站,北京南站、天津站等四个高铁站点的迎送工作组共接待达沃斯与会代表 199 批次,339 人次。志愿者老师带领志愿者工作在迎送服务一线,每天工作 17 个小时,为与会代表提供了热情周到的服务。[①] 天津市银建的士有限公司志愿者服务车队积极参与第 13 届全运会、达沃斯论坛、智能大会、矿业大会等服务保障工作。每年高考、春运期间,交通志愿者均主动响应应急服务保障任务,为社会公益交通出行无私奉献。2023 年天津市"文明单位示范文明,争做文明有礼天津人"文明交通志愿劝导行动中,也有交通志愿者的助力。

（三）促进交通文明

机动车违章停车、不礼让行人、乱鸣喇叭,机动车、非机动车和行人闯红灯,行人不按规定横过道路、翻越隔离护栏等不文明现象,看似没有重大直接的危害,但常常是交通事故、交通拥堵、道路秩序混乱的导火索。由于人们思想上的轻视,不文明交通现象在城市中普遍存在,不但影响城市和国家的文明形象,还会影响社会和谐稳定、民生幸福、经济发展。在天津市,文明交通也是

---

① 《市交通运输委精心组织达沃斯铁路迎送工作》,天津市交通运输委员会,https://jtys.tj.gov.cn/ZWXX2900/ZWDT641/202007/t20200731_3307298.html,最后检索时间:2023 年 8 月 2 日。

志愿者关注的对象。

河西区首批 200 余名文明交通志愿者是 2010 年从各行政机关单位和 13 个街道招募的。他们统一着装,携带统一印发的"文明交通指示旗",在社区广泛宣传交通法规,规范非机动车停放,并于重点宣传日在全区 16 个重点路口上岗执勤,协助交警共同维护交通秩序。

随着城市地铁的建设发展,利用地铁出行的市民越来越多,相应的不文明现象也增加了。地铁公司在各车站增加志愿者,对不文明交通行为进行劝阻,维持良好的乘车秩序。志愿者协助地铁公司职员引导乘客的同时,也监察、制止客运中的不文明行为,如逃票、冒用优惠票、车站和车厢里饮食等。[1]

武清区组织开展了多次文明交通志愿行动,劝导市民遵守交通法规、礼让斑马线,以创造和维护良好的交通秩序。例如,在 2022 年 4 月 11 日起的文明交通志愿者活动中,武清全区 73 支文明交通志愿服务队,1855 名文明交通志愿者陆续上岗,统一着装,在上下班高峰期到路口执勤,对过往行人进行文明出行劝导。

2023 年 6 月 5 日,天津市公安交管部门组织全市各交警支队、大队联合辖区文明交通志愿者,以"争做文明有礼天津人"为主题,统一开展文明志愿活动。活动主要内容是对行人、非机动车闯红灯及行人不走斑马线等不文明交通违法行为进行劝阻和引导。志愿者的行动不仅有利于城市交通文明化,也有利于个人的发展。正如 2023 年的文明交通志愿劝导行动中有志愿者谈到的那样,"通过文明劝导,(志愿者)自己也能从管理者的角度看到日常出行中的违法行为和通行陋习对交通安全的影响,进一步提升自己的文明出行意识和自觉性。"[2]

(四)倡导绿色出行

交通运输业是碳排放大户,在科学发展观指引下天津制定了公交优先的

---

① 《天津地铁公司增加工作人员及志愿者 劝阻不文明行为》,天津市交通运输委员会,https://jtys. tj. gov. cn/ZWXX2900/BMGZ8573/202007/t20200721_3020973. html,最后检索时间:2023 年 8 月 2 日。
② 《公安交管部门在全市范围内组织开展集中统一行动》,百家号"天津交警",https://baijiahao. baidu. com/s? id = 1767910240004791526&wfr = spider&for = pc,最后检索时间:2023 年 8 月 2 日。

交通政策。积极参与倡导、宣传公交出行是交通志愿服务的新内容。早在 10 年前,近千名公交志愿者与三千余名公交职工参加了"天津公交出行宣传周"活动。2021 年 9 月 23 日上午,天津市交通运输委机关党员在公交天津站开展的志愿服务活动,就是以"文明交通 绿色出行"为主题。交委先对参与者做了培训,组成五个小组,在天津站 A1 至 A5 的五个公交站台分别向旅客和市民宣传绿色出行理念。在活动中,志愿者向乘客发放《公交出行指南》,为乘客指引公交线路、帮助乘客搬运行李等,还提示乘客科学佩戴口罩,向公交集团反映乘客意见,提出扩大站台标识的合理化建议。[①] 在服务别人、教育别人过程中,志愿者本人也得到了教育。例如,在绿色出行志愿活动中,志愿者加深了自己对于公交出行的价值的理解,对养成良好出行习惯、推进节能减排、营造可持续发展的生态环境有着重要意义。[②]

（五）协助完成重要活动

除交通安全、秩序、文明、低碳绿色等为交通志愿者所关注外,在一些其他重大事件的志愿服务,像奥运志愿活动、高考志愿服务活动中,往往也包含交通志愿服务。例如,2023 年高考期间,天津市枫叶正红老年志愿服务队开展"爱心助考,助力未来"活动,重点内容是确保考场外主要干道交通畅通无阻、安全有序。志愿者在天津市第二中学考点,配合交警在昆纬路与东七经路交口一侧维持交通,疏导道路两侧等候考生的家长。[③] 天津市公交集团第三客运有限公司团委与公交 8 路青年志愿者到天津市第二南开中学考点门口,向考

---

① 《绿色出行树新风 交通先锋在行动——市交通运输委机关开展志愿服务活动》,天津市交通运输委员会,https://jtys.tj.gov.cn/ZWXX2900/TPXW/202109/t20210930_5620396.html,最后检索时间:2023 年 8 月 2 日。

② 《绿色出行树新风 交通先锋在行动——市交通运输委机关开展志愿服务活动》,天津市交通运输委员会,https://jtys.tj.gov.cn/ZWXX2900/TPXW/202109/t20210930_5620396.html,最后检索时间:2023 年 8 月 2 日。

③ 《银发志愿者 爱心助高考》,北方网,http://news.enorth.com.cn/system/2023/06/08/053999035.shtml,最后检索时间:2023 年 8 月 2 日。

生赠送"暖心助考包",宣传文明礼让、引导乘车。①

宣传是交通志愿服务的重要工作。常见的是宣传交通法规、文明礼让等,还有宣传交通志愿服务本身的。有的志愿服务队多次深入社区、校园、网红打卡地开展交通志愿宣传,同时还推出特色的汛期报路况、寻车牌活动,为交通安全贡献了力量。

有些志愿服务团队的工作内容十分专业。例如,天津市滨海新区交通运输局志愿服务队主要进行规范共享单车摆放秩序、公交车上文明乘车的宣传等具有行业特色的志愿服务活动。事实上,一次志愿服务往往包括交通安全、秩序、文明、法治宣传等多项内容;一个志愿服务团队往往从事多项交通志愿服务,并非单一某项服务。例如,天津市津路畅达公益交通志愿者协会常态化关注交通安全,常进行事故救援等,也积极参与大型球赛、演唱会场馆周边交通秩序维护服务,还多次配合民警到学校、幼儿园开展交通安全宣讲。又如,天津市公路中心联合交通运输委设施管理处于2023年6月17日在津蓟高速宝坻温泉城服务区、京津塘高速机场收费站等开展"争做文明有礼天津人"主题宣传与志愿服务活动,志愿者们在针对高速出行特点,聚焦文明出行、文明旅游等内容的同时,还结合2023年安全生产月主题活动,重点围绕高速公路驾驶规则、安全,如儿童安全座椅、后排乘客安全带的使用,高速行车中应急处置方法等做了宣传。②

三 交通志愿服务的方式

交通志愿服务方式,按照组织形式可分为两种。一种是个体的,完全因个人热情投入交通志愿事业,起初是个人行动,后来遇到若干同志者组建成团队。另一种是集体的,既有某个机关、企业、事业单位牵头,有组织、有计划地

---

① 《公交志愿者 为学子护航》,天津文明网,http://wenming.enorth.com.cn/system/2023/06/08/053998926.shtml,最后检索时间:2023年8月2日。

② 《争做文明有礼天津人——看我们高速路上的宣传队》,天津市交通运输委员会,https://jtys.tj.gov.cn/ZWXX2900/BMGZ8573/202306/t20230625_6330135.html,最后检索时间:2023年8月2日。

集体开展的志愿服务活动,也有志愿者自发组织的服务活动。两种组织形式中,集体的形式在志愿服务中占主体。按照服务场所分,有固定场所的志愿服务,也有不定场所的志愿服务。志愿者充分发挥各自的积极性,为了达到服务目的创造了多样的服务形式。

(一)公共机构组织的交通志愿服务

大量的交通志愿服务是组织化开展的。有的是志愿组织单独进行,更多是志愿组织与行政机关或社会团体联合,配合某个主题的行动。例如,天津交通客运行业以树立行业新形象为宗旨的志愿服务活动,目的是全面提升城市出租汽车、公共汽车、长途客运行业服务质量。活动中,先面向社会公开招募志愿者,然后对志愿者进行培训,把志愿者按组安排到指定站点执勤。该活动内容有给过往车辆、乘客、行人等发放《天津市民文明出行手册》,宣传交通法规知识;在公交站点、候车厅设置"请您排队有序乘车""请您遵守交通信号"提示牌;开展市民遵守交规签名承诺活动,营造浓厚文明出行氛围;维护乘客候车秩序,组织乘客在站台上候车,前门上、后门下,督促驾驶员依次进站停车到位,组织乘客立即上车,尽快离站,对其他机动车停靠站区、公交车随意变更车道等突出问题进行劝阻;对老、弱、病、残、幼以及需要特殊照顾的乘客提供上下车帮扶;对外地客人提供游览、购物、住宿等咨询服务;协助环卫工人对站点周围卫生进行维护清理。[①]又如,2022 年 3 月初,公安蓟州分局交警支队联合辖区内各企事业单位,共同开展文明交通志愿服务活动。在工作日的早晚通勤高峰时段,志愿者在蓟州城区流通量集中的交叉口、路段引导行人有序过街,与交警配合劝阻非机动车闯灯、逆行、越线等候、电动车不佩戴安全头盔等违法行为。街头宣传的方式也容易吸引较多市民关注交通志愿活动,营造全民遵法守规的良好氛围。[②]

---

① 《天津出租车国庆前"告别"夏利 公交车开辟 10 条新线》,天津市交通运输委员会,https://jtys. tj. gov. cn/ZWXX2900/BMGZ8573/202007/t20200721_3018960. html,最后检索时间:2023 年 8 月 3 日。

② 《路口来了"红马甲"志愿者 人人参与 向不文明陋习说"不"》,百家号"天津交警",https://baiji-ahao. baidu. com/s? id =1726389757693025336&wfr = spider&for = pc,最后检索时间:2023 年 8 月 16 日。

（二）自发组织的交通志愿服务

志愿者自发组织开展交通志愿服务,体现志愿服务的本质精神。如全国优秀志愿者、第二届天津市道德模范吕文霞,1996 年退休后带领"阳光奶奶"志愿服务队,在许多公共场所志愿服务群众。她们常去交通易堵的路口协助交警维持秩序,同时组织 8 个家庭的 11 名儿童,利用学校假期上街宣传礼让斑马线。[①]

（三）以表演、展览等增强效果的个人特色交通志愿服务

交通志愿服务中,法规、政策的宣传和文明交通理念的倡导是重要内容。志愿者充分发挥个人主动性、创造性,在争取较好地达到目的方面,根据各自物质或技能条件,通过以视听方式增强效果的文艺表演、展览等形式开展服务。例如,和平区的马芳菲将《天津市文明行为促进条例》的内容通过快板书表达出来,劝导大家循规蹈矩,文明出行。与之类似的还有东丽区的杜学民,每天早晚高峰时段在军粮城街主要路口义务服务,帮助老人、未成年人安全过马路。2019 年为宣传《天津市文明行为促进条例》,杜学民自编文艺节目在大街上表演。热心传播交通安全理念的北辰区的志愿者刘健,在完成日常志愿执勤服务的基础上,自费买了绘画工具,义务为社区绘制交通安全宣传漫画。为了倡导文明交通,中山门街道中山门东里夕阳红歌舞队自主创作了《文明条例我践行》《文明出行我先行》等津味"三句半",用通俗易懂、诙谐幽默的语言引导社区内居民遵纪守法文明出行。

（四）固定场所与不固定场所的交通志愿服务

交通志愿服务地点,有的是固定的,有的是不定的。固定地点的交通志愿活动,如天津市委市级机关工委海河先锋志愿服务队以小白楼地铁站为志愿

---

① 《文明交通志愿者 城市里一道靓丽风景线》,知乎账号"天津交警",https://zhuanlan.zhihu.com/p/95354103,最后检索时间:2023 年 8 月 23 日。

服务基地,每天组织志愿者在高峰时段为过往的乘客提供交通秩序维护、咨询等服务。场所不固定的志愿服务,像交通事故救援、应急救援等,还有为体育赛事、重要会议、展览等大型集会等场合提供的交通志愿服务。

交通志愿服务方式,以上只是大致分类。事实上,根据志愿者、活动组织者的目标和主客观条件,服务方式是灵活多样的。同一个志愿服务组织,为了实现自己的工作目标,往往选择多种方式。例如,河北区教育局学生思想教育与管理科志愿服务队在交通安全教育中,指导学校利用课堂、升旗仪式、主题班会、讲座等形式进行交通安全教育。同时,联合企业为中小学生搭建交通安全主题教育实践平台,助推学生文明出行新理念。

四 交通志愿服务存在的问题和改善建议

(一)交通志愿服务存在的问题

天津的交通志愿服务事业起步较早、持续时间久,实践上从内容到形式丰富多彩,取得了有目共睹的成绩,为天津市交通的安全有序发展作出了积极贡献。但是发展中也存在一些问题有待解决。

1.理论研究不足

天津交通志愿服务实践很丰富,但交通志愿服务的理论研究不足。具体表现在相关的概念缺乏定义,人员、活动的专门统计数据难觅,系统的问题分析、经验总结不多,对于丰富的实践活动进行理论总结、规律探索、未来展望等很少见。

2.制度建设有待加强

在交通志愿服务这个专业领域,虽然志愿服务参与者众多、实践持之以恒,大多数都已经组织起来,志愿服务实践活动一般是有组织开展的,社会影响较大,但针对交通志愿服务的制度建设还有待加强。因为与法律援助、科技服务、医疗保健等志愿服务不同,交通志愿服务有自己的特点,如道路值勤多数在户外,不但受气候寒暑、日晒风吹的影响,遭受空气、噪声等污染较多,还有交通事故的风险,劝阻不文明交通行为有时还可能遭受误解或伤害。因此,需要有针对交通行业特殊性的志愿者权利保障政策、志愿服务事业激励政策等,为志愿者提供知识和技能辅导、劳动保护、医疗工伤保护等。为保障交通志愿服务的顺利开展,需要制定关于志愿者准入标准、志愿服务规范、志愿服务者权益保障和约束纪律等制度。

3.志愿服务供需匹配不够

从空间分布看,交通志愿服务多数在中心城区的繁忙路口或者枢纽地铁站;从时间分布看,交通志愿服务主要是志愿者利用业余时间或者空闲时间提供服务;从志愿服务的内容看,交通志愿服务主要是交通安全、文明等的宣传,交通秩序的维护,交通违法行为的劝阻等。而现实的交通问题主要包括,道路上的机动车违规变道、乱鸣喇叭、不当停车、乱抛废物等,行人与自行车、电瓶车等的闯红灯、随地吐痰扔杂物、逆行、翻越护栏等,共享单车乱摆乱扔,道路摆摊售卖妨碍交通、污染街道,还有道路破损、设施陈旧、指示标志不清楚不齐全等。随着社会上机动车日益增多,在居住区、道路、商店门口等地方,拥挤、拥堵地点增多,时段延长,外环线内外、环城四区、郊区市镇,交通问题的面积扩大而警力有限,亟需志愿服务。但是目前交通志愿服务的供应在内容、方式、时间、地点等方面,与实际需求还不能匹配,不少有交通志愿服务需求的地点、时段、内容上缺乏交通志愿服务的供给。

(二)改善交通志愿服务的建议

1.制定交通志愿服务规范

一个城市的交通志愿服务,一定程度上也是城市形象的窗口。例如,在火车站等交通枢纽专门给不熟悉地理交通的外地旅客指路的交通志愿服务,能够给外地游客留下暖心的体验,为天津的营商环境加分,为城市形象加分。一些公共交通企业的志愿者活动有助于企业形象建设,例如,天津地铁的志愿者经常参与社区公益活动,志在带动更多人参与到社会公益活动中,塑造了"地铁人"的新形象。① 因此,交通志愿服务做得如何,不仅是志愿者的水平、形象问题,而且关系到行业形象、城市形象问题。因此建议参照国际国内先进标准,由市政府相关部门牵头,联合专业研究机构、志愿者团队等,研究制定《天津市交通志愿服务规范》之类的规范文件,使天津的交通志愿服务走上法治化轨道,促进交通志愿服务事业高质量发展。例如,交通的概念应该囊括各种情况,包括宠物、野生动物,盲人、残疾人、外地人、外国人;车辆应包括摩托车、独轮车、马车、儿童游乐车,以及即将出现的自动驾驶车。相关交通志愿服务规范出台后亦应与时俱进,跟随经济社会发展情况,经常修订。

2. 加强对交通志愿服务的理论研究

中共中央早就提出"建立与政府服务、市场服务相衔接的社会志愿服务体系"的任务。交通志愿服务,对于营造通畅便捷、文明有序的交通出行环境,打造良好城市发展环境,提升城区综合竞争力作出了重要贡献。天津交通志愿服务已经有丰富的实践,应该加强相关的理论研究,对于实践进行充分地归纳和分析,发掘存在的问题,探索进一步改善提高的方向和办法,阐述志愿服务的价值和意义,总结发展规律。通过理论研究加深人们对于事业的认识,以理论成果指导实践进一步发展。

3. 扩大交通志愿服务队伍

交通志愿服务不仅加强了政府公共服务能力,促进了天津城市交通秩序的良好运转,还在公共场所为城市树立了正面形象。志愿者也在服务社会中实现了自身价值。随着家用汽车日益普及,城镇化发展也使居住区、商业区、道路等各处交通问题越来越多,仅靠政府管理部门难以应对十分重要且头绪纷繁、应接不暇的交通问题,需要动员人民群众参与共同治理,志愿者正是城市交通问题治理中可以依靠的力量。

---

① 《天津地铁志愿者积极参与社会活动获得高度评价》,天津市交通运输委员会,https://jtys.tj. gov. cn/ZWXX2900/BMGZ8573/202007/t20200721_3029291. html,最后检索时间:2023 年 8 月 2 日。

天津心理健康志愿服务专题报告[①]

王小波　天津社会科学院社会学研究所副研究员

刘艳梅　天津易欣向上社会工作服务中心社工师

摘　要： 心理健康志愿服务是新时期重要的志愿服务领域,也是构建天津社会心理健康服务体系中一支不可或缺的力量。近年来天津市心理健康志愿服务的主要做法与成效:"妇女法律心理帮助中心"为天津市妇女儿童心理健康提供公益服务走在了前列;心理援助志愿服务在新冠疫情期间为市民抗击疫情提供心理支持;多条心理热线为发生心理危机人士提供及时心理援助;各区开展不同形式的心理志愿服务;政府资助公益创投项目为心理志愿服务搭建有效平台;心理志愿者积极参与心理疏导与救助。随着社会快速发展,各类社会心理问题凸显,民众对心理健康服务的需求不断增加。建议今后应深入开展心理健康进社区志愿服务,继续搭建政府购买心理健康公益创投项目平台,建立心理服务公益信息平台,组建稳定的心理志愿服务者队伍等,不断提升天津市心理志愿服务水平,助力建设健康天津、幸福天津。

关键词： 心理健康　心理健康志愿服务　心理志愿者

我国政府高度重视心理健康服务,并逐步将心理健康服务纳入志愿服务体系之中。我国首个加强心理健康服务的宏观指导性文件《关于加强心理健

---

①　本报告部分资料得到天津市妇女儿童社会服务中心的支持,特此感谢!

康服务的指导意见》提出加强职业人群、老年人、妇女、儿童、残疾人等重点人群心理健康服务。《全国社会心理服务体系建设试点工作方案》中提出，要健全社会心理服务志愿服务体系，向社会广泛招募心理健康服务志愿者，组建心理健康服务志愿者队伍，探索支持引导志愿者参与心理健康服务的政策，鼓励和规范心理健康志愿服务的发展。

近年来，天津市不断提升心理健康服务能力，各大综合医院开设精神／心理科，精神专科医院设心理门诊，中医医疗机构设立中医心理科等，并不断完善基层心理服务网络，开展重点人群的心理健康工作。作为全国社会心理服务体系建设试点城市，天津积极推动工作，市卫生健康委、市委政法委等 16 个部门联合发布实施方案《关于加强天津市心理健康服务的指导意见》，提出完善八大服务网络、打造五支人才队伍、建立心理健康志愿组织合作机制等举措。《天津市志愿服务条例》中已将心理疏导列入志愿服务活动范围，提出鼓励和支持具备心理专业知识、技能的志愿者，开展心理健康服务专业志愿服务活动。国家卫生健康委专家组曾对天津市开展专题督导调研，对天津市社会心理服务体系建设工作取得的初步成效给予充分肯定。在整合多部门资源形成社会心理健康服务体系的"天津模式"中，心理志愿服务是一支不可或缺的力量。

一 天津心理健康志愿服务基本概况

（一）"妇女法律心理帮助中心"为妇女儿童进行心理健康志愿服务

天津市对心理健康问题关注较早，早在 2015 年，天津市妇联与市司法局就联合出台了《关于将妇女法律心理帮助工作纳入全市公共法律服务体系的实施意见》，并成立了"天津市妇女法律心理帮助中心"，各区县"天津市妇女法律心理帮助分中心"同期挂牌成立，首批有 22 家律师事务所、心理咨询机构为辖区内妇女提供免费公益法律心理服务。市、区两级心理帮助中心以服务妇女儿童及家庭为核心，属于社会公益性质。依托辖区公共法律服务中心设立心理咨询窗口,悬挂或摆放统一标识,设置心理咨询室,配备沙盘等设备。咨询老师与来访者开展一对一面谈。每位来访者原则上可享受最多不超过 5 次的免费咨询,对低保、单亲困难母亲等人群,经审核可适度增加次数。由市及各区妇联以政府购买服务的方式,招募具备相应资质的心理咨询机构,双方签订服务合同。心理咨询机构将具备资质的心理咨询师派驻到本级中心值班,接待群众来访并提供咨询服务。2018 年,市政府将市妇联为妇女儿童提供心理咨询服务列入天津市民心工程。该项目共为妇女、儿童及家庭提供心理咨询 3000 件次左右,开展心理讲座及团体辅导 400 场左右。①

从成立至今,天津市妇联领导下的心理服务公益项目一直在全市范围内规范运行,已有 9 年时间,即使在新冠疫情期间也从未间断。目前每个工作日,在市级及各区县“妇女心理帮助中心”都有心理健康志愿者值守,为人们提供无偿心理服务;服务对象也不仅针对女性,而是接待不同性别、不同年龄的来访者,他们因各类工作生活问题而产生心理困扰,有的人已经出现了较为严重的心理问题,但由于缺乏心理常识,很多人只知道寻求法律帮助,从未想到可以寻求心理帮助,心理志愿服务窗口让很多人初次接触、了解心理咨询与心理志愿服务,有助于提高人们的心理健康意识,在一定程度上满足了较低收入者中心理脆弱人群的心理健康服务需要。

(二)新冠疫情期间社会组织开展心理健康志愿服务

2020 年 2 月 23 日,习近平总书记出席“统筹推进新冠肺炎疫情防控和经济社会发展工作部署会议”,发表重要讲话强调:“打赢疫情防控这场人民战争……要发挥社会工作的专业优势,支持广大社工、义工和志愿者开展心理疏导、情绪支持、保障支持等服务”。为贯彻落实习近平总书记重要指示精神,切实体现对新冠疫情防控一线城乡社区工作者的关心关爱和对困难群众的服务

---

① 《市妇联民心工程女性心理服务精彩纷呈——市妇联提供心理服务,让女人花更加幸福美丽绽放》,http://www.xinddy.com/system/2018/05/11/011272644.shtml。

帮扶,天津社会组织携手开展心理援助志愿服务——"筑牢心理防线,打造安心社区"专项行动于 2020 年 3 月 5 日学雷锋纪念日正式启动。天津市社会工作协会、天津市社会组织服务管理中心及多家社工机构和心理咨询机构联合发起,天津市心理学会、天津市心理卫生协会心理咨询师专业委员会提供专业指导和技术支持。天津市易欣向上社会工作服务中心、天津市格莱德心理咨询有限公司联合天津市各高校心理学专业师生及全市 30 多家社会心理服务机构,围绕"传播合理认知、排解不良情绪、缓解压力症状、促进心理成长"四个方面,共同为市民提供心理支持服务,引导公众凝聚抗疫精神,培育疫后信心。公开招募全市 400 多名志愿者参与志愿服务,志愿者分成热线组、信息组、协调组、科普组、统计组、策划组、传播组、内训组、督导组共 9 个小组,分别完成不同领域的工作需求。引进最新研发的新冠疫情情绪测评量表,为市民提供新冠疫情期间的免费心理测评,累计测评超过 5 万人次。收集新冠疫情政策和新冠疫情防护知识等信息 600 多条。面向市民开通了多条热线,两个月内接受咨询电话近 1000 人次。在腾讯大燕网开设新冠疫情心理专栏,每天刊发心理科普文章,定期组织专家参加天津都市频道、天津少儿频道的心理援助节目,另外还开展了一系列面向志愿者的心理援助技能培训。

（三）多条心理热线为民众提供心理援助

心理热线以关怀个体生命、提高民众心理素质为宗旨,通过专业心理服务,有效帮助来电者化解内心矛盾,释放心理压力,解除心理危机。由于电话咨询具有匿名和快捷的特点,心理热线已成为心理志愿服务的重要方式。天津市拥有多条心理援助公益热线。首条心理危机干预热线（96051199）于 2006 年 2 月 21 日正式开通,由天津市第一中心医院东院 40 位心理学医护人员从每晚 5 点至次日晨 7 点接听,服务范围涉及婚姻情感、职业以及青少年情绪行为包括性心理、网络成瘾、适应不良等问题引起的心理危机。心理援助热线"帮帮我吧"（88188858）,自 2011 年 1 月 26 日开通,拥有多名专业热线工作人员,外聘多名专业督导,共有两条线路,每周 7 天每天 24 小时接听来电。截至 2015 年 8 月,共接听来电 24957 通,其中有效来电 17851 通,高危来电 103 通。天津希望 24 热线也是"7×24"小时的生命危机干预热线,2016 年,总共接听求助电话 9000 余通,其中包括高危个案 93 个,均干预成功。另外,天津市青少年心理服务热线(12355)已开通十余年,帮助青少年提升心理素养、养成阳光心态、培塑刚健性格。妇女服务热线(12388)也是 24 小时热线,由心理服务志愿者值守,为遇到心理危机人士及时提供专业的心理干预和心理支持。

(四)各区开展多种形式心理健康志愿服务

早在 2006 年,南开区妇联与南开区民政局合作尝试探索心理咨询进社区,在长江道凯丽花园进行试点工作,随后南开区文明办与天津市格莱德心理咨询机构合作在欣苑公寓设立社区咨询室,这是全国较早的心理咨询进社区的典型代表。2023 年以来,南开区水上公园街心灵驿站成立了水上公园街第一支心理助人志愿团队,为辖区居民提供心理疏导服务,排解居民的心理困扰、疏导居民紧张情绪。

滨海新区妇联发动社会组织,联合开展"心健康"公益行动。志愿组织依托学校、社区等载体,开展"家庭教育、心理健康知识进万家"公益活动,通过开展各种讲座,传授科学、专业、有效的家庭教育知识和管理情绪、缓解压力的知识,推动构建孩子快乐、父母放心、家庭幸福、学校友爱、社会和谐的新时代家庭关系。志愿服务组织在滨海新区的 3 所学校进行线下培训,共培训 2373 人。同时,志愿服务组织还走进新疆喀什地区,为教育资源贫乏的家长们带去专业知识。截至 2023 年 6 月,总共服务师生、家长 2800 人。通过心理志愿者的专业辅导,众多初、高中学生改善了认知,积极面对问题,走出心理困境。

2023 年,西青区委统战部、团区委、区教育局联合开展"轻松备考·12355 与你同行"中高考心理减压活动,帮助广大考生及时排解困惑,缓解心理压力,助力考生轻松迎考。西青团区委通过"新西青新青年"微信公众号发布中高考减压指南,从调整紧张心态、考生减压技巧、压力释放转移等方面指导考生进行自我心理调适,并通过西青电视台、"云上西青"App 等平台举办公益讲座,以"云课堂"的形式对考生进行专题心理辅导。

津南团区委与教育部门联合构建青少年心理健康服务体系，为津南青少年健康成长打造全方位心理健康服务平台，关注重点青少年心理健康发展，用心用情呵护青少年阳光快乐成长。2023年在双桥中学，专业心理辅导老师为学生开展"减压·赋能团体辅导"心理讲座，以"调节情绪"为主题分享了考前、考试时常见的心理状态与调整办法。在双港中学，针对初三年级学生开展"12355轻松备考、中高考减压"活动，心理辅导老师讲解如何进行心理调节与减压，帮助同学们敢于面对挑战，阳光、积极地迎接中考。

2021年，高新区在全市率先开展心理咨询师志愿者培训，先后为区内企业培养了两批共60名志愿者，并协助志愿者取得天津市心理学会和天津市格莱德心理咨询有限公司颁发的证书。2022年，群团工作部继续借助专业心理培训机构，采用中国科学院心理研究所基础心理培训项目课程，开展线上线下相结合的培训，最终参加培训的50名志愿者中有20名通过中国科学院心理研究所组织的全国统一考试，取得中国科学院心理研究所证书，其中成绩最高的达到93.5分。

（五）政府公益创投项目为心理健康志愿服务搭建平台

《全国社会心理服务体系建设试点工作方案》中提出，通过政府购买服务等方式，引导和支持心理咨询人员为公众提供心理健康教育与科普知识宣传，为有心理问题人群提供心理帮助、心理支持、心理教育等服务。

天津市妇联自2015年至2020年一共主办了四届妇女儿童公益创投项目。其中，心理志愿服务项目占总项目数的43%，心理志愿服务项目的投入金额占总金额的45%（数据详见表1）。政府购买公益创投项目为心理健康公益志愿服务提供了重要平台。

表1　天津市妇女儿童公益创投项目中心理志愿服务项目

届次	实施时间	中标项目（个）	金额（元）	心理服务公益项目（个）	项目金额（元）	受益人数量（人次）
第一届	2015年4月至2016年4月	22	600000	11	265000	11813
第二届	2016年12月至2017年12月	31	876000	14	434000	9304
第三届	2018年6月至2019年6月	27	1196000	9	480000	5781
第四届	2020年1月至2020年12月	13	550000	6	270000	22120
总计		93	3222000	40	1449000	49018
心理志愿服务项目占比		43%		心理志愿服务项目金额占比		45%

资料来源：天津市妇女儿童社会服务中心。

在政府购买公益创投项目中,心理健康志愿服务涉及的服务对象十分广泛,既包括普通人群,如企业员工、农村妇女、职业妇女、女法官、幼教老师、3岁以下儿童及家长等,也包括单亲母亲、失独家庭、自闭症儿童及其家庭、智障儿童及其家庭、社区服刑人员等特殊困难心理脆弱群体。服务形式针对心理服务对象进行专业设计,包括心理测评、团体辅导、个体咨询、心理讲座、社工小组等方式(详见表2)。经过四届6年的时间,心理志愿服务惠及人群接近5万人次。

表2　第一届妇女儿童公益创投心理健康志愿服务项目

公益项目名称	实施机构	服务形式	服务对象	服务人数／人次
天津市职业妇女心理健康测评、咨询及培训辅导项目	天津心帆心理辅导中心	心理测评、辅导与培训	职业妇女	1000
未来之星——心智教育课堂	天津家合婚姻家庭咨询交流服务中心	公益讲座、亲子活动、一对一咨询	儿童、家长	1912

公益项目名称	实施机构	服务形式	服务对象	服务人数／人次
"快乐家园"儿童保护项目	南开区嘉陵道街嘉陵北里社区	心理健康讲座和咨询	未成年人	500
美丽绽放——女大学生健康指导项目	河东区女政协委员服务团	讲座及沙龙	青少年女性	5180
"牵手成长"——贫困家庭青少年子女助学助成长	天津纯公益志愿者助学服务中心	心理成长和兴趣培养课程	儿童青少年	330
巾帼携手七彩人生——失独家庭关爱援助	天津市兰湾社会工作服务中心	个案	失独家庭	76
暖心行——单亲困难母亲家庭心理援助	天津津海心理咨询培训中心	个体咨询、团辅、心理讲座、亲子活动、互助小组	单亲困难母亲家庭	150
大寺镇微电子工业园青年女工生殖健康服务项目	天津市津南区新市民工友文化服务中心	个案	青年女工	500
做天使的朋友——天津市武清区功能障碍儿童家庭帮扶项目	天津市武清和平之君儿童福利院	小组	功能障碍儿童家庭	749
瓷娃娃病房小课堂	天津市武清区太阳语罕见病心理关怀中心	小组	瓷娃娃儿童	160
自闭症儿童及其母亲公益帮扶项目	天津市宜童自闭症研究服务中心	个案	自闭症儿童及其母亲	1256

资料来源：天津市妇女儿童社会服务中心。

其中,"瓷娃娃病房小课堂"入选第四届中国公益慈善双百强项目,南开区嘉陵北里社区志愿服务队获天津市 2015 年市级志愿服务项目称号。

二 心理健康志愿服务案例的具体表现

伴随天津市社会经济快速发展,民众的社会心理问题也逐渐加剧,尤其是那些经济社会地位较低、收入来源不稳定、社会资源占有较少的社会脆弱人群,如独居老人、常年重病患者、孤独症等残障人士、贫困家庭、单亲母亲、城市新移民等,其心理也更加脆弱,更加需要心理关怀和支持。

另外一类需要心理援助的是危机个案。心理危机是指由于突然遭受严重灾难、重大生活事件或精神压力,使生活状况发生明显变化,出现了以现有生活条件和经验难以克服的困难,致使当事人陷于痛苦、不安状态,常伴有绝望、焦虑情绪及植物神经症状和行为障碍。心理危机干预是指专业人员通过与当事人进行语言交流,纾解其强烈情绪,防止发生如自杀、自伤或攻击他人等过激行为。

下面通过三个案例对心理援助志愿服务进行具体呈现。

【案例1】2021 年 5 月 16 日下午 3:20,天津市 2030 心理服务"危机干预"电话铃声急促响起。公安南开分局指挥中心告知,南开区某大厦 19 楼窗外站着一名女士欲轻生,请派心理咨询师参与解救工作。天津某社会工作服务中心理事长、国家二级心理咨询师 L 老师闻讯后立即赶到现场。大厦楼下停放着数辆警车、消防车,数十名群众翘首仰望。一名女士站在 19 层窗外已近 8 个小时,随时会有惨剧发生,情况非常危急(这期间已有三位心理专家进行营救,可惜均告失败)。

L 老师随民警上到 19 层,只见这名女士不听任何解劝,不许任何人靠近。L 老师请该女士前夫转告该女士:"有一位和你年龄相仿的女咨询师想和你聊聊天,你同意吗?"得到肯定回复后,L 老师站在房间门口和该女士交流起来,对该女士非常尊重,称呼她"老师""姐姐",认真倾听她诉说,不时做出回应,表示出共情。同时指导该女士家人向其道歉,以缓解其焦躁情绪。其间通过观察该女士面部表情，L 老师判断出她有较强的求生愿望，并且对其前夫有较强依赖心理。经过几十分钟的艰难工作，在女士家人和消防员的一致合作下，该女士被成功解救。L 老师把该女士抱在怀里，递上矿泉水，该女士失声痛哭，在场所有人长舒了一口气。

【案例2】天津市良友心理咨询有限公司咨询部主任、首席咨询师 Z 老师患有严重的尿毒症，经历过两次肾移植手术，其在十几年的心理咨询中参与了无数次公益活动，包括汶川地震、监利翻船事故、马航失联、"8·12"大爆炸等重大事件的心理危机干预工作。她长年"坐诊"市妇联接待室，为婚姻家庭当事人提供无偿志愿心理援助。新冠疫情发生后，Z 老师不顾自己的身体状况，坚持 24 小时接听市妇联的公益热线（12338），为群众答疑解惑近 200 人次，受到求助者赞扬和认可。下面是 Z 老师处理的一个心理援助案例。

2021 年夏季的某一个晚上大概 8 点多钟，Z 老师接到一位女性的电话，电话一接通，对方第一句话就是："你是我最后一个打电话的人，打完电话，我就准备跳楼了……"Z 老师听闻此言，立刻警觉起来。经过询问，Z 老师得知来电者是外地人，一人来到天津，住在某酒店 20 多层，但对方不肯透露所在的确切地点。经过 Z 郑老师的耐心询问，来电者逐渐说出自己的情况：因为情感被骗 10 多年，目前也得不到家人的支持，感到走投无路。因为不知道来电者的具体位置，只知其当时正在 20 多层楼的宾馆房间里，一人身处陌生城市，情绪不稳、有自杀的想法……这些情况让经验丰富的 Z 老师也感到很紧张。好在经过一个多小时的沟通，Z 老师引导来电者倾诉出心中的愤怒和委屈，逐渐缓解了抑郁情绪，看到了解决当前困境的其他可能性，使其放弃了跳楼自杀的念头。

【案例3】借助中央财政专项资金的支持以及某专业心理机构的组织，和平区各街道自 2015 年开始，为辖区内失独者群体建立了"暖心家园"，定期召集组织失独老人进行心理团体活动及外出活动。C 老师连续 8 年参与了失独老人心理慰藉志愿服务项目，在她和其他心理老师的带领下，许多失独父母从与外界敌对、常年封闭不愿外出、多年来沉溺在失去亲人的痛苦中无法自拔的状态逐渐走出来，改变了羞耻、愤怒、无力的心理状态，重新找到了生活的意义和希望,露出了久违的笑容。与以往接触这一人群的街道、社区单纯进行安慰或给予物质救助不同,心理志愿者从心理学视角去看待这一人群,理解他们因经受人生重大创伤导致心理乃至生理(大脑)受损,很多失独者患有创伤后应激障碍。C老师总能深切感受到失独者的创伤、悲痛,她从不主动询问、挖掘失独父母过往的伤痛而是小心翼翼地陪伴,并时常通过有意识地碰触身体,让失独者感受到自己不是被嫌弃、而是被接纳的,感受到自己被尊重、被理解、被支持。在8年间的100多场活动中,C老师以其心理咨询师特有的敏锐去感受对方,以真挚的爱去感动每一个渴望爱与抚慰的心灵,帮助很多失独者从多年阴霾抑郁的情绪中走出来。

下面的文字来自失独者:

> 我们是一个很特殊的群体,有着复杂且矛盾的心理,既想从过往的经历中走出,却又总不自觉陷入回忆。记忆无时无刻不被唤醒这么多次活动下来,我的感触是暖心家园及老师给我们特别好的平台,组织丰富多彩的活动,(我)从中获益颇丰,排除孤独,释放自己的压抑。是你们给我带来快乐,没忘记我们这群弱势群体,无法用语言表达,你们带给我们的关爱确实在很大程度上温暖了我们的心灵,让我们在精神上,生活上有了支撑和依靠。我们不孤独,世上自有真情在。有了你们的关心,我们要好好生活,好好爱护自己。是你们给我们这个群体带来了满满的爱和正能量,我们要将这正能量传播下去。

> 中国之大,我们这样的群体又是如此渺小,但党和政府对我们这样的人群给予了这么高关爱,派出了这样好的主任和这么高水准的老师来给我们做心理辅导。总觉有一股暖流流向了心间,让我们打开了心结,使受伤的心又重见阳光。

在天津,像以上案例中参与心理援助的心理志愿者还有很多,他们活跃在企业、社区、学校中,当有需要时挺身而出,参与心理疏导与救援,为困难人群提供心理援助与支持,极大地促进了社会的稳定与和谐。

三 社会对心理健康志愿服务的需求

根据当前社会需要,心理健康志愿服务分为以下三种类型:心理教育志愿服务、心理疏导志愿服务及心理救助志愿服务。

第一,心理教育。只要有人的地方就有心理,心理活动虽然看不见,但人的所有行为都是由心理动机推动展开的。如果没有觉察,人就会被内在动机所牵引做出一些连自己都莫名其妙的行为来。因此,每个人都有必要了解、学习心理学知识,加深对自我的认知。在社会经济快速发展中,各类心理问题出现,人们对心理健康服务需求不断增加,在求学、就业、结婚、退休等人生各阶段,都需要心理知识。心理教育针对普通大众普及心理学常识、传播家庭教育知识,能够帮助大众更好地处理家庭关系、人际关系。心理教育志愿服务就是以公益讲座和其他方式进行心理学常识的宣传普及。

第二,心理疏导。社会快速发展导致各种社会问题出现,进而导致人的心理失衡,尤其是当制度建设不够完善的情况下,容易引发各种社会冲突与矛盾,这时就需要进行心理疏导,由心理专业人士对当事人进行心理安抚与疏通。心理疏导不同于思想教育或道德说教,而是着重于对人的理解与共情,从而起到化解人际冲突的作用。如前文"案例3"中,失独者遭遇"白发人送黑发人"而对生活失去信心,常年处于抑郁状态。这时专业的心理疏导——真诚的共情与理解、非功利性的付出、长时间的陪伴等——有效改变了人们对不幸事件的认知,使其感受到自己并没有被社会和生活抛弃,情绪状态由早先的愤怒甚至是仇恨转变为感恩及对新生活的向往。这种心理上的转变并非是简单的物质方式"送温暖"所能带来的,心理疏导公益服务在其中起到了不可替代的作用。

第三,心理救助。现代社会是高风险社会,意外和天灾人祸发生的可能性增多,甚至民间流传"不知道明天和意外哪个先来"的说法。受灾者除了需要物质救助外,也需要心理支持,以帮助当事人应对因灾害发生带来的心理危机与创伤。《全国社会心理服务体系建设试点工作方案》指出,在自然灾害等突发事件发生时,立即组织开展个体危机干预和群体危机管理,提供心理援助服务,及时处理急性应激反应,预防和减少极端行为发生。在事件善后和恢复重建过程中,对高危人群持续开展心理援助服务。心理救助志愿服务主要是指当事人遇到突发性紧急危机,甚至可能危及生命安全情况下,心理专家不计报酬、不顾个人危难进行危机干预(如前文"案例1""案例2")。在汶川地震、马航失联等危机事件之后,心理志愿者已成为援助者中重要的组成部分。

四 促进天津心理健康志愿服务发展的对策建议

心理健康志愿服务是加强社会心理服务体系建设的重要一环,也是现代志愿服务的一项重要内容。推进心理志愿服务对于充分发挥社会志愿服务功能,培育广大市民健康心态具有重要而积极的作用。

第一,继续深入开展心理健康进社区志愿服务。近年来,天津已经陆续开展了一些心理健康进社区活动,但活动开展仍比较零散、短时,不成体系。心理健康进社区主要包括以下内容:一是对社区干部进行心理教育,提高社区干部自我情绪管理与纾解能力。社区干部直接面对社区居民,每日工作繁忙而琐碎,调整好心态有助于与居民进行良好沟通,提高解决问题、处理问题的能力,把心理学知识与社区工作结合起来,通过心理教育来化解邻里矛盾、解决居民纠纷、处理家庭矛盾,可以取得事半功倍的效果。二是对社区居民定期开展心理知识宣传,通过心理团体活动,增加居民间互动,促进彼此了解,提升社区凝聚力,提高社区居民心理健康水平和思想道德水平,营造积极向上、健康文明、和谐稳定的社区氛围。三是为社区内特殊需要人群提供心理支持、心理疏导,及时发现、化解焦虑、抑郁情绪,预防心理危机的行动化。

第二,重新搭建政府购买心理健康公益创投项目平台。2015—2020年,市妇联、市民政局及各个区县曾经举办过四届公益创投项目,通过项目设计、竞标、招标、第三方监管、中期评审、专家审核、结项报告等一系列严格规范的环节,大大提升了天津市各项志愿服务包括心理健康志愿服务的水平和质量,为心理志愿服务搭建了有效的平台。但随着新冠疫情的突发和持续,公益创投项目被迫中断。重新启动政府购买公益创投项目,整合各方力量,促进资源共享,将有助于推动心理志愿服务深入发展。

第三,建立心理服务公益信息平台。在我国,合格的心理工作者并不多,因为要成长为一名合格的心理工作者需要常年的学习和经验积累,但是他们的工作量因受到市场限制并不饱和。为了获得更多的个案量,他们中的一些人会去民营医院,以非常低的价格为医院打工。如此一来,可能会存在这样的问题:一方面来访者要付出高额咨询费(一般为 600—2000 元/50 分钟),另一方面咨询师却并未获得相应的报酬(只有 50 元/50 分钟),中间差额则被民营医院赚取。这一乱象的发生很大程度上是咨访双方信息不对称导致。所以,为心理工作者和需要心理服务的人员提供真实有效的匹配通道,便于咨询师以低于市场平均价格提供公益性质的心理服务,使咨访双方共赢尤为必要。

第四,组建一支稳定的心理健康志愿服务队伍。新冠疫情期间,天津心理学会等机构招募组建了一支专业心理志愿服务队伍,为抗疫期间的特殊需要人群进行服务。目前已进入后疫情时代,这支心理志愿服务队伍虽仍存在但不活跃,主要因为没有相应的组织方与具体的工作任务,所以应当创造条件,促进这支宝贵的队伍继续为天津心理健康志愿服务作出贡献。另外,还可以引导高校心理老师及心理学专业大学生,积极参与基层社会心理服务,发挥学校心理健康教育的资源优势,整合区域内心理健康服务资源,实现学校和社会的资源共享。

参考文献:

[1]〔美〕Judith A. Cohen 等著,耿文秀等译:《心理创伤与复原》,华东师范大学出版社,2009。

[2]〔美〕Peter Buirski 等著,尹肖雯译:《主体间心理治疗——当代精神分析的新成就》,中国轻工业出版社,2021。

实 践 报 告

河东区志愿服务事业发展实践[①]

崔宝琛　天津社会科学院社会学研究所助理研究员

摘　要： 河东区在推进志愿服务事业发展过程中,致力于夯实组织基础,推动志愿服务工作落到实处;强化阵地建设,促进志愿服务资源整合;推进队伍建设,提升志愿服务规范化和专业化水平;深化项目培育,扩大志愿服务品牌辐射力和影响力;加强机制建设,推动志愿服务常态化发展。同时,河东区因地制宜,结合工作特性和资源优势,围绕推动理论宣讲、弘扬时代新风貌、开展"津韵家园·文明同行"主题群众性文明实践活动打造了一系列志愿服务特色活动。未来应从健全志愿服务体系;加大扶持保障力度,提升志愿服务参与积极性;不断深化品牌打造,推动志愿服务质量有效提升等方面着手,规划设计推动新时代志愿服务高质量发展的新举措。

关键词： 河东区　新时代文明实践　志愿服务

---

①　本报告部分资料得到河东区精神文明建设委员会办公室的支持,特此感谢!
　　本报告系天津市哲学社会科学规划研究项目"新时代志愿服务发展的激励机制研究"(项目编号:TJSRQN23－003)阶段性成果。

河东区坚持以习近平新时代中国特色社会主义思想为指导，扎实贯彻落实习近平总书记在和平区新兴街朝阳里社区对志愿服务工作所作的重要指示，推动志愿服务事业提档升级、提质增效。本报告梳理了河东区志愿服务发展的总体经验和主要成效，总结了河东区志愿服务的亮点特色，剖析了河东区志愿服务事业发展的现实挑战和未来思路。

一　河东区志愿服务事业的主要经验与成效

河东区持续探索、总结经验，着力夯实志愿服务组织基础，抓好志愿服阵地、队伍、项目、机制等方面的建设，持续用力，久久为功，推动志愿服务事业取得了切实成效。

（一）夯实组织基础，推动志愿服务工作落到实处

河东区多措并举，夯实组织基础，推进志愿服务工作走深走实。一是健全文明实践志愿服务工作体系，主体责任不断压实。将新时代文明实践中心建设作为"一把手工程"推进，建立区新时代文明实践中心，区委主要领导任中心主任和领导小组组长；建立新时代文明实践所和新时代文明实践所（站），街道社区"一把手"分别任所长和站长，同时统筹相关部门、辖区单位、爱心企业、社会组织等紧紧围绕中央和市委工作部署开展志愿服务活动，形成了三级书记带头、多部门共同落实、多方资源统筹的工作体系。二是加强志愿服务组织管理，志愿服务工作推进更加有序。坚持各部门专业志愿服务队伍统筹指导工作原则，加强对综合性志愿服务工作中各专业队伍的统筹协调；各相关部门、各街道党委（党组）加强对本单位党员干部职工从事志愿服务工作和本行业、本街域志愿服务团队活动的领导、组织和指导，加强对志愿服务站点和志愿者服务情况的调研、管理和监督；各志愿服务站点负责人开展统筹协调、组织调度、应急处置、合理保障等工作，严格管理和妥善使用马甲、袖标、帽子等志愿服务标志性物品。三是成立志愿监督团，监督考核力量得到强化。由各文明单位组建文明单位志愿监督团，各文明单位联络员作为文明监督员，每周进行

创文巡检、文明劝导、明察暗访,及时发现问题并反馈,每月召开文明监督员工作例会,集中反馈整改情况,形成"巡检—整改—回访"闭环。

(二)强化阵地建设,促进志愿服务资源整合

河东区强化阵地建设,整合志愿服务资源,提升志愿服务的可及性。一是延伸阵地建设,延伸志愿服务触角,实现文明实践阵地全覆盖。全面推进区、街道、社区新时代文明实践中心、所、站、点标准化建设,区文明办联合区文化和旅游局,依托区文化馆建设河东区新时代文明实践中心,各街道依托街道综合文化站建设新时代文明实践所,各社区依托党群服务中心、综合文化服务中心等建设新时代文明实践站;中心、所、站结合实际设立若干文明实践点;各有关单位围绕居民聚集区、公共服务设施、便民服务窗口及其他重点公共场所,广泛设立有人员、有项目、有管理的文明实践点或志愿服务岗(站)。目前,河东区建成新时代文明实践中心 1 家、实践所 13 家、实践站 168 家,文明实践阵地覆盖率达到了 100%。二是充分统筹利用各方资源。采用"聚、引、用"相结合的方式,盘活区域内资源并统一调配使用,以党群服务中心为圆心,辐射周边公共文化设施、图书馆、"五爱"教育阵地、科普阵地、社会工作站等场所或设施,推动社会组织、爱心企业等融入新时代文明实践志愿服务工作体系,初步形成了全方位的文明实践综合体和服务圈;促进新时代文明实践中心与区融媒体中心互融互通,提升了天津志愿服务平台和"河东社区通"平台"文明实践"板块的线上运用活跃度,拓展了"文明河东"微信公众号的宣传广度和深度。三是完善新时代文明实践中心(所、站)的功能配备,提升文明实践中心(所、站)的活动统筹力度。新时代文明实践中心(所、站)全部配备了开展理论宣讲、市民教育、文化活动、科普宣传、健身活动等文明实践活动的功能室和设备,组织、策划、统筹多样化志愿服务活动的能力得到提升。[①]

---

① 河东区精神文明建设委员会办公室:《河东区关于新时代文明实践中心建设工作的评估验收报告》(内部资料)。

（三）推进队伍建设，提升志愿服务规范化和专业化水平

河东区完善队伍建设，为志愿服务高质量发展提供持久动力，提升志愿服务的规范化和专业化水平，更广泛地在全社会弘扬"奉献、友爱、互助、进步"志愿精神。一是完善志愿服务队伍体系，形成"常备＋特色"的队伍架构。建立了区级新时代文明实践志愿服务总队，在总队下组建了政策理论宣讲、文化文艺、助学支教、医疗健身、科学普及、法律服务、卫生环保、扶贫帮困等9支常备志愿服务队，以及应急、青年、"夕阳红"文明指路等特色志愿服务队，形成了区级"9＋N"志愿服务团队架构；街道社区在学习宣传、文化健身、互帮互助、文明风尚、应急响应5类志愿服务队伍基础上，组建了非遗体验、心理咨询、便民理发、课后托管等特色志愿服务队，形成了既规范有序又各具特色的"5＋N"志愿服务团队架构。二是加强学习培训，志愿者、志愿服务队伍、志愿服务工作人员的服务和管理能力不断增强。重点围绕服务领域、职责范围、服务标准、法律规则、工作方法、个人防护和自我保护等内容对志愿者进行岗前培训；强化志愿者身份认同、形象管理和荣誉维护，提高守法守则、文明服务意识，规范志愿者言行举止，与市民群众互相尊重、平等沟通；每年集中对新时代文明实践中心（所、站）负责同志开展一次全覆盖专题培训，对志愿者骨干开展一次专题培训，提升政治素养和业务能力。三是引入社会力量，志愿服务队伍人员组成日益多元化。广泛吸纳学校、社会组织等公益团队，招募手艺达人、文艺能手、"五老"人员等特色人才组建专业志愿服务团队；注重发挥老党员、老住户所具有"人员熟、地况清"的优势，组建邻里互助情暖街坊志愿团队。①

（四）深化项目培育，扩大志愿服务品牌辐射力和影响力

河东区树立项目化思维，贯通策划、选定、培育、展示、评价等全周期培育环节，递进推动项目发展成熟，探索形成了主动申报、重点打造、展示交流、考核评估等培育机制，同时，河东区还以服务精准高效、群众真正受益为出发点

---

① 河东区精神文明建设委员会办公室：《河东区新时代文明实践工作情况》（内部资料）。

和落脚点,将群众的切实需要、参与程度、满意程度作为调整项目目标、考核项目成效的重要依据,打造了一系列优质实用、群众满意的志愿服务品牌。一是做强志愿服务传统品牌。河东区丰盈里社区连续10年开展"学雷锋志愿服务一条街"活动,从最初单一巡逻发展出政策咨询、健康检查、义务理发、修车等多种形式的活动内容。二是培育普惠、特惠、应急志愿服务品牌。培育了"新时代市民文化学院""育健河东"体育健身等普惠性志愿服务项目,"暖心使者"扶贫助困助老、结对帮扶困境少年儿童等特惠性志愿服务项目,建立河东区烽火应急救援志愿者服务中心、红十字救援志愿服务队伍、医疗健康志愿服务队伍等30余支应急志愿服务队。三是打造接地气、聚民心的志愿服务品牌。通过召开居民代表问需座谈会、入户问询、"社区通"平台、公开电话、微信群等方式了解群众所需、所盼、所急,精准设计志愿服务项目。四是开展推选展示活动,打造志愿服务榜样品牌。宣传推送志愿服务先进典型,遴选出"爱心助力折翼天使""传承刻瓷文化 传播时代文明"等最佳项目13个,"科普惠民 保护蔚蓝""益家人红色志愿服务"等优秀项目7个,给予项目经费支持,同时加大对特色志愿服务项目、队伍、成效的宣传力度,进一步提升先进典型的社会影响力。

(五)加强机制建设,推动志愿服务常态化发展

河东区加强机制建设,推进志愿服务可持续发展。一是建立联席会议制度和挂点联系制度,畅通志愿服务工作运行流程。组织相关单位召开志愿服务联席会议,研究部署志愿服务工作重要事项,定期通报工作进展并进行工作总结;由区委宣传部领导和相关科室分别联系街道,利用参加专题会议、调研指导等时机,督促指导联系新时代文明实践工作,解决实际问题。二是建立供需对接机制,不断提高志愿服务的群众满意度。探索"列单—点单—接单—评单"模式,打造点对点式志愿服务,由各区级志愿服务团队主动展示服务项目列单,各文明实践所、站收集整理群众需求并及时对接各资源单位点单,各志愿服务队伍按照实际需求接单,服务完成后由服务对象评单并接受群众评议。三是强化考评机制,推进志愿服务长效化发展。推动新时代文明实践志愿服

务工作纳入意识形态工作责任制,纳入党的建设和经济社会发展综合考核,纳入党政领导班子和领导干部年度述职、实绩考核,党员志愿服务情况纳入干部个人考核,规定各机关单位党员志愿者注册率和每年志愿活动时长、社区志愿者注册率、市级以上文明单位及其他单位志愿服务活动频率、社区志愿服务队每月活动频率。四是健全激励机制,为志愿服务常态化开展积蓄充足力量。结合全国学雷锋志愿服务"四个100"和天津市"六个一批"志愿服务先进典型评选,开展河东区志愿服务"六个优秀"评选工作,表彰积极投身志愿服务、为河东"四个之区"建设作出突出贡献的志愿者和志愿服务组织。关爱志愿者身心健康,给予优秀志愿者嘉奖礼遇,让"德者有得"的价值理念深入人心,带动广大群众参与志愿服务。

二 河东区志愿服务事业的特色活动

河东区因地制宜,结合工作特性和资源优势,全面推进学习实践科学理论、宣传宣讲党的政策、培育践行主流价值、丰富文化生活、持续深入移风易俗,筑牢新时代文明实践与志愿服务的共同基础,实现新时代文明实践与志愿服务共建共赢,打造一系列特色活动。

(一)推动理论宣讲

河东区始终将传播习近平新时代中国特色社会主义思想作为重中之重,以志愿服务为载体学习贯彻习近平新时代中国特色社会主义思想和党的二十大精神,持续深化"二十大精神润心田 文明实践谱新篇"群众性主题宣传教育活动。具体来看:一是依托新时代市民文化学院、道德讲堂、微型党课、新时代文明实践中心(所、站),开展集中型和分众化两种形式的理论宣讲活动。二是明确服务中心、服务基层、与时俱进、增强实效原则,健全菜单管理、质量把关、典型培育、联席会议、考核考评、保障激励等理论宣讲工作机制,巩固区—街—社区三级宣讲组织,整合专家学者、党校教师、军休老战士等品牌特色宣讲团,以及道德模范、司法普法、青年先锋、健康卫生、生态环保、巾帼风采、红色文艺轻骑兵等宣讲志愿小分队力量,开展"老兵讲堂""30 分钟微宣讲"、书画宣讲、快板思政课、文艺展演、展览展示等形式创新、内容多元、体现天津特色的活动。

(二)弘扬时代新风貌

河东区以志愿服务为抓手,弘扬时代新风。一是加强形势政策宣讲。以宣讲会、图片展、专业部门讲座解读、现场一对一解答等形式开展生动活泼的形势政策教育,宣传阐释党中央、市委和区委决策部署、为民利民惠民政策,深入回答社会和群众普遍关注的热点难点问题,引导广大干部群众不懈奋斗。二是弘扬时代精神和传统文化。连续开展"河东区道德模范走进百姓讲堂"活动;组织各级工会参观"弘扬劳模精神劳动精神工匠精神"教育展,传承劳动精神、奋斗精神、奉献精神、创造精神、勤俭节约精神;广泛开展群众乐于参与、便于参与的文化活动,深入挖掘和弘扬中华优秀传统文化蕴含的思想观念、人文精神、道德规范。三是开展"送道德讲品行"文明实践活动。广泛开展文明城区、文明单位、文明社区、文明校园、文明家庭等群众性精神文明创建活动,推动文明创建和文明实践相融合。广泛开展文明餐桌、文明旅游、文明交通、文明祭扫等行动,推动文明理念转化成为全民实践。四是开展"送文化讲风尚"文明实践活动。开展宪法学习宣传教育和"八五"普法活动,推动社会主义法治精神走进群众、融入日常生活。积极宣传《天津市社会信用条例》《天津市文明行为促进条例》,开展主题实践活动,倡导文明新风,形成诚信互助、向上向善的社会风尚。宣传贯彻《天津市生活垃圾管理条例》等法律法规,发挥社区道德评议会等群众组织作用,提高居民文明素养和社区文明程度。五是开展"送科技讲新风"文明实践活动。大力开展全域科普工作,普及科学知识。

(三)开展"津韵家园·文明同行"主题群众性文明实践活动

河东区以"津韵家园·文明同行"为主题广泛开展群众性文明实践活动。一方面,围绕重要时间节点开展品牌志愿服务。推进传统节日振兴工程,发挥新时代文明实践所、站服务群众的作用,在春节、元宵节、清明、端午、七夕、中秋、重阳等传统节日期间,开展体现节日文化内涵、具有鲜明价值导向的志愿服务品牌活动,传承中华优秀传统文化,弘扬社会主义核心价值观。另一方面,围绕"我们的中国梦"开展品牌志愿服务。主要有以下几项活动:一是文化进万家活动,组织人员精干、水平精湛的"红色文艺轻骑兵"深入基层,线上线下联动开展文艺演出、文艺培训、文化服务等,提升文化文艺资源可及性。二是爱国主义教育活动,利用爱国主义教育基地等红色资源,举办主题教育、专题展览和纪念活动,激发人们爱国主义和集体主义精神。三是全民阅读"六进"活动,依托图书馆、城市书吧、公共阅读空间等平台,线上线下广泛开展阅读分享会、朗诵会、主题讲座等活动,加强"书香河东"建设。四是"文明健康绿色环保"主题活动,发动居民群众积极参与文明祭扫、"光盘行动"、文明餐桌、垃圾分类等活动,倡导绿色环保理念,培育健康生活方式。五是"扣好人生第一粒扣子"主题实践教育活动,推选学习宣传"新时代好少年",引导广大未成年人从小树立远大理想,培养高尚情操。[①]

三　河东区志愿服务事业发展的现实挑战

（一）机制保障有待进一步完善

河东区在志愿服务机制建设方面做出了很多努力,但高质量发展新要求凸显了进一步完善机制保障的必要性。一是主体责任有待进一步压实,工作措施细化程度、任务分工明确程度上需进一步提升,同时应进一步明确和持续细化文明实践重点工作项目清单和区、街道、社区三级党组织书记重点任务清单。二是志愿服务奖补措施和激励机制有待进一步创新。

（二）队伍专业性有待进一步提升

河东区志愿服务队伍持续迸发活力,但人才队伍是志愿服务高质量发展

---

① 河东区精神文明建设委员会办公室:《关于利用重要时间节点持续开展"津韵家园·文明同行"群众性文明实践活动的实施方案》(内部资料)。

的源头活水,因而有必要不断提升志愿队伍专业化水平。一是志愿服务队伍中具有专业知识技能的人才力量有待加强,医疗、消防、救援、科技、心理疏导、新冠疫情防控等专业志愿服务队伍应进一步丰富。二是区新时代文明实践中心针对文明实践骨干、优秀志愿服务组织和志愿者实施的培训,各行业主管部门定期对本领域专业志愿服务组织进行的专业培训,应常态化、长效化开展,志愿服务培训的层次性、内容的多样性以及形式的丰富性也应继续提升。

(三)项目培育有待进一步深化

河东区在持续推进志愿服务工作过程中实现了项目品牌全周期培育,但与人民群众对美好生活的向往相比,应当进一步深化项目建设。一是创新性志愿服务项目有待丰富。在社会救助、心理疏导、养老助残、儿童福利、未成年人保护等领域中有代表性、有影响力的项目品牌仍显不足,项目品牌的宣传推广力度也有待加强。二是志愿服务项目清单和工作方案满足群众需求的精准度,解决群众急难愁盼问题的聚焦度须进一步提升。

四 河东区志愿服务事业发展的未来思路

推进志愿服务发展是一项长期工程,既要针对发展中的薄弱之处,补齐短板,也要高位谋划,促使志愿服务提质升级,迈向高质量发展。据此,河东区应当从优化机制建设、加大扶持保障力度、深化品牌打造着手,规划志愿服务发展的未来思路。

(一)持续优化机制建设,健全志愿服务体系

一是坚持统筹协调推进。将新时代文明实践志愿服务融入经济社会发展大局,与推动高质量发展、落实意识形态工作责任制、创建全国文明城区等工作一体化推进。二是进一步优化志愿服务工作体系。健全由区委宣传部统一领导,区文明办统筹规划协调指导,区志愿服务协会和区青年志愿者协会发挥桥梁纽带作用的工作机制,区委宣传部、区文明办会同区文明委有关成员单位

加强经常化、具体化指导,调动各成员单位发挥资源优势。完善志愿服务联席会议制度,根据市委、区委重要工作部署,不定期组织相关单位召开志愿服务联席会议,研究部署志愿服务工作重要事项。三是持续完善志愿服务激励机制,提高志愿者的社会认可度和荣誉感,提升群众参与志愿服务的积极性。优化《河东区志愿服务工作协调小组及其办事机构工作规则(试行)》和《关于进一步推动河东区新时代文明实践志愿服务工作的激励机制(试行)》,并落实具体措施,完善评先评优、困难帮扶、优待礼遇、"公益反哺"等激励机制。发掘鲜活经验,弘扬志愿精神,继续开展好河东区志愿服务宣传推选活动,表彰积极投身志愿服务工作的志愿服务组织和志愿者。区融媒体中心深入社区、机关、学校等单位,加大力度开展各类志愿服务宣传,加强对志愿服务重要事件、重要活动和先进典型的新闻宣传。推选志愿服务先进典型参加社区道德评议会活动,探索打造"道德评议—志愿服务"互联模式。

(二)加大扶持保障力度,提升志愿服务参与积极性

一是进一步为志愿服务组织和志愿者提供培训学习机会。邀请专家学者、优秀志愿者、优秀志愿服务工作者等,针对志愿服务相关的政策法规、知识技能、网络平台操作等内容开展专题培训,不断提高志愿服务组织和志愿者的服务意识和服务能力。结合重要时间节点,适时组织志愿服务骨干"走出去",进行学访交流,互比互看,分享工作经验,对标一流水准,不断提升工作水平。组织引导激励更多具有专业知识技能的人员参与到志愿服务中来,并组建志愿服务队,探索搭建应急志愿服务体系,培育医疗、消防、救援、科技、心理疏导、疫情防控等专业志愿服务队伍,既满足群众日常服务需求,又提升应急状态下迅速响应、专业救助的能力。二是不断加强志愿服务保障。积极探索成立文明实践协会、文明实践基金,有条件的街道应通过畅通社会化资金募集渠道,争取企业、社会资金等各方支持,鼓励引导社会力量通过多种方式支持志愿服务工作,同时推动各街道统筹使用文化经费、社区服务群众专项经费等项目资金,规范使用中央财政补助资金,探索以项目推选展示等方式实施差异化奖补措施,营造人人崇尚志愿精神、人人关心支持志愿服务的良好氛围,激发群众参与志愿服务的积极性,实现志愿服务长效化发展。

(三)不断深化品牌建设,推动志愿服务质量有效提升

一是培育特色志愿服务品牌,擦亮河东志愿服务"名牌"。发挥区志愿服务协会、区青年志愿者协会两家枢纽组织的作用,充分动员各单位充分利用职能优势、单位特长和地域优势,深入挖掘文化内涵、资源禀赋,突出鲜明的实践性、参与的群众性、思想的进步性,持续打造具有时代性、群众性、创新性的特色志愿服务品牌。二是坚持以改革创新和分类施策的理念培育志愿服务优质品牌。一方面,结合基层群众生产生活实际,精准把握群众多样化、多层次、多方面的需求,靶向施策、精准发力,积极探索接地气、有活力、可持续的志愿服务品牌,为群众解难题、办实事,切实提升志愿服务成效;另一方面,创新理念思路,以基层创造力激发文明实践的生命力,拓展内容、丰富活动形式,将文化与科技、网上与网下结合起来,着力打造与共同富裕目标相适应、与美好生活向往相契合的志愿服务品牌。三是整合资源,培育志愿服务创新品牌。发挥城管、卫健、教育、公安、工青妇、两个协会等单位和社会组织特长专长,全周期培育新时代文明实践品牌项目,在社会救助、心理疏导、养老助残、儿童福利、未成年人保护等领域培育一批有代表性、指导性、操作性的志愿服务品牌项目,做好最佳项目和优秀项目的验收评比工作,进一步探索推广成效好、可复制的经验。

河西区志愿服务事业发展实践[①]

张　品　天津社会科学院社会学研究所副研究员

摘　要： 河西区通过壮大志愿服务队伍，广泛开展多样化志愿服务活动，提升志愿服务供给精准化程度，打造特色志愿服务品牌项目，在志愿服务事业发展中取得了较为显著的成效。总体上，河西区志愿服务事业呈现三大亮点，即实现了制度化和规范化发展，搭建起多主体合作的协同机制，实现与文明城区建设长效融合发展。建议河西区通过推进党建和志愿服务融合发展、持续发展志愿服务队伍、完善志愿服务培训体系建设、强化志愿服务团队凝聚力、打造志愿服务亮点品牌、加大志愿服务文化和志愿精神宣传力度，确保志愿服务事业持续有序推进、健康发展。

关键词： 河西区　志愿服务　新时代文明实践

志愿服务是培育和践行社会主义核心价值观的客观要求，也是共建共治共享社会治理的重要内容，其发展是社会文明进步的重要标志。河西区将志愿服务融入社会治理，纳入区委、区政府和文明城区建设等工作重点，聚焦群众的实际需求，广泛开展志愿服务活动，坚持在活动中壮大志愿服务队伍，注重机制建设、平台搭建，以及品牌塑造，推进志愿服务管理制度化、活动常态化、配备规范化，不断健全志愿服务体系，推动志愿服务事业持续发展。

---

① 本报告部分资料得到河西区精神文明建设委员会办公室的支持，特此感谢！

一　河西区志愿服务发展现状

（一）志愿服务队伍逐步壮大

志愿者和志愿服务队伍是提供志愿服务的主体。河西区积极招募志愿者，大力发展志愿服务队伍。以新时代文明实践中心建设为抓手，持续整合街道、社区资源，拓宽共建合作领域。依托现有居家养老服务中心、"五爱"教育阵地、社区文化广场、文体活动室、图书室等平台，发动志愿服务队伍、共建单位、辖区企业商户、青少年志愿者、巾帼志愿者等多方力量，为群众提供理论宣讲、文化、科技、平安、医疗卫生等多种志愿服务。截至2021年12月，河西区已建成新时代文明实践中心1处、新时代文明实践所14处、新时代文明实践站149处，完成率100%，均已挂牌，同步建立了学习宣传、文化健身、互帮互助、文明风尚"4＋N"支志愿服务队685支。学雷锋志愿服务站点570个，"天津V站"学雷锋志愿服务岗20个。① 截至2023年7月，河西区在天津志愿服务网注册的志愿者206680人，注册的志愿服务队1224支。

（二）志愿服务活动广泛开展

河西区广泛开展志愿服务活动，主要体现在以下三个方面：一是志愿服务活动涵盖多种主题。河西区结合民众需求组织开展志愿服务活动，涉及理论政策宣讲、文化文艺服务、医疗健身、科学普及、法律服务、卫生环保、扶贫帮困、垃圾分类、节约粮食等多个领域。二是志愿服务活动具备多样形式。河西区结合特定的节日时间、城市建设目标、政府工作任务，开展多元化的志愿服务活动。例如，为了进一步弘扬雷锋精神和"奉献、友爱、互助、进步"的志愿精神，围绕学雷锋日、国际志愿者日等时间节点，精心组织"迎朝阳 再出发"志愿

---

① 《点亮"文明之光"河西区加快推进新时代文明实践中心建设》，https://www.tjhx.gov.cn/hxxw/szyw/202206/t20220621_5911322.html，最后检索时间：2023年9月26日。

服务大行动；为了共创美好生活的浓厚氛围，在元旦、春节期间，开展困难帮扶、理论宣讲、"送健康"、文化惠民、环境整治等志愿服务活动；为了进一步巩固全国文明城区建设成果，持续开展"万名党员进社区、万名团员做公益"文明主题实践活动，集中开展"同心迎盛会、共建文明城"主题志愿服务活动；为了扎实开展"我为群众办实事"实践活动，聚焦群众急难愁盼问题，提供面向基层、面向群众的志愿服务。三是志愿服务活动场次逐年上升（详见图1）。河西区2019年开展各类志愿服务活动9500余场次，2020年开展各类志愿服务活动11500余场次，2021年开展各类志愿服务活动13000余场次，2022年开展各类志愿服务活动15700余场次。

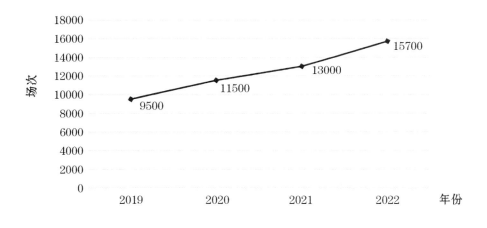

图1　2019—2022年河西区志愿服务活动开展场次上升情况

（三）志愿服务供给精准程度提升

服务是为一定对象的利益或某种事业而工作，对方的需求是确定服务内容和方式以及实现服务目标与价值的依据，志愿服务也不例外。故而，收集居民需求信息，分析诉求，在此基础上提供匹配的服务是志愿服务供给的基本要求。河西区依托新时代文明实践中心，坚持需求导向，在用好市、区部门资源的基础上，促进志愿服务供给精准化。其一，新时代文明实践信息服务平台发布志愿服务项目,建立基层志愿者信息员库,汇集需要帮扶对象的信息,为群众提供"菜单式""订单式"服务,并形成百姓"点单"、平台"派单"、志愿者"接单"、群众"评单"的贯通工作模式。其二,基层党组织通过多种方式,广泛征集困难党员群众关于日常生活需求、精神关爱、困难帮扶等方面的"微心愿",依托"微心愿"平台进行发布,各单位积极引导党员志愿者认领帮扶。其三,党政机关和企业事业单位与新时代文明实践中心(所、站)结对共建,结合各部门资源优势,对接群众需求建立志愿服务团队,定期开展志愿服务活动。新时代文明实践中心(所、站)在充分了解志愿服务项目的基础上,根据居民群众的需求进行"点单",与提供志愿服务项目的单位做好对接,开展好相关活动。

(四)志愿服务品牌项目持续涌现

志愿服务品牌项目是立足居民需求,通过创新服务理念、模式、方式、内容等方面,以及持续开展活动形成的。志愿服务品牌具有示范作用,能够在志愿服务行业内起到标杆和旗帜效果,并在全社会范围内产生辐射影响,吸引更多的人关注志愿服务、参与志愿服务。鉴于志愿服务品牌建设的重要性,河西区通过整合社会资源、拓展服务内容,探索建立长效机制,积极在军属志愿服务、老年志愿服务和社区志愿服务中打造志愿服务品牌项目。截至2023年7月,河西区已经形成了"红星耀东莱""家门口系列""社区养老互助组""银龄科普""西岸书声"等30多个志愿服务品牌项目。下面基于对军属志愿服务、老年志愿服务、社区志愿服务三类志愿服务项目的介绍,尝试对河西区志愿服务项目的品牌化发展经验加以总结。

1. 军属志愿服务品牌化探索

河西区大营门街道东莱里社区以"红星耀东莱"为志愿服务品牌,依托新时代文明实践站,进一步统筹志愿者资源,探索多元化的志愿服务项目和内容,全力打造军属志愿服务品牌。东莱里社区成立了"5+N"支志愿服务队,着力打造社区特色服务队伍。军属平安志愿服务队大部分由退役军人和军人家属组成,在2022年中考期间开展"助力中考 保驾护航"志愿服务活动;在中元节、寒衣节期间开展移风易俗志愿服务活动;在喜迎党的二十大期间,军属合唱班开展"歌舞颂盛世 奋进新征程"文艺汇演,老兵书画社开展"学习二十大精神 书写新时代篇章"书法交流活动,并被《天津新闻》报道;在新冠疫情期间将书画作品赠予参与大筛工作的医护工作者、社区工作者以及守边防的战士,通过笔墨纸砚来表达对最美逆行者的敬意。

2.老年志愿服务品牌化探索

基于老龄化的社区特点,河西区积极探索老年志愿服务品牌化实践经验。例如,河西区友谊路街不断探索和总结以往先进经验,推出了"1 + N 帮 1"助老志愿服务,即一个好邻居、多位社区志愿者共同帮扶一名困难老人的助老服务新模式,有效缓解了社区居家养老问题。又如,在深入推进河西区居家养老服务试点工作中,河西区科学技术协会围绕"老年科普教育"职责任务,积极整合科普资源,动员各方力量,以"丰富老年生活、提升科学素质"为目标,重点围绕医养健康、科技应用、科普实践等内容,努力为各级居家养老服务中心提供优质惠老科普服务。[1]

3.社区志愿服务品牌化探索

河西区积极推动社区志愿服务常态化发展,将志愿服务融入社区、融入群众生活。例如,桃园街广顺园社区新时代文明实践站于 2021 年被评为天津市优秀新时代文明实践所(站)。广顺园社区优化"15 分钟便民生活圈",打造"家门口"系列服务项目,"家门口的快乐研学营"是其中的重要一项。截至2022 年,"家门口的研学营项目"共开展主题活动 30 余场,服务居民 100 余人次,发展青少年志愿者 10 余人,志愿者可以单独完成活动策划、活动开展。广顺园社区通过"研学营"吸引更多的年轻家庭参与社区事务,实现老中青不同年龄段居民的活跃度,推动更多居民参与到社区活动中来,促进了社区建设。又如,河西区图书馆"悦读之家"志愿者结合重要时间节点,在社区、部队、学校等地开展诵读经典、图书推荐、红色故事分享等宣传志愿精神,不断推进"书香天津""首善河西"建设。

---

① 《河西区"银龄科普行动"服务居家养老显成效》,https://www. tast. org. cn/kxyw/system/2021/09/30/030014670. shtml,最后检索时间:2023 年 9 月 26 日。

二 河西区志愿服务发展的亮点特色

（一）实现制度化规范化发展

志愿服务制度是指导和约束志愿服务活动开展的规则，可以提升志愿服务的规范管理程度以及质量水平。按照志愿服务开展的制度要求，河西区对志愿服务团队统一下发平台管理操作手册、日常活动记录手册，并于天津志愿服务网活动发布情况季度报表，进一步健全和完善注册登记、服务记录、关系转接、培训管理机制，实现动态化管理。由于各区域的实际情况不尽相同，每个区域都需要依据现实不断建构符合实际需要的制度。河西区积极探索适合本区的志愿服务制度体系，确保志愿服务活动科学化、规范化、专业化开展。2021年4月30日，河西区精神文明建设委员会根据现实工作需求，按照《志愿服务条例》《天津市志愿服务条例》《天津市促进精神文明建设条例》《全国志愿服务工作协调小组及其办事机构工作规则》《天津市志愿服务工作协调小组及其办事机构工作规则》精神，结合本区志愿服务发展的实际情况，制定了《河西区志愿服务工作协调小组及其办事机构工作规则》，对河西区志愿服务工作协调小组的性质和机构设置、工作职责和任务、会议制度、工作协调和分工等事项做出了明确规定，并要求成员单位认真贯彻落实。协调小组负责本区志愿服务工作的统一领导和组织协调，推进了志愿服务工作的议事协调以及志愿服务事业的健康发展。值得注意的是，制度并不是一成不变的，而是需要根据现实的变化做出相应的调整和改变，以保持自身的价值。2022年6月，河西区精神文明建设委员会根据《河西区志愿服务工作协调小组及其办事机构工作规则》的实施情况，对其做出相应调整，使之更加符合现实，更好发挥作用，体现了志愿服务管理顺应发展的理念。

（二）构建起多主体合作的协同机制

志愿服务工作是一个系统的体系，需要各相关单位、社会力量等不同主体的协同合作。河西区在探索志愿服务成功经验的过程中，广泛开展社会动员，积极搭建与社区各单位的合作共建机制，探索出了志愿服务多主体协同合作的良好模式。例如，2022年度全国学雷锋志愿服务"四个100"先进典型评选中的"最美志愿服务社区"——河西区大营门街道东莱里社区，充分利用社会资源实现共建，搭建起志愿服务实践的广泛合作网络。一是将志愿服务与区域化共建相结合。社区将辖区内共建单位区工商联、区红十字会、康复医院、海河中学、区商务局、区网格中心、市排水管理处、街房管站、广发银行和中信银行等纳入区域化共建范围，组织医院志愿者提供免费医疗服务、常见老年病防治讲座，组织教师志愿者开展中高考前青少年心理辅导，组织银行志愿者开展预防金融诈骗讲座。二是将志愿服务与社会组织活动结合。社区与天广视觉艺术空间联合开展暑期夏令营系列活动30场，开展中秋节猜灯谜、冰皮月饼制作以及迎新春艺术插花小课堂活动。社区与律师事务所联合开展每周三法律援助工作室，为社区居民提供法律上的服务便利，社区矛盾调解志愿者参与前往区公证处并成功化解一起家庭矛盾调解案件。又如，河西区多次举办新时代文明实践志愿服务展示交流活动，多个区属职能部门和共建单位参加，他们深入社区一线，宣传志愿精神，开展志愿服务活动和文明实践志愿服务工作交流，组织实地考察、成果展示、项目大赛等，推广成功经验做法，充分展示各自在志愿服务工作中的特色和优势，形成志愿服务竞相发展的良好局面。

（三）与文明城区建设实现长效融合发展

全国文明城区综合反映了一个地区的经济发展水平、文明程度、市民文明素质和对外形象，其中"志愿服务制度化"是《全国文明城市（地级以上）测评体系》的重要测评指标，志愿服务和志愿精神的普及程度是文明城区建设的重要标识。河西区以创建全国文明城区为平台，以"万名党员进社区 万名团员做公益"（简称"双万"）活动为抓手，探索将志愿服务和文明城区建设的融合机制，推动志愿服务和文明城区建设长效融合发展。

自2019年起，河西区常态化开展"万名党员进社区 万名团员做公益"新时代文明实践活动，将落实群众需求、提高城区文明程度和志愿服务事业发展有机融合。其一,河西区进一步完善"万名党员进社区 万名团员做公益"文明主题实践活动方案,持续推动"双万"活动制度化,通过深入发动群众,采取入户介绍、张贴告示、召开居民代表会议等形式,宣传《天津市文明行为促进条例》《天津市生活垃圾管理条例》,引导居民群众自觉参与社区卫生清整、垃圾分类和爱绿护绿活动,将"双万"活动转化为"百万"市民的自觉行动。其二,河西区将"双万"活动落实到日常实践中。例如,2023年2月4日,河西区开展"双万"新时代文明实践活动,全区55个机关、14个街道共计出动3000余人深入主次道路、社区里巷清脏治乱,进一步营造文明整洁的城区环境。① 2023年2月18日,河西区各街道持续开展"双万"新时代文明实践活动,街道干部、社区工作者、保洁员、志愿者等对社区内及周边环境进行清整,助力文明城区建设。② 其三,充分发挥宣传作用,在全区内营造文明发展的良好氛围。河西区进一步发挥好"双万"队伍既是劳动队,又是宣传队,更是服务队的示范引领作用,以辛勤的劳动、热情的笑脸,影响和带动群众参与清洁家园活动;督促城市管理部门为"双万"主题实践活动提供专业机械、废品运输等相关保障,确保活动顺利推进;加大新闻媒体、网络平台等载体对"双万"践初心活动的宣传报道,全力营造文明城区建设氛围。

三 促进河西区志愿服务发展的对策建议

近些年,河西区志愿服务事业取得了较为显著的成效,然而与新时代对志愿服务发展的要求相比还有一定差距,在志愿者队伍发展、志愿者培训、凝聚各方志愿者、志愿服务品牌项目建设,以及志愿服务文化和志愿精神宣传上仍需进一步提高。下面将从推进党建和志愿服务融合发展、持续发展志愿者队伍、完善志愿服务培训体系、强化志愿服务团队凝聚力、推进志愿服务项目品

---

① 《净化美化城区环境 河西再启"双万"新时代文明实践活动》,https://www.tjhx.gov.cn/hxxw/szyw/202302/t20230204_6096240.html,最后检索时间:2023年9月26日。
② 《河西区持续开展"双万"新时代文明实践志愿服务活动》,"文明河西"微信公众平台,2023年2月18日。

牌化建设,以及增强志愿服务文化和志愿精神宣传上,对持续推动河西区志愿服务发展提出相关对策建议。

（一）推进党建和志愿服务融合发展,提升为民服务水平

一要强化党建引领志愿服务事业发展,促进基层党建和志愿服务相融合。在区级层面和基层持续充实党建引领志愿服务专业队伍发展制度建设,推进党建引领志愿服务组织化过程,完善党建引领志愿服务事业发展体系建设。创新志愿服务和基层党建联动模式,通过合作共建等形式,拓宽志愿服务领域和范畴,提升志愿服务精准化程度,确保志愿服务更好地满足群众需求。二要创新志愿服务和文明城区建设、新时代文明实践融合发展的路径和方式。志愿服务是推动文明城区建设和新时代文明实践的主要路径和重要抓手,要进一步探索志愿服务和新时代文明建设融合方式,发挥党员干部在志愿服务中的引领作用,积极发扬志愿精神,将志愿精神和为人民服务的宗旨相结合,在实践中探索多元化志愿服务融合发展路径,以志愿服务助力文明城区建设和新时代文明实践发展。三要加强党建引领志愿服务常态化长效化系统化开展。进一步将"双万"活动打造为河西区品牌志愿服务项目,推动"双万"在基层持久有序开展,形成可推广、可复制的经验,并对品牌建设经验进行宣传。

（二）持续发展志愿服务队伍,增进志愿服务效能

一是拓宽志愿者来源渠道,壮大志愿服务队伍。积极在群众当中广泛挖掘志愿服务力量,通过政策引导、扩大宣传等措施,吸引不同年龄阶段,尤其是青年人广泛参与志愿服务活动。鼓励具有专业技能的人加入志愿服务队伍,特别是与群众日常需求密切相关的医疗志愿服务、心理志愿服务或者技术志愿服务等领域所需的专业人才,增加专业志愿者数量,引导专业人员在志愿活动中发挥更为独特的优势,逐步提升志愿服务专业化,促进志愿服务队伍专业能力建设,推进志愿服务高质量发展,为群众提供更为精准化的服务。二是加强社会引导,通过社会资源整合,引导多类型的社会组织,包括社工组织、公益团体等积极融入志愿服务事业发展大局中。进一步探索多样性的政企合作路

径和方式,通过融通社会资本,建立志愿服务信息管理平台,为志愿服务队伍的持续壮大提供保障。三是探索多元化志愿服务队伍构建。持续发挥党员志愿者的先锋和主力作用,积极鼓励巾帼志愿者在妇女和儿童服务等领域发挥重要作用,引导青年志愿者常态化参与志愿服务,加强志愿服务后备队伍建设,从整体上不断完善志愿服务队伍的构成。

(三)完善志愿服务培训体系建设,提升志愿服务能力

一是整合志愿服务培训内容,实现多层次志愿服务培训体系建设。将志愿精神培养和志愿服务技能培训相结合,通过提升志愿者理论素养和专业技能,完善志愿服务能力建设,推进志愿服务培训体系向纵深发展。二是提高志愿服务培训课程设计专业化、专门化程度。对不同类型的志愿者进行有针对性的培训,科学合理设计培训内容,将志愿服务培训内容、志愿者特点以及群众需求有机结合,使志愿者的服务能够得到群众的更多认可。三是完善志愿服务培训监督和考核体系,确保志愿服务培训实效。既要保证志愿者在上岗之前,接受完整的培训和考核流程,也要保证志愿者在上岗之后,广泛接受来自群众的监督,将志愿服务的监督和考核机制逐步制度化,不仅有利于保证培训的完整性和科学性,也有利于保证培训的实际效果。

(四)强化志愿服务团队凝聚力,提高志愿服务质量

凝聚力是团队存在发展的必要条件,凝聚力强的团队,成员工作效率高且具有创新行为。强化志愿服务团队的凝聚力,一要通过常态化开展志愿服务活动,激发志愿者团队的内部团结,增强志愿者参与志愿活动的主动性。在活动中增加团队沟通,帮助志愿服务团队内部建立信任,将志愿者的自我实现和志愿事业发展目标相结合,尊重志愿者的参与动机、专业技能和兴趣爱好,在不同领域进行合理分工,增强彼此的合作和联系。二要进一步完善激励机制,加强志愿活动外部保障。实现与志愿者签订服务合同全覆盖,保障志愿服务参与者的权益。将志愿者服务情况列入个人征信,同时推动社会形成志愿服务回馈制度,调动社会多方资源,在包括就医、教育、金融、交通等公共服务方

面,为志愿者和志愿服务团体提供力所能及的回馈,有序建立志愿服务的社会回馈机制。加快志愿服务组织和相关制度建设,积极推动志愿服务网站建设,提高志愿服务综合管理水平,为志愿者长期参与志愿服务提供保障。

(五)打造志愿服务亮点品牌,发挥品牌项目示范效应

一是优化志愿服务项目建设顶层设计。整合志愿服务资源,突出志愿服务领域的专长,广泛开展群众需求调研,将志愿服务的区域特色、群众需求和志愿服务项目品牌化打造过程进行精准化对接,扩大品牌项目在群众中的影响力。二是积极发挥政府的引导作用,发挥志愿服务协会统筹协调作用,调动整合社会资源,鼓励志愿服务社会组织和公益团体创新服务形式,将志愿服务社会团体从依靠政府项目为主转变为自主探索项目为主,提高社会组织的组织管理能力。三是加强对亮点和特色志愿服务品牌项目的扶持力度,鼓励社会组织和公益团体探索将志愿服务品牌和群众日常生活紧密结合,实现志愿服务品牌项目的常态化和长效化运作,将特色项目发展为品牌项目,将品牌项目推广为可复制的经验,发挥品牌项目示范带动效应。

(六)加大志愿服务文化宣传力度,弘扬志愿精神

一是加强对优秀志愿者和志愿服务团队的宣传力度,发挥先进典型的社会示范和带动作用。对于在志愿服务活动中有突出贡献的志愿者或志愿服务队伍,按照有关规定给予正向激励,在全社会范围内对志愿者和志愿服务团体的事迹进行宣传,发挥典型示范效应,助推全民参与志愿服务良好氛围的形成。二是广泛开展对内和对外交流,扩大志愿服务文化的社会影响力。增加志愿服务事业交流,推广志愿服务经验,扩大品牌项目宣传,同时吸收其他地方志愿服务事业发展的先进经验,为志愿服务事业高质量发展持续注入动力。三是持续探索和利用多元化的宣传媒介,进行志愿精神宣传。广泛采用广播电视、互联网、移动媒体等多种形式弘扬志愿精神,持续推动志愿精神深入人心,大力营造有利于志愿服务发展的良好社会环境。

河北区志愿服务事业发展实践[①]

邵伟航　天津社会科学院社会学研究所助理研究员

摘　要： 河北区志愿服务事业是天津志愿服务发展总方略和新时代文明实践的重要组成部分。河北区一直紧紧跟随天津市志愿服务与新时代文明实践相关工作步伐,从体制机制顶层设计、理论宣讲、品牌塑造、队伍培育、阵地建设等方面入手,稳步推进志愿服务事业在津沽大地持续健康发展。本报告梳理总结了河北区志愿服务的发展概况,从志愿服务发展的主要路径与做法、典型案例、目前存在的问题以及对策建议四个方面展开论述,较为全面展示近年来河北区新时代文明实践志愿服务事业的进展情况。

关键词： 河北区　志愿服务　新时代文明实践

志愿服务是推动社会发展的重要力量,也是衡量一个社会文明进步程度的重要指标。志愿服务对倡导并践行社会主义核心价值观、弘扬雷锋精神、传承中华优秀传统文化、深化精神文明建设意义重大。志愿服务"奉献、友爱、互助、进步"的精神与社会主义核心价值观相得益彰。作为天津志愿服务体系中的重要组成部分,河北区志愿服务事业始终秉持认真踏实的工作态度,将本区志愿服务工作纳入天津志愿服务的整体方略中去,把志愿服务作为打通组织群众、宣传群众、凝聚群众、服务群众"最后一公里"的有力抓手,扎实推动志愿

① 本报告部分资料得到河北区精神文明建设委员会办公室的支持,特此感谢!
　本报告系天津市哲学社会科学规划研究项目"社会结构视阈下志愿服务的天津模式研究"(项目编号:TJSR23－004)阶段性成果。

服务高质量发展。

一 河北区志愿服务事业发展现状

（一）有序推进新时代文明实践建设

河北区成立新时代文明实践中心领导小组,由区委书记担任区文明实践中心主任兼领导小组组长,文明实践中心办公室设在区委宣传部(区文明办),区委常委、区委宣传部部长兼任办公室主任。河北区文明委印发《河北区新时代文明实践中心建设实施方案》,明确各级党组织承担新时代文明实践建设的主体责任,明确全区建立文明实践"中心—所—站"三级架构;区级层面,打造政策宣讲、助学支教、文化文艺、科学普及、扶贫帮困、法律援助、卫生健康、体育健身 8 大资源服务中心,依托 8 大资源服务中心成立"8 + N"支志愿服务队;街道、社区层面,组建学习宣传、文化健身、互帮互助、文明风尚等"5 + N"支志愿服务队。河北区还组织新时代文明实践中心建设培训,为相关部门、街道和社区发放《建设新时代文明实践中心工作方法 100 例》和《建设新时代文明实践中心指导手册》两本指导书籍,分类分层次召开两次专题会议,跟踪推动各有关单位的文明实践建设进展。

河北区注重发挥理论宣讲和志愿服务资源的作用,创新形式开展党史宣讲,通过举办深入基层、贴近居民群众的文明实践活动,让宣讲形式更鲜活,让"四史"宣传教育深入人心。构建"区—街—社区"三级志愿服务宣讲体系,整合资源成立"青年宣讲团""巾帼宣讲团""名师宣讲团""身边楷模宣讲团""五老宣讲团"等理论宣讲志愿服务队伍,深入机关、企业、校园、新时代文明实践中心,开展"面对面"宣讲活动。一线理论宣讲志愿者徐文华、张国增作为天津市基层宣讲员代表分别参加中央指导组宣讲工作座谈会和天津市党史学习教育座谈会。文明实践中心、所、站组织文化志愿服务队广泛开展"同唱一首歌 永远跟党走"群众性歌咏系列展演活动,承办天津市社区文化艺术节,组织文化志愿者基层行——轻骑兵进社区、"聆听红色经典 重温党史故事 继承革命精神"红色经典音乐校园主题党课、"回首百年荣光·携手共画同心圆"主题书画展、"铭记·传承"诵读红色家书、"喜迎华诞 百年献礼"主题非遗、摄影、美术作品联展和"红心悦读"系列读书活动等。

(二)健全志愿服务交流学习机制

按照《河北区新时代文明实践中心建设实施方案》明确的实施步骤,各有关部门、各街道积极筹建8大资源中心和文明实践所、站,组建志愿服务队伍、设计志愿服务项目,建设文明实践阵地。区属8大资源中心已初步设计上报了专业志愿服务项目35个,街道社区已初步设计上报了200余个便民志愿服务项目;全区各部门和大部分街道、社区已经在天津志愿服务网注册成立文明实践志愿服务队伍。

河北区落实《天津市志愿服务条例》关于志愿者学习、培训的有关要求,为志愿服务工作强化、深化提供支撑。一是组织学访交流。组织全区骨干志愿者赴和平区新兴街朝阳里社区志愿服务展馆学访,以此加强对志愿服务工作变迁与传承的感性认识,坚定志愿者们扎根基层开展志愿服务的信念与决心,同时借鉴先进经验服务河北区发展。二是组织选树典型。河北区持续性组织优秀志愿者、团队、项目、岗(站)、社区评选,挖掘、宣传各类志愿服务典型,开展志愿服务工作调研,了解志愿者动态、聆听他们的心声,挖掘"志愿故事",组织点赞志愿者活动,形成学习志愿服务典型、争当优秀志愿者的热潮。三是组织志愿服务培训。邀请朝阳里社区骨干志愿者担当主讲人,传达学习志愿服务工作新政策、新要求,交流志愿服务工作新载体、新手段,介绍志愿服务工作新经验、新做法,引导志愿者产生共情、激发干劲、拓宽思路。邀请具有专业技能的志愿者参加培训工作,提升志愿服务能力。

(三)构建志愿服务特色化平台网络

河北区在巩固夯实原有体系网络的基础上,探索搭建新平台、构建新网络,畅通志愿服务渠道。具体来说,一是精益求精建设"天津V站"。落实"六有"标准,高起点建设、高水平服务、高标准实施,把"天津V站"打造成全区志愿服务标杆。二是借鉴"天津 V 站"建设模式搭建学雷锋岗站。结合各岗站硬件设施、服务对象等工作实际，拓展特色志愿服务项目，为市民提供更多舒心、贴心的志愿服务。依托"天津志愿服务网"平台，继续推进志愿者网上注册、活动网上发布、需求网上登记、成果网上展示，提升规范化水平。三是整合资源建设志愿服务新平台。广泛联系驻区单位特别是大专院校，组织开展志愿服务共建，发挥青年志愿者富有朝气、思维活跃、人数众多等优势，建设志愿服务新平台。

（四）打造志愿服务特色项目

河北区成立区级志愿服务总队，统筹区级 8 大资源服务中心和各区级部门资源，区委主要领导担任总队长。将开展新时代文明实践志愿服务送基层活动纳入河北区《"我为群众办实事"实践活动实施方案》，广泛开展"学党史、作表率，干事创业展风采""下基层、进社区，优质服务惠民生""争一流、当模范，比学赶超创佳绩"和"送关怀、办实事，凝聚真情暖人心"等新时代文明实践志愿服务送基层活动。区志愿服务总队长深入街道社区，面对面聆听社区群众心声，现场办公，明确问题解决的主体、路径和时限，全区三级文明实践阵地通过对口包联、入列轮值等方式，结合疫苗接种、电信反诈等民生重点工作，累计走访群众近 18 万人次，收集民生诉求 3800 余条，其中 95% 以上已得到满意解决。通过积极探索开展文明实践志愿服务，河北区培养了春晖文艺志愿者团队、枫叶正红老年志愿服务队等一批在全市较为有知名度的典型。2023年 4 月，率先在全市建成第一个好人社区。2021 年初月牙河街"情暖桑榆"文明实践项目等 9 组先进典型入选 2020 年天津市学雷锋志愿服务"六个一批"名单。①

河北区围绕社会治理需求，抓项目引领，精细管理和规范化服务，更好发挥志愿服务作用。一是深化"七彩"志愿服务项目。在社区、平安、交通、环保、法律、卫生、文化七个志愿服务方向上持续用力，健全队伍、拓展范围、丰富活

---

① 河北区文明办：《河北区新时代文明实践中心建设调研报告》（内部资料）。

动,使市民群众收获更多获得感。二是开展文明创建志愿服务项目。保持社区包联、文明交通等创建工作志愿服务热度,精心安排部署,深入基层社区,助力创建工作。三是组织重要节点志愿服务项目。结合国庆等重要时间节点和"3·5"学雷锋日、"12·5"国际志愿者日等纪念日,组织有规模、有影响力、参与率高的活动,推动品牌项目落实。

(五)落实志愿服务激励保障机制

河北区主要通过三项措施推进志愿服务激励保障机制的制度化,使志愿者在服务社会中能够持续性产生获得感、幸福感、荣誉感。一是兑换服务到位。推动社区学雷锋志愿服务站志愿服务时长兑换服务工作,确保兑换物品、兑换服务、星级认定、优先帮扶等制度的落实。向优秀志愿者发放"河北区志愿者服务卡",持卡志愿者在区内相关单位办事、就医、消费时享受更好服务。二是志愿者褒奖激励落实到位。邀请优秀志愿者作为嘉宾出席重要会议和重要活动,向志愿者赠阅《人民日报》等报刊,彰显志愿服务工作者的社会地位。三是专项帮扶到位。定期了解优秀志愿者、志愿服务骨干工作生活情况,对有实际困难的志愿者,组织其他志愿者给予帮扶,对有特殊困难的志愿者,结合实际情况协调相关单位优先帮扶。①

(六)促进党建引领、学习教育与志愿服务工作相融合

河北区把党史学习教育与新时代文明实践志愿服务工作深度融合。在《河北区新时代文明实践中心建设实施方案》中,明确与"党史学习教育""我为群众办实事"实践活动结合起来,避免产生理论脱离实践的问题。在区党史学习教育工作方案中,把各级党组织推进新时代文明实践建设,通过志愿服务助力党史学习教育列为重要内容。积极发挥新时代文明实践中心(所、站)作为公众活动主阵地的优势,把党史学习教育纳入新时代文明实践中心(所、站)

---

① 河北区委宣传部:《认真贯彻落实总书记重要指示五个"坚持"推进志愿服务高质量发展》(内部资料)。

的重要活动内容,以新时代文明实践志愿服务送基层活动为载体,开展内容丰富、形式多样的新时代文明实践活动,推动党史学习教育"深下去""实起来"。梳理区内红色文化资源,用红色资源讲好党史故事,以红色文化志愿服务助力党史学习教育。推出河北区"革命文物"精品旅游线路,开展"晒晒我的红色印记"红色阵地文明实践打卡等群众性互动活动。发挥觉悟社纪念馆、梁启超纪念馆等文明实践阵地作用,推出"周恩来邓颖超家风展""马骏烈士生平事迹展""觉悟人生""地铁里看百年觉悟"等红色展览和"传承红色基因 点亮博物馆未来之光——庆祝中国共产党成立100周年"及"红色印记——文化名人与中国共产党"文物展览全国巡展活动。①

（七）积极开展志愿服务宣传

河北区认真落实《天津市促进精神文明建设条例》,积极开展志愿服务宣传工作,从三个方面推动形成各单位重视、全社会支持、志愿者参与的志愿服务发展格局。一是面向党员干部宣传。将《天津市志愿服务条例》等志愿服务法规、文件纳入区委各级中心组学习内容和党校课程,扩大志愿服务政策知晓率。通过召开文明委全体会议,进一步明确各单位精神文明建设尤其是志愿服务工作职责,细化责任目标和工作举措,实现志愿服务宣传再浓厚、意识再增强、工作再推动、任务再明确的目标。召开志愿服务工作部署会,进一步压实《天津市志愿服务条例》各项职责任务,充分发挥民政局、各街道等志愿服务工作牵头单位作用,不断形成高度重视、密切配合、团结协作、狠抓落实的良好局面,推动志愿服务工作规范化、制度化、常态化。二是面向志愿者宣传。举办"文明河北年味浓"先进典型座谈会,把河北区落实习近平总书记志愿服务指示要求,大力推进志愿服务工作的思路、举措传递给全区志愿者。邀请优秀志愿者观看河北区迎新春文艺演出,体现对志愿服务工作的重视和对志愿者的礼遇,提升志愿者的责任感、使命感和荣誉感。三是面向全社会宣传。加强

---

① 河北区文明办:《河北区新时代文明实践推动党史学习教育走深走实相关工作情况的汇报》（内部资料）。

志愿服务公益广告、媒体推广和活动引领,突出新媒体运用,制作吸引中青年参与的主题内容,培育志愿服务后备军。开展"我为创文助力、我为社区添彩"主题志愿服务活动,规范道路秩序、美化社区环境,宣传志愿服务理念,广泛招募志愿者,形成"有困难找志愿者,有时间做志愿者"的浓厚氛围。①

二 河北区志愿服务事业发展存在的问题

(一)工作机制有待完善

一是相关志愿服务条例法规落实不到位。这主要体现在市民群众对国务院和天津市志愿服务条例认知程度不高,很多市民根本不知道该条例,一些工作人员虽然知道有这个条例,但对其条目、内容、要求等不了解、不清楚。一些志愿服务站和志愿服务组织反映一些部门未按照条例规定的职责落实工作,对开展志愿服务活动提供的支持不到位。② 二是区级管理部门协调机制有待完善。《天津市志愿服务条例》作为地方性法规,对志愿服务工作的组织领导、任务分工、服务原则、管理体制等进行了明确的划分,但是区级层面牵头部门和行政管理部门职责尚不明确。

(二)各项资源保障不到位

当前,河北区志愿服务工作尚未按照条例要求设置专项资金、未设置专门工作人员,各有关单位建立志愿服务站、开展志愿服务活动一般使用办公经费,在当下财务制度管理专业化精细化的背景下,资金投入越来越少。志愿服务工作一般由相关工作人员兼任,例如社区志愿服务站一般由社区党委副书记或文卫主任兼任,受工作时间、精力等方面影响,工作开展随机性较强,取得

---

① 河北区委宣传部:《区委宣传部贯彻落实习近平总书记重要指示批示情况"回头看"专项报告(志愿服务工作)》(内部资料)。

② 河北区文明办:《推进社区志愿服务深入发展》(内部资料)。

的效果有时好、有时欠佳,总体成效不稳定。

（三）志愿者的专业性及活动的丰富性有待加强

当前活跃在河北区的社区志愿者多为老年人,一般为退休的老党员、老教师、老职工。这一群体虽然工作积极性高,但服务内容相对单一,主要进行环境整治、爱绿护绿、矛盾调解、政策宣讲、便民服务等项目,与市民的现实需求和个性化服务存在一定差距。当前志愿服务所使用的在线登记注册、时长记录、活动发布等管理方式都需要借助手机等信息化平台,老年人在新科技平台的应用和熟练度上还存在一定的不适应。

三 促进河北区志愿服务事业发展的对策建议

当前,河北区志愿服务事业正如火如荼地进行,为更好助力河北区新时代文明实践建设和志愿服务进一步向好发展,提出以下对策建议。

（一）加快推进志愿服务各类平台建设

将规划中的蓝图尽快启动建设,尽可能缩短各类工程项目的开发建设周期,确保志愿服务重要阵地和平台建设落实到位,真正实现志愿服务阵地的全覆盖。一是进一步发挥新时代文明实践中心在志愿服务阵地建设中的重要作用,信息服务平台尽快发挥相应功能。二是指导社区、公共文化设施、政务大厅、医院、火车站、景区景点优化志愿服务站点的覆盖,在有条件的单位进一步推进天津志愿服务 V 站建设。

（二）完善志愿服务工作机制

第一,进一步规范建设标准,建立健全中心主任办公会议制度和挂点联系制度,注重发挥区文明委在文明实践中心建设的主体作用,形成"中心吹哨、部门动员、各方参与"的工作机制,确保各项要求落地见效。分层次、分阶段开展专题培训、现场观摩,以召开座谈会、现场会等形式交流工作经验,解决难点问题,提高工作水平。

第二,探索社区成员"共建共治"工作机制。一是发挥好党建引领社区志愿服务作用,通过党建引领尝试解决当前社区志愿服务活跃度不够的问题。二是加强"道德银行"建设的激励作用。为推进社区志愿服务发展,激励社区志愿者参与社区建设,各地建设的"道德银行"是一种有益尝试。"道德银行"就是居民在帮助他人的同时,根据善行的价值和效果获得不同的爱心积分,而后将这些积分存入社区建立的"储蓄卡"中,当助人者有需求时可以兑换相应的社区服务或实物奖励。"道德银行"这种激励方式是促进社区志愿服务可持续发展的一种重要途径。三是推进"三社联动"社区志愿服务保障。在当前基层治理工作中,大多行政性任务需要依靠社区人力物力落实,当人力物力有限时,社区治理就显得有心无力,再开展社区志愿服务则更难以保障。面对基层社区治理困局,一些社区通过社区、社会组织和社工"三社联动"推动了社区工作顺利开展,并取得了良好的社会效益。利用"三社联动"工作方法,推进志愿服务的顺利进行。

(三)促进志愿服务活动的常态化、精准化、品牌化

一是推进志愿服务项目常态化。以各部门、街道党员干部为核心,以基层群众为主体,深入挖掘、整合区内特色资源,整合各类公共服务平台,组建专业志愿服务队伍。筹备成立志愿服务协会,建立健全登记注册、服务记录、关系转接、专业化培训、褒奖激励等机制。

二是以群众为导向精准开展志愿服务。利用区融媒体、微信公众号、政务网等信息平台,专项宣传报道志愿服务活动。设计与群众需求相适应的活动项目,充分运用区域资源解决实际问题。进一步挖掘宣传文物保护、文化宣传、理论宣讲等特色志愿服务项目,继续丰富志愿服务活动。发挥社区在志愿服务工作中的主阵地作用,完善丰富社区志愿服务的工作流程和活动项目,力争在社区志愿服务的队伍覆盖、项目普及、特色项目建设以及活动宣传等方面获得提升。针对群众急难愁盼问题,组织相关志愿服务的专题研讨和工作部署会,例如开展关爱空巢老人、留守儿童、困境儿童、困难群体、残疾人、贫困户

等志愿服务活动,开展党员志愿服务,开展文明旅游、文明交通、文明上网、环境保护、邻里互助、社会治安、健康教育、法律援助等志愿服务活动。

三是打造品牌引领志愿服务方向。在全区范围内以品牌建设为导向,组织开展一系列周期性、常态化的志愿服务主题活动,利用一个个品牌和主题引导党员干部、市民积极投身新时代文明实践志愿服务,营造志愿服务的浓厚氛围。发挥新时代文明实践中心（所、站）的阵地作用,围绕学习实践科学理论、宣传宣讲党的政策、培育践行主流价值、丰富活跃文化生活、持续深入移风易俗等五个方面,广泛开展特色志愿服务活动,培育志愿服务品牌和典型,推进新时代文明实践志愿服务精准化、常态化、品牌化。

（四）拓展新时代文明实践志愿服务载体建设

强化新时代文明实践各级组织的示范带动作用,在全区范围内加快打造文明实践示范所（站）等示范性组织。区级资源服务中心设计一批专业化实践项目,各社区加快推进自身品牌实践队伍建设。依托爱国主义教育基地、公共文化设施、学校、产业园、公园广场等公共服务场所,设置新时代文明实践基地、文明实践点,在窗口部门广泛设置学雷锋志愿服务岗站等,统筹阵地资源,拓宽实践路径。

红桥区志愿服务事业发展实践[①]

杨　政　天津社会科学院社会学研究所助理研究员

摘　要： 红桥区不断推动志愿服务高质量发展。全区志愿服务在载体建设、队伍建设、平台建设、项目培育、文明创建活动、服务能力提升和常态化运行方面均取得了显著成效。红桥区在志愿服务中也探索出若干优秀的工作案例，培育出一些颇具地方特色的志愿服务项目。同时，红桥区志愿服务发展也面临一些难题和挑战，但随着各级党委和政府的高度重视，随着志愿服务理念和志愿服务文化的推广普及，随着志愿服务实践的制度化发展和精细化运行，红桥区志愿服务事业必将迈入全面持续健康发展的新阶段。

关键词： 红桥区　文明实践　志愿服务

一　红桥区志愿服务建设成效

自 2020 年 3 月新时代文明实践启动以来，红桥区整合全区志愿服务力量、载体和资源，不断推动志愿服务高质量发展。红桥区志愿服务业已成为基层欢迎、群众满意、志愿者认可的全新工作平台，志愿服务组织和志愿者活跃度持续攀升，骨干志愿服务队伍不断扩大，群众总体满意率超过 95%。

（一）载体建设不断完善

红桥区已经实现新时代文明实践"中心—所—站—点"四级服务阵地全覆

---

① 本报告部分资料得到红桥区精神文明建设委员会办公室的支持，特此感谢！

盖。已建成覆盖全区的 1 中心、9 所、104 站和 119 个文明实践点。全区新时代文明实践中心、所、站均达到"五有"标准。其中,区文明实践中心占地 1.3 万平方米,与红桥区文化馆、图书馆共建共享,成为加强和改进全区精神文明建设的重要阵地。在功能布局上,文明实践中心集日常办公、展览展示、教育培训、文化服务于一体,设有新时代文明实践厅、"志愿者之家""文明实践大讲堂""红桥区非遗展馆""悦读悦分享书吧"等近 20 个功能室和工作交流展示长廊。各所、站除必要的办公场所外,其余场地、空间全部用于开展文明实践活动。

红桥区新时代文明实践载体建设以社区为重点,在社区楼院、小花园、小广场打造了 104 个理论政策宣讲"小院讲堂"。以卓朗科技等文明单位和湘潭道社区、水竹花园社区文明实践站为依托,构建覆盖湘潭道周边的文明实践服务圈。统筹整合了平津战役纪念馆、红桥法院法治教育基地等 9 个阵地资源,打造出以青少年"五爱"教育为重点的文明实践点。以职工思想引领为主题,建设区职工之家新时代文明实践基地。以群众身边的精神家园为方向,打造子牙河滨河文明实践主题公园,利用"老渔村新生记""百年棚户变身记""美丽红桥蝶变记"3 个组团景观小品,展示近年发生在群众身边的巨大变化,同时展望美丽红桥未来可期的美好前景。

（二）队伍建设成果丰硕

截至 2023 年 11 月底,红桥区注册志愿服务队伍达到 955 支,经常性参加志愿服务的骨干志愿者突破 1.3 万人,近两年志愿服务累计参与人数超过 20 万人次。区级大队建设方面,已建成 3000 余人的区级"8＋N"志愿服务大队,每支队伍骨干志愿者在 100 人以上。卫生系统"医心有你"志愿服务大队达到 1000 余人,教育系统"红烛"志愿服务大队达到 1200 余人,各队每月至少开展一次志愿服务活动。此外,红桥区还建有 310 余人的应急救援专业志愿者人才库。

基层队伍建设方面,全区组建了蓝星应急救援队、杨姐红娘志愿服务队、"小区管家"志愿服务队、垃圾分类宣传志愿服务队等有区域特色的队伍,推动区内各部门建成 61 支以党员志愿者为骨干的志愿服务队。所有街道文明实践所均建立了"4 + N"志愿服务大队,每支队伍骨干志愿者在 60 人以上。各文明实践站均建立了"6 + N"志愿服务队,每支队伍骨干志愿者在 25 人以上。

队伍规范管理方面,每年至少开展 4 次线上线下相结合的培训活动,总共印发 2000 套《志愿服务指导手册》,不断加强对志愿者、志愿服务组织,特别是疫情防控类志愿者的培训指导。统筹区委统战部、区民政局、区体育局、区行政许可中心、团区委、区妇联等相关部门对口联系的骨干志愿服务组织,将其纳入区志愿服务联合会团体会员候选单位,积极引导社会组织参与文明实践志愿服务,不断加强对各类志愿服务队伍的考核力度,争取让志愿者真正成为文明实践的主角。

(三)平台传播效果良好

红桥区通过新时代文明实践志愿服务开展党的二十大精神宣传宣讲。在原有 17 个宣讲团基础上,充分吸纳市、区两级"两代表一委员"、劳动模范、民营企业负责人、居民群众代表和"百业能人"等不同群体代表,组建了由 1056 名宣讲员组成的"千人宣讲团"。针对不同类型受众的差异性和特殊性,突出宣讲重点,开展分众化宣讲。全区累计开展线上线下宣讲 2100 余场次,受众近 30 万人次。

努力打造特色宣讲品牌。红桥区把宣讲课堂和基层思政课堂搬到群众身边,在小区楼院、文明实践中心、文明实践公园打造了 106 个"小院讲堂"。邀请专家学者讲理论、讲历史、讲形势、讲政策,邀请百姓名嘴讲身边人、身边事和身边变化。宣讲内容突出"实"、宣讲方式突出"活"、宣讲语言突出"鲜",力争让群众在情理交融中接受真理,在潜移默化中凝心聚力。全区累计开展各类宣传宣讲 5400 余场次,覆盖群众 32.1 万余人次。

持续提升宣传宣讲实效。区里根据政治素养、理论水平和区情民意熟悉程度选拔推荐宣讲员,并定期进行学习培训,努力打造高水平宣讲队伍。同时组织开展宣讲磨课会、"时代新人话新篇"微党课微宣讲比赛、宣讲经验交流分享等活动,持续提升宣讲员宣讲水平。精心打磨《一朝梦圆》《画山河》等文艺宣讲作品,不仅让群众喜欢看、愿意听,还能听得懂、记得牢。

（四）重点服务项目培育有序推进

红桥区依托优势资源,推出一批重点项目。参照市级文明实践平台模式,归集 21 个区级部门和 9 个街道的 201 个志愿服务项目,组建了 8 大资源服务中心,由区文明实践中心统一调度。开展"我在新时代文明实践中心"系列面向全区的普惠性、常态化项目,内容涉及学理论、学法律、学科学、学摄影、学国画、学书法、学舞蹈、过佳节、传非遗、享阅读、分垃圾、做咨询等 15 个方面。结合"我为群众办实事"活动,在新时代文明实践所、站启动"你有微心愿 我来帮实现"项目,每月征集 100 个群众微心愿,并及时对接志愿服务组织和志愿者,助力实现。三条石街道新时代文明实践所打造的"快递小哥化身志愿网格员"项目,通过构建文明实践网格,将快递小哥招募成为志愿网格员,参与基层社会治理;区民政局开展的"小区管家"项目,将"小区管家"志愿者纳入网格化管理体系,积极构建群众自治工作模式,两个项目均入围首批区级优秀项目。

（五）文明创建活动卓有成效

红桥区通过文明实践志愿服务助力文明创建活动。依托四级文明实践阵地,开展"天津是我家 建设靠大家""迎朝阳 再出发""践行文明行为促进条例做文明有礼红桥人""创文创卫 有你有我"等文明实践活动 850 余场次,累计参与人数超过 15 万人次。持续助力文明城区创建工作,深入推进移风易俗,创文成果不断巩固,人居环境显著改善,市民素质明显提升。

开展典型示范引领行动,传播文明理念,涵育文明风尚。全区组织实施"弘扬时代新风 传播文明风尚""文明交通 你我同行""反对浪费 勤俭节约"等主题文明实践活动 600 余场次。在文明实践重点点位布置"文明健康 绿色环保"主题公益广告 1110 余处,营造浓厚宣传氛围,倡导文明健康的生活方式。开展"文明家庭话家风"家风故事分享会 60 余场次,弘扬新时代好家风,传播文明风尚正能量;开展"寻找我们身边的好人"活动。全区推出 100 余名具有良好道德素质、被人民群众公认的道德标杆,利用公益广告和微宣讲等形式,在各级文明实践阵地广泛宣传。区文明实践中心打造红桥区精神文明建设先进典型荣誉展室,在丁字沽街道风貌里社区打造"好人主题社区",教育引领人民群众见贤思齐,崇德向善,争做时代新人。

(六)志愿服务能力持续提升

红桥区不断提升新时代文明实践志愿服务能力。坚持党建引领和文明实践融合发展,以红桥区党建引领基层社会治理"十个一"工作机制作为文明实践工作重要依托,以提升组织力为重点,不断提升志愿服务能力。依托现有1116个全科网格,构建覆盖全区的文明实践服务网络。将包括648名"小区管家"在内的2600名志愿者吸纳为网格员,不断提升社区志愿服务能力和基层治理精细化水平。常态化开展"你有微心愿 我来帮实现"项目。104个社区新时代文明实践站通过多种渠道收集困难群众微心愿,同时动员各行业、系统、单位及文明实践志愿服务组织和志愿者对接认领,或者通过建立"公益基金"定向购买公益性社会服务等方式助力实现。全区共征集重点人群微心愿7500余个,对接认领6750余个,圆梦6100余个。全区累计解决群众急难愁盼事项2.1万余件次。

(七)常态化运行机制日益完善

在常态化组织领导方面,区委常委会两次研究文明实践中心建设工作,成立由区委书记和区长任双组长的文明实践中心建设领导小组,并同步调整红桥区文明实践中心主任和文明实践志愿服务总队长,全面加强对红桥区新时代文明实践志愿服务的组织领导。在中心城区成立文明实践和创文工作指导部,专门组织开展文明实践和创文工作。建立实施《红桥区新时代文明实践中心建设挂点联系制度》《红桥区新时代文明实践中心建设工作联席会议制度》,将文明实践工作纳入全面从严治党考核、绩效考核和区级领导包联街道社区工作清单,结合创文日常督导检查,同步考核验收各所(站)建设情况和活动开展情况,保障新时代文明实践志愿服务工作全面有序推进。总体来说,红桥区紧盯群众需求,开展常态化文明实践志愿服务工作,切实增强了广大人民群众的获得感和幸福感。

二 红桥区志愿服务实践特色

红桥区在志愿服务工作中，结合本区发展现状、文化传统和区位优势，探索培育出一些独具特色的文明实践工作案例和志愿服务项目。

（一）"小区管家"志愿者融入基层社会，让社区治理更有温度

红桥区以党建引领赋能基层社会治理，从群众实际需求出发，汇聚各方资源，创新活动形式，将"小区管家"志愿者纳入网格化管理体系，积极构建群众自治工作模式，不断提升社区治理科学化、精细化水平。

党建引领，社区搭台，志愿者"登台唱戏"。红桥区充分发挥区、街道、社区三级党组织轴心作用，建立"街道党工委—社区党委—网格党支部—楼门党小组（小区管家）"组织体系，搭建社区网格治理平台，以党员志愿者为骨干，吸引群众共同参与社区治理，实现居民自我管理，自我服务。目前红桥区已经培育出水西园社区的"党员管家"、千禧园的"自媒体"管家、光彩社区的"便民管家"等多支特色团队。截至2022年底，共招募"小区管家"648名，管家平均年龄63岁，其中，党员357名，占总数的55%。

通过"三到位"筑起社区"共治网"。"协作到位"方面，"小区管家"通过网格化治理平台把辖区内的机关企事业单位、居民群众等基层治理力量拢到一起，让"千条线"汇入"一根针"，形成"条块"结合、协作配合的共治环境。"协商到位"方面，社区腾挪出专门空间，设立"公共会客厅"，发现问题或接到诉求，"小区管家"就把相关方聚在一起，充分沟通、有效沟通，共同协商、群策群力，最终达成让各方满意的方案。"协力到位"方面，"小区管家"住在小区，上接天线、下接地气，最容易发现问题，最熟悉群众诉求，也最有资格吹哨。

自"小区管家"队伍成立以来，"小区管家"们认真履行"每日巡、经常访、及时记、随手做、实时报"的工作职责，围绕收集"微心愿、扶贫救困、环境巡查、文明劝导、安全维稳、宣传引导"六个方面内容深度参与社区治理服务，取得明

显成效。社区环境问题直接关系群众幸福感、获得感,"小区管家"们充分发挥领头羊作用,开展"创文创卫我先行"系列活动,带头清扫楼道、清理绿地垃圾,引领带动居民们自觉加入,齐心协力共建美丽家园。自 2022 年以来,"小区管家"共收集"微心愿"2305 件、扶贫救困 991 件、环境巡查 7741 件、文明劝导 3588 件、安全维稳 2215 件、宣传引导 3303 件,共解决事项 19125 件。"小区管家"成为最值得群众信赖的志愿团队,"有事找管家"成为红桥区社区居民新的"口头禅"。

(二)快递小哥化身"志愿网格员",为社会治理注入源头活水

红桥区三条石街道文明实践所以基层社会治理网格为基础,积极构建文明实践网格,将快递小哥招募成为志愿网格员,参与社区治理,形成"党建引领 + 社会治理 + 志愿服务"新模式,以此发挥志愿服务在社区治理中的积极作用,引导更多的社会力量参与到志愿服务中来,不断拓宽志愿服务的渠道,扩大志愿服务的覆盖面,把志愿服务资源用于环境治理、文明创建等领域,让文明实践志愿服务深入社区、深入人心,让志愿红成为美丽风景。

三条石街道新时代文明实践所从创新组织覆盖、健全工作力量和突出作用发挥等方面入手,积极探索与辖区内快递企业开展常态化共建共治活动新路径。在召开座谈会广泛征求意见,反复调研基础上,双方共同提出组建"三条石街道益锋小哥志愿服务队",实施"益锋小哥"项目。项目充分发挥快递小哥走街串巷、进楼入户、活跃在社区一线的优势和负责社区相对固定的特点,把快递小哥编入现有社区网格,担任"志愿网格员",化身社区"主人",直接参与社区治理。快递小哥在做好快递业务主业的同时,兼顾社区巡查副业,做社区的社情信息员、平安巡查员、志愿服务员,成为维护社区平安的流动"哨兵"。

搭建工作平台,让快递小哥有"用武之地"。2022 年 4 月 8 日,7 名身穿印有"益锋小哥志愿服务队"字样和志愿服务标识工作服的快递员,正式成为三条石街道首批"志愿网格员"。三条石街道为他们开通红桥区社会治理网格化管理平台权限,通过平台"红桥百姓通"功能发现并上传日常发现的问题,及时

利用"吹哨"机制解决。目前快递小哥们已经基本掌握上报基本流程和操作，有些快递员上报的事件质量非常高，发现问题深入细致，受到附近群众的好评。

整合各类资源，为快递小哥提供充足保障。为了不耽误快递小哥工作，三条石街道工作人员利用中午休息时间与小哥们进行交流，听取意见建议，帮他们解决实际问题，先后为他们配备了充电宝、口罩、消毒液等开展志愿服务所需物资。街道与"快递小哥"服务队相互协作、相互支持，在搭建好组织平台的同时搭建好保障平台，让志愿者们在工作期间体会到"家"的温馨。在六一儿童节到来之际，三条石街道举办了"书送未来 乐享童年"主题活动，邀请快递小哥子女欢聚一堂，读书会友，悦享成长。利用社区新时代文明实践站推动建设户外劳动者服务站，通过各种形式，为快递员、外卖送餐员等群体提供休息、饮水、维修、充电、医疗急救等多样化服务，确保"小哥"群体热了能乘凉、冷了能取暖、休息有书读、交流有场所，在服务社会的同时，也能享受社会的服务，让服务连接感知与情感，引发内心深处共鸣，引领带动更广泛的群体共同参与社会治理。

（三）创新志愿服务工作内容，着力发展新业态新就业群体志愿服务

红桥区咸阳北路街道新时代文明实践所结合党建引领基层治理"十个一"工作机制，积极探索"一二三"工作法，着力打造"红咸先锋"服务品牌，真情服务外卖小哥、快递员、网约车司机等新就业群体。引导他们有序参与基层治理，双向互动，形成合力，不断扩大党和政府在新业态新就业群体的号召力、凝聚力和影响力。

围绕"一条主线"，打造"双向阵地"。把坚持和加强党的全面领导贯穿始终，把新兴领域基层党组织建设成为有效实现党的领导的坚强战斗堡垒。坚持"站"与"点"双向联动，整合街域内党群服务中心资源，选取综合条件最为适宜的红旗社区党群服务中心打造"红色先锋驿站"，同步在其他 15 个社区党群服务中心建立服务点，互为补充、相互促进，"以站带点"、整体提升，推动形成"一体化"服务矩阵。

坚持党建引领,开展"三大行动"。一是迎"新"归队行动。社区吹哨,先锋报到,在区、街两级微信公众号等平台发布"红咸先锋招募令",在全街范围内广泛号召外卖小哥、快递员、网约车司机等新就业群体到社区报到。红旗社区 16 名外卖小哥第一时间"集结"到位,带动全街 146 名新就业群体报到入列。二是暖"新"关爱行动。在驿站,发布"标准化 + 个性化"服务清单,提供舒心歇脚、续航充电、红色教育、服务代办、法律援助、健康讲座、志愿服务 7 项标准化服务,并开设"点单"服务,已经根据实际需求拓展了相亲交友、政策咨询、义务诊疗等 N 项个性化服务,形成"7 + N"暖心服务套餐。三是同"新"共治行动。把新就业群体纳入城市基层党建"大格局",借助其机动性强、接触面广等特点,成立"红咸先锋"志愿服务队,建立星级评定、积分兑换等激励制度,推行"随手拍、顺手办"机制,引导他们充分发挥"探头"作用,积极参与平安建设、文明创建等基层治理工作。

咸阳北路街道在新业态新就业群体志愿服务方面,累计收集居民"微心愿"42 条,反馈楼道设施损坏、环境卫生死角、公共路面破损等问题线索43 条,协助居民解决实际问题 13 个,有效弥补社区巡查"空白点"、注入共治"新活力"。从"一盘散沙"到"集腋成裘",扬起新业态、新就业群体志愿服务风帆,让新就业群体在"自己家里"服务"自己家人",实现共享社区优质服务,凝聚基层共治合力的目标,真正让"红色先锋驿站"成为小哥们的温暖港湾。

三 红桥区志愿服务面临的挑战及对策

红桥区志愿服务发展也面临一些难题和挑战,但随着各级党委和政府重视程度的提高,随着体制机制的完善以及管理服务的精细化运行,红桥区志愿服务事业必将迈入全面持续健康发展的新阶段。

(一)红桥区志愿服务发展面临的挑战

首先,对志愿服务工作的重要性认识不足。客观方面,基层部门工作任务繁重,工作压力较大,故而未能将新时代文明实践志愿服务摆到重要位置,文明实践活动开展较少,阵地资源也存在空置现象。主观方面,个别街道和单位对新时代文明实践志愿服务重视程度不高,分管领导统筹安排力度不大,特别是对基层调研指导工作不到位,导致部分新时代文明实阵地工作不达标。

其次,志愿服务相关体制机制亟待完善。目前红桥区尚未建立起完善的志愿服务监管机制。在此情况下,随着志愿服务队伍的壮大,难免会出现低素质人员混入志愿服务队伍的情况,进而影响志愿服务工作的顺利开展。还有部分志愿者多次报名志愿服务活动,在活动开展时却屡屡缺席。志愿服务激励回馈制度尚不完善。虽然在部分街道试点开展志愿积分兑换服务工作,但尚未在全区范围内推广,且兑换服务形式较为单一和固化,仅能实现线下实物商品兑换,不能为志愿者提供定制服务,激励回馈形式也不够多样化。

最后,志愿服务在专业化和精细化方面亟待加强。红桥区志愿服务群体发展渠道较为单一,志愿服务参与率不高,尤其是年轻人参与志愿服务的积极性不足,志愿者年龄结构偏老龄化。有些志愿服务活动对志愿者的知识水平和专业技能要求较高,因此,缺乏具有专业知识和专业技能的志愿者和志愿服务团队,许多志愿服务活动的开展受到限制。志愿服务队伍之间缺少交流合作、大多数是单打独斗,未能发挥各自优势形成互补。在志愿活动的内容上,现有志愿服务活动多集中在环境清整、探访慰问、交通劝导等方面,缺乏实践创新性,导致部分干部群众形成僵化认识,认为志愿服务就是"搞活动"。此外,现有志愿服务缺乏常态化的影响力,在满足群众多样化需求上存在差距。

（二）红桥区志愿服务未来发展思路

其一,持续用力志愿服务的制度化建设。探索建立《红桥区志愿服务嘉奖回馈制度》,结合志愿者多样化和个性化需求增加积分兑换服务,做实嘉许激励回馈。实施礼遇褒奖机制,大力宣传中央、市级先进典型事迹,推出帮扶礼遇措施,定期开展礼遇志愿者活动,对生活困难或因其他原因需要帮助的志愿者,给予一定的生活照顾和物质帮扶。强化志愿服务考核管理,探索实施志愿服务红黑榜制度,对违反《志愿服务条例》的组织和个人,取消其志愿服务资格。加强监管问责机制,对群众意见较大、反响较差的个人和团队进行追责问责,确保全区志愿服务工作健康开展,让志愿者认可,让群众满意。

其二,继续加强志愿者队伍建设。重点发动社区居民、企事业单位工作人员、青年学生注册成为志愿者,进而优化红桥区志愿者的年龄结构和学历层次。加大培训力度,每年组织文明实践骨干、优秀志愿服务组织和志愿者集中培训不少于4次,组织专业人员和资深志愿者对辖区内志愿者和志愿服务队开展专业指导,不断提高志愿者和志愿服务组织的专业化水平。充分发挥文明实践志愿服务大队的作用,对接街道社区需求,组织志愿服务资源下沉,高水平组织开展特色鲜明的文明实践志愿服务活动。

其三,拓展深化文明实践中心建设工作。区委宣传部、区文明办牵头组织,做好统筹协调、过程指导和督促落实。各单位主要负责同志要亲自抓、负总责,突出党建引领,强化政治担当,制定具体工作措施,做到文明实践阵地月月有安排,周周有活动。将文明实践工作纳入各街道和区文明委成员单位的全面从严治党主体责任考核,特别是列入意识形态工作责任制落实情况监督检查的重要内容。做好文明实践中心建设评估验收工作,确保各项工作取得成效,切实发挥文明实践中心宣传群众、教育群众、引领群众、服务群众的功能。

东丽区志愿服务事业发展实践[①]

牛 磊 天津社会科学院社会学研究所副研究员

摘 要: 东丽区志愿服务事业始终坚持将满足人民日益增长的精神文化需要作为着眼点和着力点,通过壮大志愿服务队伍,健全志愿服务制度;加强志愿服务组织建设,强化志愿服务网格化管理;搭建志愿服务平台,促进志愿服务扎实开展;传播志愿服务文化,注重志愿服务项目化运作等措施,探索推动志愿服务事业发展。同时,东丽区注重打造特色志愿服务品牌。目前东丽区志愿服务事业虽存在不足,但可以通过加强宣传力度,提高民众志愿意识;丰富服务内容,培育服务项目;拓宽服务范围,发挥平台优势;明确培训主题,创新培训内容;打造服务品牌,发挥品牌效应等举措,进一步提升志愿服务发展水平,续写志愿服务新篇章。

关键词: 东丽区 志愿服务 新时代文明实践

志愿服务是社会文明进步的重要标志,是解决群众实际困难、维护社会和谐稳定的有效载体和重要力量。多年来,东丽区始终坚持将满足人民日益增长的精神文化需要作为着眼点和着力点,坚持以"一个骨干,一面旗帜"为宗旨,大力弘扬"奉献、友爱、互助、进步"的志愿精神,将志愿服务活动和"我为群众办实事"结合起来,充分整合资源、广泛动员社会力量,打造新时代文明实践志愿服务新格局。目前东丽区志愿服务工作取得了显著成效,志愿服务组

---

① 本报告部分资料得到东丽区精神文明建设委员会办公室的支持,特此感谢!

织不断增多,志愿服务队伍不断壮大,志愿服务领域不断拓展,志愿服务活动逐渐制度化,志愿服务项目逐渐常态化,人人争当志愿者的局面日趋形成。

一 东丽区志愿服务事业发展概况

近年来,东丽区志愿服务工作始终坚持以培育和践行社会主义核心价值观为根本,以创建全国文明城区为目标,在实践中充分发挥志愿服务骨干队伍的示范引领作用,逐步形成"人人共建、人人共享"的新时代文明实践志愿服务新局面。截至2023年7月26日,东丽区共有志愿服务团队414个,注册志愿者191701人。

(一)壮大志愿服务队伍,健全志愿服务制度

第一,加强志愿服务队伍建设。东丽区在全区范围内多次邀请市委党校、区委党校、区文明办等有关专家和负责人进行专题讲座,加强志愿服务队伍的培训和交流。主要针对《志愿服务条例》的立法背景及主要内容,志愿服务活动的要求、意义、目标,志愿服务工作中的反恐常识、自我保护和巡逻技能,志愿者招募以及手机客户端的使用,天津志愿平台操作的疑点难点等进行详细培训指导。同时,邀请全国最美志愿者王友田、和平区优秀志愿者张振东、和平区新兴街"阳光奶奶"志愿服务队、河西区东海街龙江里社区等就如何做好志愿服务进行经验交流,不断挖掘、宣传和推广志愿服务先进典型,总结他们在志愿服务方面的好经验、好做法,推进东丽区志愿服务队伍持续健康发展。

第二,不断规范志愿者招募注册制度。东丽区把不断推进志愿服务制度化作为深入学习和贯彻落实党的路线方针政策的重要载体。主要以群众的实际需求和志愿服务项目为导向,一方面,由城乡社区、志愿服务组织、社会服务机构等通过网站、微信群、党群服务中心公告栏、广场楼道等多种形式向社会公开发布志愿者招募信息;另一方面,结合新时代文明实践深入社区、机关单位、学校、社会团体等,有针对性地组织开展志愿者招募工作,以吸引和动员更多热爱公益的群众,特别是有一技之长的志愿者加入队伍中。志愿者注册登

记,主要采取网上自行注册和线下申请登记两种形式。通常对申请人资格进行初审并登记注册,根据志愿者的工作经历、兴趣爱好、专业特长等分类建好台账;结合注册志愿者的不同情况建立专业人才资源库,进一步夯实志愿服务专业队伍建设,逐渐形成统一领导、综合协调、分类管理、分级负责的志愿服务队伍管理模式。

第三,注重志愿者培训管理。东丽区通过广泛宣传让志愿者了解志愿服务的宗旨理念、志愿者的权利义务等方面的基础知识,尤其重视对志愿者骨干和志愿项目负责人的培训。对具备一定领导、策划和组织能力的志愿者骨干进行培训,培训内容侧重志愿组织的管理协调和团队建设,志愿服务项目的策划、运营和评估等方面,让志愿者骨干成为志愿服务的中坚力量。针对志愿项目负责人的培训,主要通过集中辅导、案例分析和座谈交流等方式展开,对参与特定服务项目的志愿者进行项目所需的相关知识和技能培训,提高其服务意识、服务水平和服务能力。

（二）加强志愿服务组织建设,强化志愿服务网格化管理

第一,加强志愿服务组织领导。为进一步加强对志愿服务工作的组织领导,不断推进志愿服务工作向纵深发展,东丽区以"打造融理论宣传、道德滋养、文化传承、科学普及、志愿服务等功能于一体的综合性服务平台"为目标,研究制定了《东丽区新时代文明实践中心建设工作方案》,建立了区、街道(部门)、社区三级新时代文明实践和志愿服务管理机制。明确区级新时代文明实践中心由区委书记担任主任,实践中心办公室设在区委宣传部,由区委宣传部部长担任办公室主任,负责全区新时代文明实践的统筹协调和督促落实,确保工作有序开展;街道新时代文明实践所由街道党委书记担任所长,负责落实街道规划部署,推动社区新时代文明实践站建设;社区新时代文明实践站由社区党组织主要负责人担任站长,直接负责本站组织开展文明实践活动。在新时代文明实践工作的组织推动下,东丽区志愿服务也建立了相应的组织协调机制,逐步构建完善的志愿服务组织管理体系。

第二,注重志愿服务组织推动。东丽区紧扣市级文明实践中心工作节点,大力支持、培育和发展志愿服务组织,依法落实志愿服务组织的注册登记工作,通过培训讲座等举措加强志愿服务组织的能力建设,推动志愿服务组织健康发展。鼓励和支持机关单位、社会组织、人民团体等建立志愿服务组织,注重发挥好志愿服务组织负责人及党员干部的重要作用,积极倡导把奉献精神和群众利益摆在首位,不断强化志愿服务组织的"内生动力",最大限度激发社会组织活力。逐步建成管理规范、服务到位、机制健全、充满活力的志愿服务组织体系。同时,东丽区以"智慧党建+文明实践"为主要方式,以志愿服务为基本形式,整合人员队伍、资金资源、载体平台、活动项目,根据群众需求,因地制宜、因时制宜,制订形式多样的志愿服务活动菜单,研究"点单式"志愿服务组织机制,实现志愿服务与群众需求精准对接,满足群众多样化、差异化、分众化的志愿服务需求,让志愿活动针对性更强、服务效果更好。

第三,强化志愿服务网格化管理。东丽区在压实新时代文明实践和志愿服务责任过程中,致力于理顺志愿服务工作机制,提升志愿服务运转效能,密织志愿服务基层网格,逐步形成志愿服务网格化管理体系。截至2023年10月底,在全区11个街道建成989个社区志愿服务网格,明确网格员和志愿者职责分工,充分利用网格微信群收集网格内群众的急难愁盼问题,将群众的需求及时传达给分包的网格员和志愿者,开展各类志愿服务,推进志愿服务网格化、常态化和规范化管理。

(三)搭建志愿服务平台,促进志愿服务扎实开展

第一,建立志愿服务信息系统。东丽区在"中国文明网·天津东丽"网站专门设置了"志愿服务"板块,下设"志愿服务总队风采""志愿服务活动""志愿服务展示交流"栏目,对东丽区志愿服务信息及时进行报道和宣传。同时,东丽区建立健全"东丽区志愿者数据库"。一方面,东丽区建立志愿者和志愿服务对象数据库。将志愿者和志愿服务对象的相关数据依照统一标准进行系统录入,并与天津市甚至是全国的志愿服务信息系统进行互联互通。实现志愿者和服务对象的"按需分配",有效化解志愿服务供需失衡的窘境。另一方面,东丽区建立志愿服务项目管理数据库,实现志愿服务供需双方的有效对

接。通过志愿服务平台建立志愿服务项目管理数据库,开展多样化的志愿服务项目,有利于推动志愿服务项目化与品牌化发展,这也是志愿服务的未来发展趋势之一。总之,东丽区以志愿服务需求为导向,建立了志愿服务信息系统,让真正有需要的群体能够及时获得相应的志愿服务。

第二,建立志愿服务信息化平台。东丽区依托天津志愿服务网、津云手机客户端、新时代文明实践小程序,建立起志愿服务信息化平台,为推动志愿服务制度化、常态化提供了有力支撑。与之前相比,现在志愿者注册程序简单,可以吸引志愿者主动"入队",志愿者和志愿服务项目与需求可以实现智能"秒"对接,志愿服务过程透明可视,志愿服务效果可以随时评价,极大提高了志愿者的积极性,有利于志愿服务实现人人可为、时时可为、处处可为。东丽区志愿服务信息化平台通过网站、微信群、网格群等不同渠道,充分利用新时代文明实践中心、学雷锋志愿服务指导中心、东丽道德公园"V 志愿服务站"等志愿服务基地,进一步整合志愿服务活动资源,实现志愿者、服务对象和活动项目的有效对接。此外,东丽区尤其重视完善社区、行业、公共场所志愿服务平台建设。坚持以社区为重点,依托社区学雷锋志愿服务站,设计接地气的志愿服务项目,力争覆盖群众的各种需求。支持和发展在不同行业建立健全各类志愿服务队,通过设立学雷锋志愿服务岗,开展各类便民利民等体现行业特点的志愿服务活动。扩大志愿服务在公共场所中的覆盖面,广泛开展各类有针对性的志愿服务活动,真正使志愿平台"立"起来。

(四)传播志愿服务文化,注重志愿服务项目化运作

第一,传播志愿服务文化。东丽区积极依托每年 3 月 5 日学雷锋日和 12 月 5 日国际志愿者日,加大对志愿服务文化的宣传力度,开展一系列学习交流活动,总结推广经验成果,打造志愿服务文化交流精品;依托新时代文明实践中心(所、站)广泛开展"志愿服务文艺宣讲活动""浓情母亲节 关爱暖人心""倡导绿色生活 做好垃圾分类"等活动;开展"我们的节日·春节暨欢喜迎春节 文明拜大年""我们的节日·元宵节暨浓情相聚在东丽 欢天喜地闹元宵""我们的节日·清明节暨缅怀先烈 传承红色精神"等"我们的节日"主题活动,

助推志愿服务文化朝更加健康有序的方向发展。同时,东丽区对志愿服务的积极向善之风进行全方位、立体化、多渠道宣传,借助优秀志愿者榜样力量,向社会积极传播志愿精神,并将其渗透到社会生活的方方面面,鼓励广大群众积极参与到各种志愿服务实践活动中,努力将志愿服务日常化、生活化、大众化。

第二,注重志愿服务项目化运作。社区志愿服务项目化运作是将项目管理理念应用于志愿服务的开展,以项目形式促进社区志愿服务发挥作用。[①] 可见,志愿服务项目化运作有利于志愿服务运行更科学、更精准、更有效率。东丽区聚焦群众诉求,形成了"8 + N"志愿服务项目清单模式。在志愿服务项目运行中推行"菜单式"服务体系,通过闭环式流程(网格员"制单"、居民"点单"、志愿者"抢单"、社区书记"派单"、服务"评单"、考核"定单")的"六单"服务模式,为服务对象提供定向的"你点我供"志愿服务,让越来越多群众享受到家门口志愿服务的便利,也让志愿服务活动更贴心。东丽区经常开展三种形式的志愿服务项目:一是开展集中志愿服务项目,如在春节、元宵节和清明节等中国传统节日开展"我们的节日"志愿服务项目;二是开展站点志愿服务项目,如开展"周日大集"志愿服务品牌活动;三是开展结对志愿服务项目,如东丽区文明办以"五大员"助老志愿服务项目为载体,为需要帮助的老人提供及时有效的志愿服务。

二 东丽区注重打造特色志愿服务品牌

志愿服务品牌化可以细化志愿服务对象、做好志愿服务分工,让志愿者和志愿组织积累经验、快速成长,从而更好地满足人民群众的多样化需求。因此,打造特色志愿服务品牌是提升志愿服务成效的重要途径。东丽区早在2014 年就注重培育和打造志愿服务品牌,创新志愿服务活动载体,提升志愿服务整体水平,为创建全国文明城区奠定坚实基础。目前,东丽区有代表性的特

---

① 赵媛媛、李名静:《党建引领社区志愿服务项目化运作模式研究——以天津市 X 区 J 社区为例》,《改革与开放》2020 年第 21 期。

色志愿服务品牌有"周日大集""五大员"以及学雷锋志愿服务。

（一）东丽区"周日大集"志愿服务

从 2014 年起，东丽区在全区开展学雷锋"周日大集"志愿服务活动，并逐渐形成东丽区"周日大集"志愿服务品牌，为广大志愿者搭建了服务平台，使志愿服务更贴近基层。其服务宗旨是植根基层、搭建平台、服务百姓、引领风尚，推动志愿服务制度化和学雷锋活动常态化发展；服务目标是大力弘扬"奉献、友爱、互助、进步"的志愿精神，切实把志愿服务融入社区管理和百姓的日常生活；服务措施是采取"三项机制（策划机制、联动机制和跟踪机制）、三个统一（统一服务流程、统一服务标准和统一服务规范）"工作法。

东丽区"周日大集"志愿服务着眼于惠民利民，将志愿服务与社区居民需求结合起来，有针对性地开展活动，让群众享受到了"不花钱赶大集"。首先，突出供需对接，制定了"申报计划—统筹协调—审定选派"的服务模式。根据各社区申报的服务需求计划，区文明办与相关职能部门志愿服务队、区学雷锋志愿服务总队等统筹协调，审定选派合适的志愿团队和志愿者开展相应的政策宣讲、心理疏导、医疗义诊、法律咨询、爱心义卖、综治宣传、文体活动、气象服务、农业技术普及、就业指导等服务，使志愿服务内容多元化、专业化。其次，抓好质量提升。依托天津志愿者平台，各基层志愿服务队发布"周日大集"活动通知，为参加活动的志愿者扫描"二维码"，记录志愿服务时间，增强志愿者的归属感和荣誉感。区文明办对各社区在"周日大集"活动中出现的好做法、好经验进行宣传推介，扩大"周日大集"的品牌效应，努力打造"一个社区一个品牌"。最后，推进常态运行。区文明办制定出台了《关于开展学雷锋"周日大集"志愿服务活动的实施方案》，确立了区文明办、各职能部门、街道社区"三级联动"的工作模式。确保每场活动服务项目多样，满足不同农民的实际需求，以推动志愿服务活动制度化、常态化开展。

（二）东丽区"五大员"助老志愿服务

自 2012 年始，东丽区正式开展"五大员"助老志愿服务活动。其中"五大员"指的是社工联络员(每个居委会确定一名干部负责牵头工作)、邻里提醒员(由邻居负责每天问候老人了解实际需要)、心理疏导员(根据老人心理状况,提供有效心理疏导)、家政服务员(每周入户为老人做一次卫生等家政服务)和义务理发员(每月入户为老人提供一次入户理发服务)。东丽区文明办结合社区实际需要,以"五大员"助老志愿行动为载体,为社区空巢、孤寡、独居、低保、特困、重病六类 60 岁以上老人提供日常和集中志愿服务,逐渐形成东丽区"五大员"助老志愿服务品牌。

东丽区"五大员"助老志愿服务活动的宗旨是传承中华民族传统美德,让社区内需要帮助的老人得到及时有效的服务,用邻里守望编织社区志愿服务的爱心网络,积极营造"敬老、爱老、助老"的社会风尚。志愿服务项目主要有电话问候、心理疏导、义务理发、读报聊天、代买物品、文体娱乐、陪护就医、生活资助等。"五大员"助老志愿服务实施的具体步骤为:对各街道老人情况进行走访登记,确定帮扶对象;组建"五大员"名单,建立爱心帮扶家庭档案;由"五大员"助老志愿服务队与帮扶老人签订长期帮扶协议,并发放"爱心服务卡",落实服务承诺,逐渐形成助老志愿行动长效机制。目前东丽区合理利用"五大员"助老志愿服务编织社区志愿服务的爱心网络,深受社区群众的欢迎。

(三)东丽区学雷锋志愿服务

东丽区学雷锋志愿服务指导中心按照"设施一流、功能齐全、管理规范、运行高效"的要求,为全区各类重大志愿活动和日常志愿活动提供指导和服务。指导中心主要负责志愿服务的招募培训、信息采集、项目设置、宣传发动、组织协调、日常管理、表彰奖励等工作。东丽区学雷锋志愿服务总队以道德模范、劳动模范、身边好人以及各行各业热爱公益事业的党员干部群众为骨干,倡导"人人有善念,天天有善举"志愿文化,充分发挥"一个骨干,一面旗帜"的示范引领作用,带头奉献,引领风尚,全力当好践行社会主义核心价值观的排头兵。在充实完善学雷锋志愿服务总队基础上,总队下设 16 支志愿服务直属队,积极指导基层志愿服务队建设,传播"学习雷锋、奉献他人、提升自己"的志愿服务理念,逐渐形成"人人争做志愿者,个个传递正能量"的良好社会风尚。东丽区志愿服务孵化基地将分散的志愿者聚在一起,统筹、组织、指导、扶持一大批社会志愿服务队伍不断成长壮大,并把志愿服务逐渐变成项目来运作。孵化基地主要以公益组织孵化器的方式,对运作初期的社会志愿服务组织和特色志愿服务项目进行支持,培育和发展志愿服务品牌项目。此外,还有学雷锋爱心驿站、志愿服务岗亭等特色志愿服务品牌。

总之,东丽区特色志愿服务品牌建设成效显著:一是志愿服务品牌建设历经从无到有、从有到优的跨越式发展。各志愿服务品牌活动深入社区、企业和学校等,在全区乃至全市形成了一道亮丽的志愿服务风景线。二是志愿服务品牌建设彰显了时代性。东丽区注重开展品牌化建设活动,并引进先进的发展理念,借助信息智能技术设备,为群众提供多样化的志愿服务,呈现出与时俱进的时代风采。三是志愿服务品牌建设彰显了典型性。在志愿服务品牌化建设中,东丽区涌现出了一批德才兼备、奋发有为的优秀志愿者楷模。他们把志愿服务当作是自我价值的真正升华,彰显了新时代志愿者榜样的责任担当。

三　东丽区志愿服务发展存在的不足

近年来,东丽区志愿服务事业快速发展,但因处于起步阶段,而且受多重因素影响,东丽区志愿服务发展仍存在一些有待完善和提升的地方。

(一)志愿服务意识有待提高

目前东丽区注册志愿者将近20万人,但志愿服务活跃度不高。虽然已经开发了志愿服务平台,可是平台的利用率相对不高,志愿者数量与志愿服务时长不成正比。目前志愿者主要由辖区内的机关工作人员、教师和退休干部担任,存在志愿服务群体来源渠道较为单一、年龄结构老化、年轻人参与志愿服务的积极性不高等现象。总体而言,民众对志愿服务的了解有限,对志愿服务的重要价值缺乏认识和理解,民众的志愿服务意识有待进一步提高。

（二）志愿服务内容有待充实

目前东丽区各志愿服务组织和志愿者提供的志愿服务内容有待充实，缺少针对性，深入社区为居民提供个性化志愿服务的内容不多。主要集中在邻里守望、环境清整、文明出行等方面，服务领域较为狭窄，无法满足群众多样化、个性化的需求。现有的志愿服务无论从服务内容还是服务质量，与群众实际需求存在一定差距。

（三）志愿服务区域范围有待拓宽

东丽区虽然建立了比较完善的志愿服务组织体系，但是志愿服务区域范围仍然较窄。目前张贵庄街、丰年村街、新立街等街道的志愿服务事业发展得比较好，而相对偏远街道的志愿服务事业的发展相对落后。东丽区志愿服务的资源动员能力有限，也在一定程度上制约了志愿服务的有效覆盖范围。

（四）志愿服务专业性有待加强

目前东丽区志愿服务多为较低层次的服务，开展专业性、高水平的志愿服务活动存在一定困难。这主要是因为部分项目对专业性要求比较高，志愿者缺乏相关培训，导致志愿者从事服务时只凭借固有的知识和能力，针对性不强。在群众对志愿服务需求越来越多样化的趋势下志愿服务显得力不从心，影响了大众对志愿服务的认可度。

（五）志愿服务品牌有待提升

志愿服务品牌的形成和培育需要一个长期过程。东丽区形成的志愿服务品牌只是在东丽区内有一定影响力，在全市范围内的影响力有限，难以形成规模效应。而且志愿服务品牌应与时俱进，紧跟民众多元化志愿服务需求。所以，目前东丽区具有一定影响力的志愿服务品牌很少，要真正得到社会的支持和民众的广泛参与还存在一定难度。

四 促进东丽区志愿服务高质量发展的对策建议

结合当前东丽区志愿服务发展中存在的不足，建议东丽区继续在以下几方面发力，以期促进志愿服务不断向前发展。

（一）加强志愿服务宣传力度，提高民众志愿意识

结合新时代文明实践阵地资源，东丽区应以群众需求为导向，加强对志愿服务理念和知识的宣传力度，增强群众参与志愿服务的意识和热情，让志愿服务更有活力。一是丰富宣传形式，创新宣传载体。利用广播、电视、宣传栏、宣传册等传统媒体的喉舌作用，扩大社会影响力，宣传"奉献、友爱、互助、进步"的志愿精神。充分利用网络媒体的即时性和开放性特点，通过微信、官方公众号等及时传播志愿服务活动信息，让志愿服务理念深入人心。二是将志愿服务理念与本地的人文特色相结合，充分发挥"邻里守望"等志愿精神理念，让民众能够十分便捷地了解、支持并参与志愿服务活动。

（二）丰富志愿服务内容，培育志愿服务项目

随着时代发展和民众需求变化，志愿服务内容应在保留原有便民服务内容的基础上，进一步丰富服务内容。例如，提供政策咨询、居家改造等生活便民志愿服务；定期开展健康义诊、趣味运动、心理咨询等志愿服务活动，倡导积极健康的生活方式等。有关部门和机构应按照"合作共建、互惠共赢"原则，积极对志愿服务项目进行宏观谋划，并联合组织协同发展，通过提高志愿服务项目的科学化、专业化水平培育更多的服务项目，为社会注入"正能量"，为东丽区的精神文明建设注入新的内涵，实现志愿服务增进社会和自我成长的目的。

（三）拓宽志愿服务范围，发挥志愿服务平台优势

要拓宽东丽区志愿服务范围，需要协调全区志愿服务力量，扩大志愿服务在各街道（单位）、社区和公益组织等的覆盖面。为此，应盘活社会各方资源，

扩大志愿服务项目的涉及面;利用东丽区"周日大集"志愿服务等活动品牌向外界拓展成立志愿服务队伍,实行面向全区、由中心成员和非中心人员共同参与的志愿服务形式。同时,要积极打造适合民众的志愿服务交流平台,通过线下志愿服务点和线上志愿服务网站相结合的方式,充分利用志愿服务平台优势,引导广大民众争做文明志愿者,把志愿服务变成民众自觉行为和日常习惯,营造人人参与志愿服务的氛围,让志愿服务"遍地开花"。

(四)明确志愿服务培训主题,创新志愿服务培训内容

结合开展的志愿服务项目或民众需求,进行志愿服务培训时应明确培训主题,确保每位接受培训的志愿者都清楚志愿服务中不同岗位的工作职责和服务内容,打造一批理论过硬、工作熟练、素质突出的志愿服务骨干。在具体实践中,以志愿服务活动为载体,充分发挥志愿服务骨干在服务中凝聚号召、典型示范和文明引导的作用,以保障志愿服务活动能有序高效开展。同时,要不断创新志愿服务的培训内容和形式,向民众普及志愿服务的理念和知识,帮助志愿者"在思想上解惑、精神上解忧、文化上解渴、心理上解压。"[①]

(五)打造志愿服务品牌,发挥志愿服务品牌效应

为充分发挥志愿服务的价值,实现志愿服务的可持续发展,还应积极打造有特色、有影响的志愿服务品牌,扩大志愿服务品牌的辐射面和影响力。为此,东丽区志愿服务应继续加强打造"周日大集"等志愿服务品牌,通过组织具有地方品牌特色的志愿服务活动,展示志愿服务品牌的愿景和理念,增进民众对政府部门和志愿者的信任,切实做到志愿服务范围广、服务内容丰富、服务质量提升。同时,通过"中国文明网·天津东丽""文明东丽"微信公众号对各部门单位在志愿服务品牌活动中出现的好做法、好经验进行宣传推介,扩大东丽区志愿服务品牌效应,形成全社会支持关心志愿服务事业的良好氛围。

---

① "中共中央 国务院印发《关于新时代加强和改进思想政治工作的意见》",中华人民共和国中央人民政府网站,https://www.gov.cn/zhengce/2021-07/12/content_5624392.htm,最后检索时间:2023 年 12 月 17 日。

西青区志愿服务事业发展实践[①]

田絮崖　天津社会科学院社会学研究所助理研究员

摘　要： 西青区志愿服务事业始终坚持服务群众的宗旨,通过不断完善顶层设计,壮大志愿服务队伍,推动志愿服务常态化和长效化发展,搭建志愿服务社会网络,创新基层志愿服务实践的方式,打造出具有典型经验的品牌项目,取得明显发展成效。目前西青区志愿服务事业仍存在区内街道和社区(村)发展不平衡、志愿团队专业化程度发展不足、志愿服务内容同质化、志愿服务资金保障渠道单一等不足,但是通过进一步完善顶层设计,提升志愿服务团队专业化水平,促进志愿服务活动形成特色品牌,拓展多元化的志愿服务资金保障渠道和发展平台,推动群众全面参与志愿服务事业,西青区志愿服务事业就能够获得持续发展的内在动力,为助力物质文明和精神文明协调发展,推进中国式现代化建设总体布局提供更为有效的经验参考。

关键词： 西青区　志愿服务　文明实践

志愿服务是社会文明进步的重要标志,志愿精神是社会主义先进文化的重要体现。西青区认真贯彻习近平总书记关于建设新时代文明实践中心和深入开展学雷锋活动的重要指示精神,扎实落实中央《关于推进志愿服务制度化的意见》《关于新时代文明实践志愿服务机制建设的实施方案》和天津市《关

[①] 本报告部分资料得到西青区精神文明建设委员会办公室的支持,特此感谢!

于推进志愿服务制度化的实施意见》有关工作要求,制定实施《关于深化拓展新时代文明实践中心建设的实施方案》《西青区新时代文明实践基地建设及管理办法(试行)》《西青区新时代文明实践志愿服务指南》等相关文件,围绕全面落实"十项行动",坚定"向中心聚焦、向大局聚力"工作导向,强化实干担当,将志愿服务同新时代文明实践相结合,同西青区经济社会发展大局相结合,本着服务群众的根本宗旨,在志愿服务事业发展中践行社会主义核心价值观,推进新时代精神文明建设,助力物质文明和精神文明协调发展,推进中国式现代化总体布局建设。

一 西青区志愿服务发展的主要成效

(一)志愿服务发展顶层设计不断完善

西青区志愿服务事业发展顶层设计不断完善,通过加强组织领导,强化制度保障,完善监督考核和培训机制,提升志愿服务专业化水平,推动志愿服务事业规范有序发展。

第一,加强组织领导,不断完善志愿服务管理体系。西青区在区委区政府统一领导下,建立起由区文明委统筹协调,区委宣传部和区文明办牵头负责,各部门和单位分工落实的"区—街镇—社区(村)"三级志愿服务管理体系。印发《关于深化拓展新时代文明实践中心建设的实施方案》《西青区志愿服务工作协调小组及其办事机构工作规则》等制度性文件,成立新时代文明实践中心领导小组和志愿服务工作协调小组,制定联席会议、区级领导挂点联系、小组成员单位结对共建等制度,形成"中心统筹—所推落实—站有行动"的三级贯通工作格局。

第二,强化制度保障,提升志愿服务事业发展的外在环境。在加强制度保障方面,不断完善志愿服务项目培育机制,按照"成立项目—招募志愿者—实施项目—评估效果—优化项目"的流程,培育志愿服务项目,推动项目制度化、社会化、精准化运作。在加强财政保障方面,西青区将新时代文明实践经费纳入区级财政预算,每年投入专项建设经费,用于提升阵地建设水平、开展文明实践活动、培育志愿服务队伍、支持公益创投项目。同时每年投入专项保障经费,为志愿者配备红马甲、帽子等志愿标识,连续四年为全区志愿者购买保险,将保障志愿者权益落在实处。在加强先进典型礼遇制度方面,区委宣传部、区文明办整合区卫健委、区政务服务办、区文旅局、区体育局、区工信局、区司法局、团区委、区妇联等8家单位的资源,制定形成了《西青区精神文明先进典型礼遇清单》,并制作礼遇卡。先进典型凭卡可享受医疗保健、参观游览、文化娱乐、法律援助、志愿帮扶等8类13项服务。

第三,完善监督考核和培训机制,激发志愿服务事业发展的内在动力。在建立督导考核机制方面,不断完善重点任务和工作台账,将志愿服务纳入综合绩效考核和精神文明专项考核,委托第三方专业测评机构开展文明实践工作测评。同时,将文明实践纳入街镇党政主要负责同志和社区（村）党组织书记培训和轮训内容。2023年定期组织区级新时代文明实践志愿服务专题培训,涵盖新时代文明实践志愿服务工作专题培训,组织学习贯彻习近平总书记关于学雷锋志愿服务重要论述,深化拓展新时代文明实践中心建设理论,推进文明实践志愿服务融入基层社会治理,以及志愿服务组织规范化发展等多方面重点内容。在搭建科学培训体系方面,通过集中辅导、座谈交流、案例分析等形式,开展志愿服务基本知识、专项知识和服务技能等培训,提升志愿者服务意识、服务能力和服务水平。

（二）志愿服务队伍不断壮大

西青区持续在队伍建设和群众参与上下功夫,通过组建志愿服务队,发挥党员志愿者、巾帼志愿者、青年志愿者以及公益团体和社会组织的示范带动作用,广泛吸纳社会各界力量融入志愿服务事业,实现志愿服务队伍的不断壮大。

第一,整合职能部门和文明单位资源,在区级层面成立志愿服务总队。由区委书记任总队队长,在总队架构下,成立理论政策宣讲、文化文艺、助学支教、应急保障等"9＋N"志愿服务联盟,在街镇、社区（村）组建学习宣传服务队、文化健身服务队等"5 + N"支队伍,重点培育天津市西青区平安蓝天救援队应急志愿服务队伍,参与市内外多项救灾服务。发布区级服务菜单,涵盖理论宣讲、科学普及、健康医疗等56类专业化服务项目。依托消防支队、区卫健委、检察院等职能部门力量,组建消防安全、心理辅导等专业化志愿服务队伍,优化志愿服务队伍结构。截至2023年,全区注册登记志愿者23万余名,注册志愿服务队伍超过1200支。

第二,积极引导广大党员投身志愿服务,充分发挥党员志愿者主力军作用。自2015年以来,先后开展"志愿服务当先锋 我为创城添光彩""万名党员当先锋 建设美丽新西青"主题活动。同时,结合"我为群众办实事""双报到""联点访户"等制度载体,创新打造"青"叩家门主题活动,3.6万名党员志愿者采取组织安排和资源认领相结合的方式,确定联系对象6.4万余个,形成为民服务"党员家谱",通过入户走访、电话问候、志愿服务等方式,开展"双问双送双解"服务(即问需问计、送学送策、解忧解困),精准对接群众实际生活困难和需求,推动广大党员干部群众关心关爱困难群众、空巢老人、残疾人、困境儿童等重点群体。截至2023年10月,全区党员走访群众53万余次,走访企业3万余次,开展志愿服务4万余次,为民办实事7万余件。

第三,结合妇联工作特色和群众实际需求,发挥巾帼志愿者的凝聚作用。西青区妇联坚持"立足基层、面向家庭、见诸日常、细致入微、持续发展"的巾帼志愿服务方向,定期举办巾帼志愿服务项目交流展示活动,打造了"好大妈帮帮团""花城故事会"等多个"巾帼志愿 +"项目品牌。依托巾帼志愿者、三八红旗手、最美家庭成立西青区巾帼宣讲团,创新"线上 + 线下"宣讲形式,2023年以来,在各级文明实践阵地完成宣讲481场。区妇联号召各村居每周确定一天作为新时代"美家美院"家庭环境卫生集中清整日,号召巾帼志愿者广泛参与志愿清整帮扶。此外,区妇联还组织"把爱带回家——暖童心护成长"各类儿童关爱服务活动239场,亲子沟通互动技巧、绘本观影疗心、绘本荐读等丰富多彩的活动,成为群众争相预约的首选活动。

第四,组织动员全区青年参加志愿服务,发挥青年志愿者后备军作用。团区委从2016年春运期间启动"暖冬行动",连续8年为经由天津南站出行的春运旅客筑起温暖回家路。针对困难青少年群众进行精准关爱帮扶行动，从2014年组织开展"幸福新西青 青春手牵手"圆梦微心愿活动，累计帮扶900名困难青少年，累计捐款捐物近20万元。创新融合基层治理与服务青年发展工作，探索社区基层治理与驻区高校共建共治，构建"团干部＋社工＋志愿者"联动模式，开展"社区青春行动"，印发《西青区"青春共建"联系手册》，充分激发青春活动。

（三）志愿服务实现常态化和长效化发展

西青区通过将志愿服务同新时代文明实践相结合、同群众需求相结合，将志愿服务融入日常，打造代表性的志愿服务品牌项目，推动志愿服务事业逐步实现常态化和长效化发展。

第一，将志愿服务和新时代文明实践工作常态化和长效化相结合。发挥志愿服务贴近居民、服务群众的优势，深化拓展新时代文明实践中心建设，全面落实文明实践阵地理论宣讲的政治任务，搭建群众理论学习平台，打造"模范宣讲团"等一批基层志愿宣讲队伍。结合全国文明城区创建工作，每月发布学习实践科学理论等活动清单，各级新时代文明实践阵地开展各类志愿服务活动上万余场次。截至2023年，全区共建成283个文明实践中心、所、站，其中包含1个区级新时代文明实践中心，11个街镇级实践所，271个村居级实践站，共延伸打造15个新时代文明实践基地，实现全域覆盖。

第二，将志愿服务同群众日常需求相结合。每月发布《西青区新时代文明实践志愿服务指南》，推动指导各街镇、各委局在重要时间节点和节日开展志愿服务，线上发布志愿服务，鼓励群众参与报名。依托西青区年画文化、精武文化等特色文化，建立"文化惠民超市"，每年开展文化志愿服务不低于50场，惠及11个街镇。在景区景点、公园广场等公共场所广泛建立学雷锋志愿服务站，配套雨伞、老花镜、急救药品等常备物资，依托社区党员、大学生志愿者等重要力量，提供日常便民服务，打通便民利民、服务群众的"最后一公里"。

第三，将志愿服务融入日常，常态化组织开展新时代文明实践志愿服务活动，每年以"3·5学雷锋纪念日"为契机，将三月作为学雷锋志愿服务月，区委宣传部、区文明办联合区委组织部、区委政法委、团区委等多个部门,2023 年印发《关于开展"学习雷锋六十载 志愿西青谱新篇"学雷锋志愿服务月的通知》,组织三月学雷锋月启动暨志愿服务赶大集交流展示活动,指导各街镇开展志愿服务市集、展示交流等学雷锋系列活动,以空巢老人、困境儿童、残疾人等困难群体为重点做好结对帮扶。组织开展文明旅游、文明交通、文化文艺、助学支教等志愿服务活动,推进"学雷锋"等品牌志愿服务活动融入日常。

(四)搭建多方互助的志愿服务网络

西青区通过加强统筹协调、整合社会资源、举办志愿服务项目大赛等方式,在政府部门、基层组织和公益组织之间搭建起了多方互助合作的志愿服务网络,初步形成志愿服务发展合力。

第一,加强统筹协调,实现部门联动。区文明委加强协调指导,调动各成员单位发挥职能优势,推动区级优质资源注入新时代文明实践中心,形成志愿服务总队服务菜单,在重要时间节点、重大纪念日找准活动结合点,协调团委、妇联等部门,统筹安排各类活动。各街镇充分挖掘培育文化科技能人,推动能人服务身边人,开展文化文艺、科学普及、党史宣讲等志愿服务活动,为各类能人提供表演舞台,择优推荐参演区级镇级文化演出。

第二,整合社会资源,实现社区联动。区文明办统筹利用好驻区高校师生优质资源,与天津工业大学、天津师范大学、天津理工大学、天津理工大学中环信息学院等多个高校对接,数年来,已有近 5000 人次大学生陆续分批赴街镇村居开展志愿服务活动 350 余场,服务时长超 800 小时。团区委还与"纯公益""地铁社区"、农商银行、邮储银行等驻区单位和专业志愿服务组织合作,组建志愿服务队伍,为群众提供春运引导、金融知识普及、非法集资宣传等多角度的志愿服务。与中建三局、中建钢构、滴滴出行、北方助学等企业、公益组织建立良好合作,通过为青少年提供课业辅导、亲情陪伴、法治宣传教育、文体培训等多种志愿服务,助力青少年健康成长。与北方助学公益组织联合开展"志愿青春 青彩圆梦"困境儿童入户走访慰问活动,10 户孩子每人获 1000 元慰问金。

第三,举办志愿服务项目大赛,广泛吸纳社会组织参与志愿服务事业。连续两年组织开展"点亮文明之光 创新实践之路"新时代文明实践志愿服务项目大赛,2023上半年,依托辛口镇新时代文明实践所,组织首届项目大赛末期评审会,各项目从总体实施情况、资金列支情况、实施效果及自我评价等维度进行现场汇报路演,邀请项目专家、财务专家等专业评审进行专业点评,促进文明实践志愿服务项目不断专业化、精准化、品牌化。2023年8月,启动了第二届志愿服务项目大赛,印发《关于举办西青区第二届"点亮文明之光 创新实践之路"新时代文明实践志愿服务项目大赛暨天津市"学雷锋 做雷锋 共建天津志愿城"西青分赛的通知》,畅通社会报名渠道,共有51个项目参加路演,最终有11个项目入围,获得支持资金以及推荐参加市级项目大赛资格。

(五)基层志愿服务经验不断创新

西青区基层志愿服务不断推出创新做法,将志愿服务实践深入群众,提高群众志愿服务认知度和参与度,在全社会形成志愿服务的良好氛围。

第一,基层志愿服务项目不断创新,文明实践品牌项目逐渐形成。例如,李七庄街新时代文明实践文体志愿服务队开通"足球公益课",以公益课堂的形式为青少年提供免费运动资源。精武镇付村新时代文明实践站,依托天津工业大学等高校资源打造的"社区课堂"项目,成为孩子们争相预约的"热门课"。李七庄街邓店村十月书画院常年免费开展绘画课程,传承发扬传统书画技艺,大力弘扬社会主义核心价值观,举办"盛世华夏 国泰民安 翰墨铸魂颂党恩"亲子绘画大赛,激发爱国情怀。张家窝镇新时代文明实践所志愿者组织开展《天津市文明行为促进条例》系列宣传活动,以"践行文明条例 弘扬文明新风""文明条例我践行 争做文明小先锋"等为主题,推动广大群众自觉践行文明行为。中北斜村新时代文明实践站组织开展"三员同梦"青少年科普品牌志愿服务项目,搭建"文明实践星期六"周末课堂,成为社区孩子们成长学习的新阵地。

第二,基层志愿服务团队不断壮大,基层志愿者服务典型榜样不断涌现。由"中国好人"孙国付带领的文艺小分队,紧紧围绕"争做文明有礼天津人"主题活动,创作了京东大鼓《酒后别开车》、快板《遵守交通安全法》、数来宝《文明交通》等原创作品。"全国最美志愿者"孙玄走进文明实践站,经常开展理论宣讲志愿服务。由天津市道德模范提名奖、张家窝镇"百姓名嘴"李桂芳奶奶以快板为"媒",围绕党的政策、交通安全、文明条例等方面,自编自演快板书,常年活跃在宣讲一线。西青区积极宣传选树各级各类精神文明先进典型,累计推选先进模范榜样及先进组织400余个,经常性开展"先进模范学习宣传活动",传播文明风尚,凝聚强大精神力量,带动广大志愿者践行志愿精神,推动志愿服务从"人人看"到"人人干"。

第三,典型经验做法逐步成形,持续深入基层阵地推广实施。按照"一街镇一示范、一村居一特色"原则,不断提升新时代文明实践阵地建设水平,培植阵地文化特色,打造了精武镇"七彩文明绘精武"、付村"五有样本"、四季花城社区"花城故事会"、福特纳湾社区"小福直播间"、佳和荣庭社区"抱团养老幸福荣康"公租房社区服务模式等一批特色经验做法。利用"天津西青""文明西青"、西青文明网等新媒体平台打造宣传矩阵,积极宣传典型经验做法,以点带面,示范带动,把可复制、可推广、可实施的经验做法落实到基层志愿服务行动中,提升全区文明实践阵地志愿服务水平。

二 西青区志愿服务创新实践案例

根据"一街镇一示范、一村居一特色"的指导原则,西青区志愿服务打造出众多品牌项目,下文从新时代文明实践和志愿服务融合发展、党员参与志愿服务和智慧志愿服务发展的角度,选取成功案例,对西青区志愿服务创新经验进行总结。

(一)新时代文明实践站融合志愿服务发展新路径——精武镇付村创新实践案例

西青区精武镇付村新时代文明实践站成立于2018年,是天津市首批市级新时代文明实践站试点,获评2021年度天津市优秀新时代文明实践站。付村通过积分管理、"互联网＋"、典型引领、借助资源、服务群众等措施,打造了有人气、有"智慧"、有榜样、有活力、有温度的文明实践"五有"付村样本,探索出新时代文明实践站融合志愿服务发展新路径,付村的发展经验主要包含以下方面:

第一,成立乡风文明促进会,对积极参与志愿服务活动的群众给予积分奖励,实时对不文明行为进行监督检查和扣分,将"文明积分"与村民福利待遇挂钩,引导村民参与志愿实践。目前付村注册志愿者1000余人,全村成立"环保卫士""文明新风""巾帼力量"等9支品牌志愿队伍,每年开展志愿活动200余场次。第二,借助地域优势,与天津师范大学历史文化学院、美术与设计学院等展开合作,建立大学生社会实践基地,开办社区课堂,定期邀请学院教师给村内党员讲党课。第三,每年定期开展"五好家庭""道德模范""优秀志愿者"等评比活动,年底举办新时代文明实践成果表彰大会,用先进典型和鲜活事迹促进精神文明建设。第四,积极建设党建引领基层治理智慧平台,通过一个平台实现村务公开、活动开展、榜样宣传、村民议事等多项功能,服务群众2000余人次。

（二）党员志愿服务创新模式——中北镇假日润园社区"党员餐吧"文明实践案例

西青区中北镇假日润园新时代文明实践站坚持"党建引领,服务群众"的理念,创新党员志愿服务实践,形成实践站"量身备餐",居民"按需点餐",党员"照单送餐",群众"实时评餐"的"党员餐吧"志愿服务模式,主要经验如下:

第一,实践站"量身备餐"。以入户走访和召开"微心愿"征集座谈会形式,征集残疾人、孤寡老人、高龄老人等特殊群体的"微心愿"并记录在册,将收集到的居民"微心愿"进行梳理分析,依次列入党员"餐吧"服务菜单。第二,居民"按需点餐"。通过整合辖区服务力量,按照居民需求,常态化开展党员"定户"、敲门"结亲"活动,主动对接群众进行预约"点菜",形成了小区居民"点单",党员上门"送餐"的服务新格局。第三,党员"照单送餐"。实践站联合社区党委及时将党员"餐吧"的"点菜"情况向党员、共建单位、报到党员进行发布,通过采取"一帮一、一帮多、多帮一"的方式征集"送餐员",同时定期跟踪"接单"及后续"送餐"服务的情况,确保服务项目按期完成。第四,群众"实时评餐"。实践站定期向群众汇报服务事项办理措施、解决进度、预期成效等,对社区党员志愿者实行星级考核,形成志愿反馈机制,增进社区居民互助。

(三)"智慧志愿"新模式——大寺镇"小福直播间"案例

大寺镇特纳湾社区积极探索"智慧志愿"新模式,实践站打破线下活动约束,以群众喜爱的抖音直播为突破口,采用"线上+线下""网络+网格"形式,创新性地开设社区抖音号——"小福直播间",发挥新媒体线上阵地,补充传统媒体平台,进一步提升了居民对新时代文明实践工作和志愿服务的知晓率和满意度,为持续推进社区精神文明建设奠定了坚实基础,主要实践经验如下:

第一,"小福直播间"将志愿服务同助农脱贫相结合,通过消费扶贫直播,贯彻落实东西部协作。社区志愿者担任直播间主播,农产品销售金额远超预期。第二,搭建线上理论宣传平台,通过典型先进宣讲,提升社区志愿服务氛围。例如,邀请老党员和先进模范走进直播间,通过"云平台"开展习近平新时代中国特色社会主义思想宣讲。第三,线上直播文艺演出,宣传志愿精神,提高精神文明建设水平。例如,大寺镇模范宣讲团"百场宣讲献礼百年华诞"福特纳湾实践站专场文艺汇演等各类文化活动,都会通过"小福直播间"进行现场直播。第四,通过线上直播,探索"绿色志愿"新模式。直播间开设"垃圾分类"专栏,深入开展垃圾分类宣传活动,详细讲解可回收垃圾如何二次利用,增强群众对垃圾分类的认识。

三 西青区志愿服务发展存在的不足

西青区高度重视精神文明建设,持续推动志愿服务常态化和长效化发展,有效提升社会文明程度。但是在探索志愿服务创新和可持续发展过程中,仍然在志愿服务事业整体发展、志愿团队专业化程度提升、特色志愿服务项目品牌化打造,以及探索多样化志愿服务资金保障方面存在瓶颈。

第一，志愿服务事业整体发展成效明显，但仍存在局部发展不平衡的状况。西青区在推进志愿服务发展中，积极推动志愿服务项目常态化和长效化开展，在推动基层志愿服务项目发展中，各个街道和社区立足实际，社区（村）党组织重视对志愿服务的领导，积极为志愿服务事业发展提供各项保障，形成了诸多具有社区特色的经验。尽管如此，仍然存在不同街道和社区（村）之间发展不平衡的问题，存在志愿服务的内容形式较为单一的问题，志愿服务仍然停留在复制文件要求阶段，创新能力不足，群众调动能力不足，在一定程度上限制了群众参与志愿服务的积极性。

第二，志愿服务社会普及度广泛提升，但仍存在团队专业化程度不足等问题。西青区志愿服务发展的体制机制逐步完善，形成了自上而下的三级志愿服务管理体系和工作格局，拓宽了上下级和跨部门的互联互动及资源整合，使得志愿服务不断深入基层，在加速构建文明社会进程中产生了广泛影响。然而，志愿服务仍然存在团队专业化程度不足的问题，主要表现在志愿服务组织的科学管理能力不足，为志愿者提供督导和辅导不足，缺乏有针对性的培训、指导和配岗机制。此外，还存在志愿者年龄结构失衡的问题，目前志愿者主要以老年人为主，具有专业资质的社工人才较为缺乏、志愿者招募途径较为单一、吸引人才的各项保障机制不完善等局限，在一定程度上限制了志愿服务专业化水平的提升。

第三，志愿服务项目存在同质化问题，一些项目与群众需求对接仍有距离。虽然志愿服务已经覆盖了大部分人群，但不少志愿服务项目仍然以探望走访关爱为主，对于困难群体的需求缺乏精准定位，提供服务与群众日常生活联系不够紧密。志愿服务项目在开展之前，缺少基于服务对象的需求分析和实际服务效果评估，在群众需求的收集和对接上缺乏有效的沟通桥梁，导致了志愿服务形式单一、多元化程度发展不足，限制了志愿服务高质量发展。

第四，志愿服务事业资金保障渠道单一，社会化融资渠道尚未形成体系。西青区持续投入专项经费，支持志愿服务事业发展。但总体上看，志愿服务保障仍然较多依赖政府财政支持，资金来源较为单一，社会捐赠尚未形成体系，缺乏多元化的资金来源，在一定程度上对志愿服务项目的持续发展形成了障碍。而已经在区民政局内注册的社会组织,也以行政化的发展路径为主,主要工作是承接地方政府公益类项目,例如社工站的入驻、志愿服务公益创投项目等,将以上作为主要收益来源,使得组织的运作主要依靠外部输血,自身造血能力不足,导致志愿服务发展缺乏持久的内在动力。

四 西青区志愿服务创新发展对策建议

第一,加强志愿服务事业顶层设计。将志愿服务工作同市委市政府"十项行动""争做文明有礼天津人"主题活动、基层社区治理等中心工作相结合,不断深化拓展新时代文明实践中心建设,促进志愿服务活动在不同领域有针对性地开展,形成街道或社区(村)的特色品牌,推动志愿服务不断深入基层,强化群众意识,提高社会整体文明程度。积极引导各类志愿服务组织明确自身定位,对党员志愿者、巾帼志愿者、青年志愿者等不同类型志愿者的服务特点进行区分,鼓励各类志愿服务组织基于自身特点创新志愿实践方式。畅通志愿服务团队与社会组织之间的沟通对接,市级资源与基层之间的对接,对发展较为薄弱的社区进行有针对性的指导和经验传授,提升志愿服务整体发展水平。

第二,提升志愿服务团队专业化水平。持续发挥党建志愿服务示范引领作用,建立健全党建引领志愿服务流程和规范,充分发挥党员志愿者在志愿服务事业中的示范作用,广泛在党员志愿者中宣传志愿精神,提高党员参与志愿服务事业的主动性。建立有针对性的志愿者培训体系和保障机制,将志愿者人才引进和社区就业再就业发展相结合,为特殊领域的志愿者人才,如为医护和高技术领域志愿服务专业人才提供便利的就业和引进渠道。完善志愿服务保障和激励机制,参照典型社区的成功经验,活用积分激励、信用激励、奖品激励、机会激励等方式,为志愿者长期参与志愿服务提供坚实保障。

第三,促进志愿服务活动形成特色品牌。强化需求调研和需求分析,精准化定位服务对象,确定志愿服务品牌的实施类别,不断推进志愿服务高品质和品牌化转型。针对空巢老人、困境儿童、失业人员、残疾人等实行定制化项目。

持续深挖优秀公益创投项目,开展好新时代文明实践志愿服务项目创益大赛,持续打造特色服务项目,对于特色和优质项目,对其在运行经费、活动场地、队伍建设、专业培训等方面提供支持和保障,打造可持续发展的品牌项目。加强对品牌项目的宣传和推广,通过特色品牌项目吸引外部资源进入,促使品牌志愿服务项目形成高效可持续的闭环运作网络。

第四,拓展多元化的志愿服务资金保障渠道和发展平台。拓宽志愿服务事业发展经费来源途径,积极引入社会资本参与志愿服务,形成多元化的志愿服务融资渠道,促进志愿服务和志愿组织发展从根本上实现从依靠输血向自身造血的转变。积极推进政府购买服务,在志愿服务持久发展中引入市场机制,不断完善政府购买志愿服务项目流程,规范政府购买志愿服务细则,明确志愿服务购买数量和模式,促进志愿服务工作高效运转。与此同时,政府逐步转变职能和角色,从提升志愿服务上完善职能定位,做好志愿服务事业发展的管理者,鼓励引导公益慈善组织发挥更大作用,构建起多主体参与的志愿服务发展平台,提升志愿服务发展内在动力。

第五,弘扬志愿精神。加强宣传引导,利用线上和线下平台有机融合的方式,开展形式多样、内容丰富的志愿服务活动,提升志愿服务的群众认知度、满意度和参与度,逐步使得志愿服务成为全民参与的行动。利用好西青区在区位上的优势和便利条件,加强对区内景区景点、驻地高校、医院、银行等资源的系统整合,挖掘内部资源,为志愿服务和文明实践寻求多元化的依托载体。持续开展文明实践志愿服务先进典型的宣传选树工作,表彰先进,树立榜样,引导广大群众加入文明实践志愿活动中,形成发展合力,提升志愿服务的社会知晓度和认可度,形成志愿服务事业可持续发展的良性循环局面。

宁河区志愿服务事业发展实践[①]

崔宝琛　天津社会科学院社会学研究所助理研究员

摘　要： 当前宁河区志愿服务事业发展呈现出良好发展态势,志愿服务队伍不断发展壮大,志愿服务逐步品牌化、专业化、规范化。同时,宁河区在志愿服务阵地联结拓展、机制健全完善、需求精准回应、服务水平提质升级等方面,形成了"宁河经验"。在推动志愿服务工作稳步向前的过程中,宁河区形成了开展党的理论宣讲、培育时代新风貌等契合主流价值、响应党和国家号召的志愿服务亮点特色,同时结合客观条件主动探索创新,围绕环境整治、乡村振兴和移风易俗等区委区政府中心工作,不断拓展领域,增强实效。但从高质量发展角度来看,宁河区志愿服务还面临着基层工作人员志愿服务管理能力有待提升、志愿服务阵地建设不均衡、志愿服务品牌有待深化等现实挑战,未来发展过程中应当以统筹谋划形成合力,统分结合系统推动,汇聚力量壮大品牌为思路进一步推动志愿服务高质量发展。

关键词： 宁河区　新时代文明实践　志愿服务

志愿服务是社会文明进步的重要标志,是加强精神文明建设的重要内容,

---

① 本报告部分资料得到宁河区精神文明建设委员会办公室的支持,特此感谢!

本报告系天津市哲学社会科学规划研究项目"新时代志愿服务发展的激励机制研究"(项目编号:TJSRQN23 - 003)阶段性成果。

也是全面建设社会主义现代化国家的重要力量①。党的二十大报告提出要"完善志愿服务制度与工作体系"。以习近平同志为核心的党中央把志愿服务提升到前所未有的高度，为未来中国志愿服务事业擘画了振奋人心的发展蓝图。如何以习近平总书记关于志愿服务的重要指示批示精神为根本遵循，引导志愿服务高质量发展，为宁河区经济社会发展和社会文明进步发挥推动作用，是奋力建设社会主义现代化新宁河必须思考的问题，也是宁河区践行好"三个争先"、作答好"宁河三问"、展现好"宁河精神"的重要路径。基于此，本报告总结梳理了宁河区志愿服务事业的发展态势和主要经验，提炼了宁河区志愿服务的亮点特色，剖析了宁河区志愿服务发展的现实挑战和未来思路。

一　宁河区志愿服务事业的发展态势

宁河区志愿服务事业发展总体上遵循着"自上而下发起并推广"的轨迹，人民群众积极响应党和政府"学雷锋、做好事"号召开展的友爱互助行动，是志愿服务萌发的基本形式，而后逐步向现代志愿服务转型，呈现出品牌化、专业化、规范化的发展态势。

（一）蔚然成风，志愿服务队伍不断发展壮大

志愿服务队伍是志愿服务高质量发展的源头活水。自 2009 年宁河县②志愿服务协会获批设立后，一批有影响力的志愿服务队伍如雨后春笋般涌现。同年 5 月和 7 月，美丽中华爱心联盟团队（现为宁河区平安志愿者协会美丽中华爱心联盟中队）、国家电网宁河分公司"向日葵"行动志愿服务队先后成立。2011 年，民间爱心组织宁河县帮帮团成立③。2012 年，为贯彻落实党中央和天

---

① 靳方华主编、李培志执行主编：《天津志愿服务发展报告（2022）》，天津社会科学院出版社，2022，第 1 页。
② 《国务院关于同意天津市调整部分行政区划的批复》（国函〔2015〕119 号）指出，撤销宁河县，设立天津市宁河区。本报告与行政区划调整前后的名称保持一致。下同。
③ 《宁河"帮帮团"爱心暖人心》，http://wenming.enorth.com.cn/system/2014/03/04/011719930.shtml，最后检索时间：2023 年 8 月 6 日。

津市委关于深入开展学习雷锋活动的要求,宁河县在全县 14 个点位设立学雷锋志愿服务站,成为天津市村镇首批学雷锋志愿服务站。2016 年,秋萍巾帼志愿服务队成立。2018 年,宁河区在芦台火车站、泛马公交车站、体育馆、文化馆、区医院、行政审批服务中心、人力社保大厅、光明新区社区、华翠社区,首批设立 9 个"志愿服务 V 站",延伸了志愿服务前沿阵地。2019 年,宁河区贯彻落实中共中央办公厅《关于建设新时代文明实践中心试点工作的指导意见》,由卫健委、体育、文旅、科技、司法等单位,组建 32 支新时代文明实践志愿服务队。2021 年 7 月,宁河区志愿服务协会完成转隶,业务主管单位调整为区委宣传部。截至 2023 年 7 月,宁河区建成志愿服务队伍 529 支,培育了秋萍巾帼志愿服务队、平安志愿者协会美丽中华爱心联盟中队、帮帮团志愿服务团队等一批组建时间长、特色活动多、影响力大的队伍;注册志愿者达 74738 人,相当于每 6 个宁河人中就有 1 名志愿者。

(二)深耕延展,志愿服务逐步项目化、品牌化

项目化、品牌化是志愿服务高质量发展的重要途径。宁河区深入研究志愿服务项目孵化机制,遴选有发展潜力的志愿服务项目,调动全区公共服务资源有针对性地开展培育工作,打造了一系列志愿服务品牌。工会、团委、妇联、教育等部门立足自身职能,扶持基层组建有特色、有载体的志愿服务队伍,孵化优秀的志愿服务项目。2020 年,宁河区志愿服务项目化工作取得新突破,涌现出"居住社区有需 志愿服务有助""葵花结子 薪火相传""亲子阅读"等有影响力的志愿服务项目。2021 年,宁河区"双周志愿集中服务日"项目启动,各单位包保社区,结对共创文明卫生城区,"弯腰行动""文明交通"作为子项相继启动,在全区范围内掀起了志愿服务新热潮。2022 年,宁河区推动志愿服务激励提质增效,激发出"挖掘在地文化 助力乡村振兴""让'三种文化'焕发新时代光彩 助力农文旅发展"等 100 多个优秀志愿服务项目,提升了基层志愿服务的活力。2023 年,宁河区围绕"志愿暖宁河"主题,重点实施了"二十大精神润心田 文明实践谱新篇""双周志愿集中服务日""文明交通 + 弯腰行动""守护母亲河"等 10 项志愿服务项目,持续推动志愿服务项目化、品牌化。同

时,推动各类志愿服务团队融入新时代文明实践中心建设,联合打造品牌项目。其中,宁河区李秋萍荣获第八批全国岗位学雷锋标兵,国网天津宁河公司"一粒米的春夏秋冬"乡村产业振兴志愿服务项目被评为 2022 年度全国学雷锋志愿服务"四个 100"先进典型"最佳志愿服务项目"。

(三)守正创新,志愿服务日趋专业化、规范化

专业化、规范化是志愿服务高质量发展的关键标志。一方面,宁河区引入多元主体提供志愿服务,不断提升志愿服务主体的专业化水平。宁河区芦台街道充分发挥社工站的专业引领作用,面向社区志愿者开展专业培训,设计志愿服务项目,深化志愿者对志愿服务的理解和认识,提升志愿者的基础知识和服务技巧。此外,通过对志愿服务组织、志愿者进行分类,将受过专业训练或本身具备专业技能的志愿者列为技能型或专业型志愿者,回应特定服务对象的需要,提升志愿服务的精准性与匹配度。另一方面,宁河区加强对志愿服务工作的管理,不断提升志愿服务的规范化水平。宁河区注重规范志愿服务流程,集中召开志愿服务分享交流会、志愿服务培训交流会,广泛听取志愿者代表提出的建议;重视区志愿服务协会年检和区志愿服务协会党支部换届工作;落实好完善志愿者保障工作,为优秀民间志愿者代表、"双周"志愿者等购买活动意外险,开展"双周送清凉"活动,区级领导到"包保"社区慰问参与活动的志愿者;注重强化志愿服务典型选树,并以日常督导情况为基础评选优秀组织奖和优秀志愿者。

二 宁河区志愿服务发展的实践经验

(一)联结拓展,志愿服务主体多元协同

宁河区从阵地、平台、队伍三方面着手对区域内分散的志愿服务资源进行吸纳整合、优化配置。在链接现有资源、调动潜在资源、创造新资源过程中,实现了志愿服务主体的多元协同,延展了志愿服务链条。

1.联结阵地资源,实现阵地全覆盖

宁河区已建成新时代文明实践中心 1 个,实践所 15 个、实践站 294 个,实现了阵地建设覆盖率100％。在此基础上,为打通宣传、教育、关心、服务群众的最后一公里,宁河区进一步整合资源,打造实践基地(点),延伸文明实践触角,形成了"1＋15＋294＋N"的四级新时代文明实践阵地体系。具体来看,一是分级分类整合。实践中心对接区文明委成员单位,协同整合学校、爱国主义教育基地等系统的条块资源;实践所自行整合街(镇)综合文化服务中心、合作社种植养殖基地等场所融入实践基地;实践站整合村史馆、老年日间照料中心、乡风长廊等场所。二是拓展式整合。对接发改委、商务委,盘活城区及镇中心区域内的服务窗口、小哥驿站、剪纸工作室等小型服务点位。三是紧贴群众需求整合。实践所(站)在群众聚集、活动便利的文化活动广场、小卖铺、候车亭等设置实践点。

2.耦合平台资源,拓展线上新渠道

宁河区在搭建志愿服务平台过程中,除了注重线下平台的建设与完善以外,还致力于拓展线上平台,开辟志愿服务新渠道,实现网上网下同频共振。以宁河融媒、文明新宁河公众号为中心,充分利用"区—镇—村"三级微信公众平台,建立微信矩阵,组织全区转载转发,不断扩大志愿服务的影响力和号召力;开设新时代文明实践中心广播,在全区各村(社区)布设大喇叭,实时播报文明资讯;统筹"两个中心"宣传资源,在宁河融媒公众号开设新时代文明实践专栏,打造集传统媒体和新兴媒体资源于一体的基层宣传文化阵地;新时代文明实践线上平台正式上线使用后,在宁河融媒开设入口,同步设置宁河资讯、学习平台等板块,强化"两中心一平台"互融互通。

3.整合队伍资源,人才增量提质

宁河区着力整合志愿服务人才力量,完善志愿服务队伍体系,为志愿服务蓄势聚能。从健全志愿服务工作体系来看,建立志愿服务工作协调小组,成立志愿服务协会,挂牌设立宁河区志愿服务促进中心。从建强志愿服务人才队伍来看,一方面,规范志愿服务人才队伍建设,实践中心、所(站)分别参照"8＋N""5＋N"要求组建,并规定最少人数、活动次数,以保障志愿服务队伍质量。

另一方面,注重选好带头人,各单位组建的专业志愿服务队由业务骨干带头、特色志愿服务队由典型模范带头,同时注重发挥社区党员、"五老"人员等群体的作用。从打造特色志愿服务队伍来看,依托文明实践志愿服务项目,培育壮大志愿服务队伍,同时实行积分制,广泛动员群众参与志愿服务,充分调动群众参与志愿服务的积极性,充实志愿服务力量。

(二)建章立制,志愿服务机制健全完善

健全完善工作机制是志愿服务高质量发展的必然要求。宁河区通过健全管理运行、督导培训、考核激励等工作机制,提升志愿服务工作的制度化水平。

1.完善管理运行机制,夯实志愿服务基础

在队伍建设机制方面,印发《关于加强志愿者注册及志愿服务活动规范化管理的通知》《宁河区关于开展"居住社区有需 志愿服务有助"携手共创天津市文明城区活动的通知》等文件,规范志愿者网上注册、志愿服务活动网上发布要求;制发《宁河区志愿服务工作协调小组及其办事机构工作规则》,明确职能部门的工作职责,引导志愿服务活动规范开展。在任务清单机制方面,制定了"三级书记"工作责任清单、重点工作项目(分工)清单。在服务管理机制方面,成立新时代文明实践工作领导小组,推动志愿服务工作有力管理、有效联动、有序运行;实行中心主任办公会制度,每半年召开一次专题会,总结工作进展,通报工作成效,部署新一阶段的工作要点;建立区级领导挂点联系制度,各领导每季度到包保实践所调研指导,示范参与文明实践活动。在经费保障机制方面,以"全国雷锋标兵"李秋萍之名设立专项基金,并制定基金管理章程,规范基金筹集、管理、使用和捐赠方权益,让基金运行有规可依、有章可循。

2.建立督导培训机制,规范志愿服务发展

从授课培训来看,为专职干部购买指导图书,组织外出学习,邀请专家学者、优秀志愿者等开展专题授课,对志愿服务相关知识和技能进行专题培训,提高服务意识和服务能力;结合新冠疫情防控、创建文明城区、新时代文明实践站试点建设和"清洁家园 美丽庭院"创建活动,举办新时代文明志愿服务、文明交通志愿服务、"美丽庭院 全家有福"志愿服务等志愿服务培训;启动基

层专职干部轮训,举办"一肩挑"培训班。从互学活动来看,开展互学交流,分享推进和开展志愿服务工作过程中的经验,对标优秀典型,进一步提升工作水平。

3.健全考核激励机制,激发志愿服务活力

从规范监督来看,组建联合调研组对阵地进行全覆盖式走访调研,重点查看标识、场所、队伍、计划、活动、制度等标准化建设情况,据此划定示范站、达标站、基本达标站、难点站 5 个等级;制定下发《工作方案》《实践所(站)建设指南》,实施月通报、季检查,将连续排名靠后的列入督查名单。从活动考核来看,更新实施 2023 年度文明实践活动考核激励办法,实施季度评优,予以资金奖励。从选树典型来看,创新实施"守擂"办法,选取社会影响力大、群众反响好的项目作为"守擂"项目精准扶持;组织区优秀志愿者、志愿服务团队、志愿服务项目等参加天津市志愿服务"六个一批"评选。从建立礼遇体系来看,利用城区主干道荧屏、各镇村精神文明建设宣传栏、新时代文明实践中心广播,加强对志愿服务先进典型的宣传,制定《宁河区先进道德典型表彰礼遇帮扶管理实施办法(试行)》,为先进道德典型制发礼遇卡,协调各单位落实各项礼遇内容。

(三)精准服务,志愿服务高效回应社会需求

时代在变化、社会在进步,群众需求在变,志愿服务项目也在变,但矢志为民的本色不变,提升民生福祉的底色不变,扎根本土的特色不变。宁河区以"群众需要什么,志愿服务就提供什么"为原则,打造自下而上的服务模式,提升了志愿服务的精准性。

1."点单"式服务,开通志愿服务直通车

宁河区搭建新时代文明实践志愿服务总队、新时代文明实践所站和群众沟通衔接的桥梁,规范群众点单、中心派单、所站接单、群众评单的工作流程,提升志愿服务的精准性。例如,天津工业大学化学工程与技术学院志愿服务团队与宁河区廉庄镇新时代文明实践所建立长期结对共建关系,根据宁河区廉庄镇实践所的点单需求,开展"防溺水安全教育""守住养老钱,幸福享晚

年"呵护自然、人人有责"等科普宣传活动,后续还会融合芦苇编织、忠孝文化、古树文化、漕运文化等廉庄镇的特色量身定制志愿服务项目。

2."志愿服务＋我为群众办实事"融合互通

宁河区志愿服务主动对接群众需求,回应群众急难愁盼,常态化开展群众喜闻乐见、切实需要的活动,促进"志愿服务＋我为群众办实事"融合互通,凸显为民办实事的服务宗旨。例如,上门开展"义诊""义务理发"等服务活动,为独居老年安装重点关爱群体智能服务平台;积极探索"于妈妈小课堂"公益点位和"圆梦篮球少年"实践项目,精准满足未成年人需求;开办"夜摊村务",利用晚饭后时间现场为群众答疑解难,让百姓办事更方便。

三 宁河区志愿服务的特色活动

宁河区志愿服务既牢牢把握推动习近平新时代中国特色社会主义思想深入人心这一根本,以志愿服务为载体,旗帜鲜明引导群众、春风化雨教育群众、精准高效服务群众,又以特色活动促进志愿服务获得新发展。

(一)宣讲党的创新理论,旗帜鲜明引导群众

一是深化理论宣讲内容。把牢方向,始终同以习近平同志为核心的党中央保持高度一致,牢牢把握贯彻党的二十大这条主线,多渠道、多层次开展理论宣讲。把控要求,坚持以人民为中心,聚焦基层群众需求,各实践所(站)建立理论宣讲菜单,提升宣讲的精准性。把握实际,深入领会会议精神、深刻把握蕴含其中的学理、哲理,突出宣讲重点性。二是丰富理论宣讲形式。场景式宣讲,在用好新时代文明实践阵地的基础上,将宣讲触角延伸至居民连心亭、主题公园、文化广场、爱教基地等特色小微阵地,开展"板凳课堂""两新心向党""圆桌宣讲"等特色宣讲;靶向式宣讲,开展"系好人生第一粒扣子 争做新时代好少年"五爱教育主题实践活动,面向未成年人解读党的二十大报告,培养孩子们的爱党爱国意识;云端式宣讲,打造线上文明实践平台,方便群众线上听宣讲、学政策、上党课。

（二）培育时代新风新貌，春风化雨教化群众

一是对标道德模范，拉高文明标尺。经过多年持续完善，宁河区先进道德典型推评、宣传、礼遇帮扶等3套体系已然成型，每季度评选"宁河好人"，每3年开展一次道德模范评选表彰，召开"德耀宁河"第二届宁河区道德模范颁奖典礼，集中表彰道德模范。二是对标文明法规，为文明护航。以《天津市文明行为促进条例》为宣传载体，组织《天津市文明行为促进条例》进企业、进农村、进校园、进社区，广泛开展普法宣讲、知识竞赛、案例宣传等宣传教育活动。三是对标诚信文化，擦亮文明底色。依托"6·14信用记录关爱日"、文化科技卫生"三下乡"活动启动仪式等重要时间节点，联合区发改委、区市场监管局、区商务局等部门深入村居、学校、企业等重点点位，通过送上一份信用报告、讲解诚信知识、谋取海河福利等形式，开展诚信文化宣传教育活动，发布诚信经营示范店诚信先进事迹，曝光失信被执行人失信案例，以正反面相结合的方式，弘扬诚信文化。

（三）探索拓展新领域，紧贴民心服务群众

一是聚焦环境整治，人居环境日臻改善。宁河区启动"双周志愿集中服务日""文明交通""弯腰行动"等活动，在区委主要领导的示范带动下，广大志愿者走进社区、走上街头，捡拾垃圾、清理杂物、规整车辆，劝导不文明行为，合力扮靓美丽城区。同时，通过"文明新宁河"微信公众平台，加大环境卫生整治宣传力度，进一步牢固树立全区群众整治环境卫生的主人翁意识，形成"人人参与整治、人人共享成果"的良好局面。二是聚焦乡村建设，乡村振兴日益进展。宁河区深化"文旅融合"的文明实践发展新模式，以项目建设带动旅游文化产业发展。例如，苗庄镇芦苇麦秆烙画和手工编织展览，使非物质文化遗产与创业精神融入百姓万家，同时还与天津市档案馆建立结对关系，开展"档案方志进乡村"主题活动，以及档案方志文化研学公益课堂、档案方志文化宣传月活动，助力乡村文化振兴。三是聚焦移风易俗，时代新风貌日渐形成。宁河区各新时代文明实践站根据村风民情、乡村治理痛点、村民关注事项等内容，在充

分调研研讨、广泛收集村民意见建议基础上，完善"文明积分"制度，鼓励广大村民积极参与撰写家风家训、助老助残、邻里帮扶、环境保护、垃圾分类和创业致富等体现优良家风的文明实践志愿服务活动。

四 宁河区志愿服务发展的现实挑战和未来思路

志愿服务已经为宁河区经济发展、民生福祉改善、社会文明进步、社会治理和生态环保作出了重要贡献，但从高质量发展角度出发，宁河区志愿服务目前还面临着一些现实挑战，需要进一步思考未来发展思路。

（一）宁河区志愿服务事业发展的现实挑战

1. 基层工作人员志愿服务管理能力有待提升

基层工作人员普遍对志愿服务较为重视，但基层工作内容复杂、群众需求多样，导致他们精力不足、压力较大，无法全身心投入志愿服务工作；基层干部工作水平参差不齐，对志愿服务认知水平不一。个别工作人员难以把准切入点，甚至还单纯将志愿服务等同于开展活动，导致推动工作时品牌意识和创新性不强。各阵地之间交流较少，互比互看较少，推进工作时缺乏统筹。

2. 志愿服务阵地建设不均衡，主体作用发挥不充分

宁河区阵地建设不均衡现象依然存在。优质高标准的新时代文明实践站数量不多，对标"五室"标准，能够直接作为样板站进行示范推广的不多；个别所（站）生搬硬套建阵地、生硬嫁接融资源；阵地建设以地域划片，内部不交流、邻里不沟通、上下不衔接，各自为战。此外，宁河区是天津市的涉农区，农民作为乡村文化活动的主体，其自发组织的业余文化文艺队伍专业度不足，编排的多数节目形式较为单一，吸引力、感染力不够。而且宁河区农村空心化现象严重，留守在农村的村民多为儿童和老人，乡村文化活动缺少中坚力量参与。

3. 志愿服务品牌有待深化

宁河区农村文明实践活动广泛开展、服务不断下沉，但活动仍需深化。部分志愿服务组织存在机械式组织动员、粗糙式对接群众的问题。部分镇村活

动停留于定期作宣讲、定期搞活动、定期送关爱,开展的志愿服务活动内容较为单一、形式略显单调。部分志愿服务活动止步于机械性完成,与群众的实际需求连接不紧密,存在形式大于内容的不足,停留在宣传、娱乐、服务群众层面。此外,部分志愿服务品牌存在活动缺乏持续性、组织活动不够长远的问题。

(二)宁河区志愿服务事业发展的未来思路

宁河区志愿服务事业发展历程描绘了一代代宁河人倾情奉献的暖心画卷,但面对志愿服务高质量发展的客观要求,应踔厉奋发启新程,以统筹谋划形成合力、统分结合系统推动、汇聚力量壮大品牌为思路,谱写志愿服务新篇章。

1.统筹谋划形成合力

在全面总结好志愿服务工作经验、特色的基础上,立足实际,推动新时代文明实践志愿服务工作内涵实现"六个结合":结合引导居民群众参与文明实践志愿服务,巩固社会主义意识形态;结合互通式融入主题教育、干部培训、星级评定,夯实基层党的建设;结合开展触角行动,用好市级资源,助力乡村振兴;结合推动人员互通、阵地共享,推进复兴乡村学校少年宫;结合推广大、小两套积分制,助力基层社会治理;结合文化遗存保护、传扬烈士精神,传承中华优秀文化,着力构建新时代文明实践大格局。

2.统分结合系统推动

着力推动志愿服务工作实现统一。统一标识,广泛应用区文明实践标识,规范主标识设置;统一标准,明确阵地建设标准,调整志愿服务活动考核激励思路、引导志愿服务品牌孵化;统一抓手,广泛应用新时代文明实践线上平台,在规范签到签退的基础上,定期分类排名;统一展陈,规范村(社区)宣传栏设置块数、版块、更新频率,继续使用文明实践活动记录本、志愿服务本。在此基础上,鼓励实践所(站)探寻所站共建、邻近村共建模式,引导设置独具特色的标识风格、文明元素。

175

3.汇聚力量壮大品牌

着力围绕阵地建设、队伍建设、机制建设、品牌建设，推动志愿服务深化拓展。围绕抓实阵地建设，在城区公园、区内主干道、文明实践基地（点）周边等点位增设新时代文明实践元素，拓展阵地外延，延伸触角。围绕抓好队伍建设，面向群众自发组建的舞蹈队、健身队等群众性兴趣活动组，以选队长、搭平台、送荣誉等方式融入其中，凝聚志愿服务合力。树好新时代文明实践大礼包大派送品牌，结合"我们的节日"及建军节、国庆节等重要节点，明确活动原则，推动活动成为区直单位结合工作职能下沉服务资源、街镇围绕工作重心满足群众需求的大众平台。

蓟州区志愿服务事业发展实践①

邵伟航　天津社会科学院社会学研究所助理研究员

摘　要： 近年来,蓟州区扎实推进本区内各项志愿服务和新时代文明实践工作的开展,尤其是在 2019 年和 2022 年,先后推出"十四项行动"和成立蓟州区志愿服务联合会,通过实施一系列针对性举措和搭建实用性平台,有计划地落实落细中央和天津市对志愿服务工作的要求,使志愿精神在渔阳大地广为弘扬,志愿服务蔚然成风,凝聚起推进社会主义现代化新蓟州的强大力量。本报告从蓟州区志愿服务事业发展的主要做法及经验、典型案例以及针对下一步工作开展的对策建议等方面展开讨论。

关键词： 蓟州区　志愿服务　新时代文明实践

一　蓟州区志愿服务发展的主要做法

志愿服务是人类社会文明进步的重要标志,也是培育和践行社会主义核心价值观的重要载体。多年来,蓟州区志愿服务工作坚持科学理论的引领,在习近平新时代中国特色社会主义思想、社会主义核心价值观和中国梦宣传教育中凝心聚力;坚持服务中心大局,在疫情防控、乡村振兴、旅游提升中贡献力量;坚持融入社会治理,在普法宣传、绿色出行、安全教育中引领新风;坚持展

---

① 本报告部分资料得到蓟州区精神文明建设委员会办公室的支持,特此感谢!

本报告系天津市哲学社会科学规划研究项目"社会结构视阈下志愿服务的天津模式研究"(项目编号:TJSR23 - 004)阶段性成果。

示蓟州形象,在创建文明城区、爱心互助、文化下乡中积极发挥作用。特别是自 2019 年以来,为深入贯彻落实习近平总书记在天津考察时对志愿服务工作提出的重要要求,进一步弘扬"奉献、友爱、互助、进步"的志愿精神,蓟州区基于自身情况"有的放矢",将实际工作要点聚焦于"十四项活动",为志愿服务在社会治理中发挥效用搭建平台。2022 年,蓟州区成立志愿服务联合会,进一步推动本区志愿服务工作深化发展。本报告主要基于蓟州区近年来的志愿服务组织工作与实践,对志愿服务事业在渔阳大地上的主要经验进行梳理和总结。

(一)搭建志愿服务组织架构

蓟州区以"自上而下"的思路引领和组织构建起一套多层次全覆盖的志愿服务队伍体系,完善志愿服务组织架构。蓟州区先后在各委局、镇乡成立志愿服务分会,各社区、各村均建立志愿服务站,建立法律、科技、平安、扶贫、文艺、环保等各类志愿服务队伍 2000 余支,注册志愿者已达 9 万余人。成立蓟州区学雷锋志愿服务总队,由区文明办相关负责人担任总队队长,并组建成立了 7 支学雷锋志愿服务分队,分别为学雷锋青年志愿服务分队、学雷锋巾帼志愿服务分队、学雷锋街道社区志愿服务分队、学雷锋环保志愿服务分队、学雷锋"于学艳爱心团队"志愿服务分队、学雷锋文艺志愿服务分队、学雷锋友好医院志愿服务分队。志愿服务总队积极规划志愿服务活动,协调指导各分队工作,发挥统筹引领作用。

(二)开展志愿服务培训

蓟州区高度重视志愿者素质培育在推动志愿服务高质量发展中的作用,将培训工作视为志愿服务工作的重要任务。一是督促全区各级志愿服务组织,根据实际情况,举办不同类型的志愿者培训班,学习习近平总书记一系列重要讲话精神、志愿服务基础知识以及参加志愿服务活动所应掌握的技术和技能。如罗庄子镇科技志愿服务队通过举办科技志愿者培训班,帮助 150 余名科技志愿者掌握了嫁接柿子树新品种的技术;无偿献血志愿服务队举办了应急志愿者队伍培训班,使 100 余名志愿者系统掌握了参加应急无偿献血活动的基础知识。二是开展专项培训活动。如区志愿服务协会在穿芳峪镇坝尺峪村,组织 200 余名平安志愿者进行了专项培训。这些活动有力地提升了当地志愿服务队伍的整体素质。

(三)打造志愿服务活动品牌

蓟州区通过树立品牌的方式引领志愿服务发展,以品牌主题为指引明确域内各项志愿服务活动的工作方向。近年来,蓟州区以"弘扬雷锋精神,建设美丽蓟州"为主题,相继开展了清洁家园、助学帮困、无偿献血、义务植树、文艺下乡、文明交通等各类学雷锋志愿服务活动,参与志愿者 10 万余人次。其中,环保志愿服务队连续 6 年在府君山开展净山活动,文艺志愿服务队常年开展文艺下基层活动,于学艳爱心团队开展帮扶困难学生和爱心送考活动,乐园献血屋开展无偿献血活动,这些活动成为蓟州区学雷锋志愿服务工作中的亮点。开展的志愿服务活动"关爱环境、保护盘山"被列入国家级第一批保护山川河流志愿服务百个重点项目。先后有 6 支团队被授予"天津市优秀志愿服务团队"称号,3 个项目被授予"天津市优秀志愿服务项目"称号,2 个社区被授予"天津市优秀志愿服务社区"称号。

(四)推广新时代志愿服务理念

志愿服务事业的工作实践,除了在组织与活动层面的积极开展外,还要在思想方面让志愿服务的理念"飞入寻常百姓家",让更多的人了解、参与并热爱志愿服务。为此,蓟州区充分利用区"两台一报"宣传学雷锋活动、各类志愿服务活动新闻消息,并积极发挥微信、微博等新媒体作用,创作、编发学雷锋活动信息和文章,始终树立弘扬雷锋精神、参与志愿服务的正确舆论导向。同时,在每年 3 月份坚持开展"学雷锋志愿服务月"活动,利用一个月的时间,集中开展主题教育、主题公益日、文艺宣传、党员进社区、助学帮困、绿色环保、雷锋精神进校园等活动,通过积极搭建群众便于参与的平台,开辟群众乐于接受的渠道,引导各单位、各团体组织把学雷锋活动与中心工作相融合、协调推进,进一步加大志愿服务的宣传引导,努力使学雷锋志愿服务活动成为全区干部群众的自觉行动。[①]

（五）开展志愿服务"十四项行动"

在志愿服务事业的发展过程中,如何做到"知"与"行"的统一是新时代文明实践工作中需要思考的难题。"十四项行动"是蓟州区在具体工作中的新探索,主要从志愿服务所涉及的文明建设、社会保障、社会治理三个方面开展针对性活动。

在文明建设方面,一是聚焦生态文明建设,开展生活垃圾分类志愿服务活动,组织环保志愿组织、环保志愿者开展环境清理、景区垃圾治理,动员全区机关企事业单位、社区、学校的党员干部、团员青年分别组建生活垃圾分类志愿者队伍。对接城市管理主管部门,对垃圾分类志愿者开展专门培训,提升志愿者的指导、宣传能力。通过媒体广泛宣传环保理念和垃圾分类知识,引导更多群众做好生活垃圾分类,不断改善居民生活环境。二是聚焦精神文明建设,在清明、春节等传统节日和国庆等重要时段开展节点主题志愿服务活动,以重大节庆日为契机精心组织策划送文化下乡、文明祭扫宣传、慰问老党员、慰问部队、爱老敬老等主题系列志愿服务活动。三是聚焦思想建设,以习近平总书记重要讲话精神为指引,开展"学讲话、记嘱托、悟真谛、强思想"活动。召开"学思践悟"专题座谈会,激励表彰年度"天津好人"等优秀个人,引导志愿者对照习近平总书记重要讲话精神,畅谈新一年新打算。以集中和分散的形式,组织全区志愿服务骨干人员认真学习习近平总书记志愿服务重要指示精神,通过引导志愿者谈认识、找不足、明方向,进一步激发志愿者参与志愿服务的内生动力。四是聚焦活动开展,在每年三月以学雷锋为契机,开展一系列志愿服务集中活动。在全社会营造以学雷锋为主题的志愿服务氛围。

在社会保障方面,一是开展"为低收入户搭建'愿望桥'"活动。组织志愿

---

① 中共蓟州区委宣传部:《蓟州区开展志愿服务工作的相关情况》(内部资料)。

者积极与农村低收入户沟通对接,充分利用自身信息资源和微信朋友圈、QQ群等方式,帮助他们解决生产、生活需求,如农产品销售难题和一辆自行车、一套文具、一个书包等"微心愿",通过在需求端的精准发力,帮助低收入户实现梦想、达成心愿。二是为关爱困难群众和户外劳动者等群体组织保障性志愿服务活动。在冬季组织"千人百户暖冬"行动中,动员千名以上志愿者,深入100户以上的生活困难家庭进行走访慰问,对困难群众进行资助。持续打造"环卫工人爱心驿站",为更多环卫工人提供休息、饮水、热饭、充电等贴心服务,让每一名环卫工人都感受到城市的温暖。三是为提升群众幸福感开展"送健康进社区、进乡村"活动。依托社会志愿服务队伍,发挥自身优势,组织医务工作者定期深入社区、乡村,开展医务咨询、健康体检、诊病送药等一系列志愿服务活动。四是精准扶贫,开展低收入户农产品上"专柜"活动。协调志愿服务组织与大规模超市对接,设立农村低收入户农品销售专柜,以献爱心的形式销售农产品,解决低收入户燃眉之急。

在社会治理方面,一是开展安全知识进校园、进社区活动。组织专业领域志愿者走进各中小学校,走进各居民社区,向学生和居民讲授防火、防盗、防溺水和应急自救等安全知识,不断提升群众的安全意识,提高自护、自救抵御灾害事故的能力。开展平安救援行动。依托蓟州平安救援队、斑马救援队等社会志愿服务组织,对受难群众开展及时有力的施救。二是开展"志愿服务进乡村"活动。组织文艺志愿服务队走村串户送文艺、送文化下乡,推进新时代文明实践。依托学艳爱心志愿者服务协会,在各乡镇逐步组建志愿服务分会,基本实现26个乡镇全覆盖,让志愿服务深入乡村、扎根乡村,使之成为实施乡村振兴战略的助推剂。三是开展文明交通志愿服务活动。组织志愿者在城区重点路口,利用早晚高峰时段协助交警维护交通秩序,对不文明交通行为进行劝导。壮大文明交通志愿者队伍,增加执勤点位。四是以便民为导向,高质量推进"天津V站"建设。按照市文明办"三高六有"(高起点建设、高标准要求、高水平服务,有标识、有场所、有队伍、有项目、有制度、有台账)的建设要求,建好用好区域内9个"天津V站",为群众提供公益咨询、便民设施、服务引导、知识普及等多方面帮助。[①]

（六）统筹志愿服务管理

针对志愿服务工作涉及范围广的特点，蓟州区搭建了一套统筹全区志愿服务工作的管理体系。2022年成立蓟州区志愿服务联合会（以下简称"联合会"），通过该组织制定了"一个建设、两个平台、三个突破、五项工作"的"1235计划"贯彻工作思路，从常态化机制、服务管理平台、重点工作方向和具体工作组织四方面统筹志愿服务管理。

加强规范化建设。蓟州区确定常态化的会议制度，规定每季度召开一次负责人例会，总结上季度工作，安排部署本季度工作；根据情况适时召开理事会，研究制定重大事项决策；在每年3月5日前后召开一次会员代表大会，主要内容为表彰先进、部署工作。

围绕两个平台。一是围绕新时代文明实践中心（所、站）建设，发挥优势，主动进位，积极开展各类新时代文明实践活动。二是围绕天津志愿服务平台。在天津志愿服务平台做好队伍和人员的注册，完善资料，保证志愿服务时长。

实现三个突破。一是在品牌打造上，各协会、团队通过树立品牌意识，结合自身特点，突出团队特色，旗帜鲜明亮出品牌。设计制作标识和队旗，明确服务范围，不断提升知名度和服务水平。二是在完善机制上，联合会重点建立完善激励机制，着重从平台积分、日常表现、社会贡献等多方面综合评价，形成科学、量化、公平、可操作的创先评优表彰机制，最大限度保护和激发志愿者的积极性，壮大队伍实现突破。三是着力发挥志愿服务组织的凝聚力、号召力、战斗力，彰显团队魅力，吸引更多的爱心人士加入志愿组织。

做好五项工作。一是加强活动统筹。各团队及时上报年内大型活动。联合会列表登记做好统筹指导，并筛选意义重大项目，大力宣传。二是严格财务监督。完善财务制度，严格社会捐赠资金的使用，做到公开透明、合法合规，确

---

① 中共蓟州区委宣传部：《蓟州区贯彻落实习近平总书记在津考察讲话精神聚焦"十四项活动"，让志愿服务贯穿全年》（内部资料）。

保资金的社会效益最大化。三是强化业务培训。结合工作实际,聘请专业人士,组织开展不同层面多种形式的业务培训,不断提升志愿者和志愿团队的服务能力和水平。四是摸清队伍底数。通过清查清登等方法,明晰、摸清各队伍的注册人数、活跃度等情况底数。五是广泛征求意见。结合创文创卫工作开展社会层面的征求意见。结合联合会的成立,征求志愿者对联合会的各项需求建议。①

二 蓟州区志愿服务发展的主要成效

自 2019 年以来,通过"十四项行动"和"1235"工作计划等针对性的政策活动推进,蓟州区志愿服务事业取得了长足的进步和发展,基于本区特色的探索取得了一定的成效。

(一)新时代文明实践志愿服务阵地建设基本完成

一是新时代文明实践志愿服务点位建设全覆盖。蓟州区已建成区级新时代文明实践中心 1 个、新时代文明实践所 27 个、新时代文明实践站 980 个,实现全区乡镇、村、社区文明实践阵地建设全覆盖。各文明实践所、站整合综合文化服务中心、党群服务中心现有功能,设立宣讲课堂、图书阅读、文化健身、志愿服务、成果展示等功能区,严格管理使用制度,由村"两委"班子成员负责文明实践站运行管理。

二是形成志愿服务点位体系。对全区符合文明实践基地建设标准的阵地进行梳理摸排,注重盘活爱国主义教育基地、科技示范基地、景区景点等阵地资源,打造盘山烈士陵园、盘山供电服务中心、蓟州地质博物馆等 10 大文明实践基地,构建文昌街道文明实践网格、106 个窗口单位志愿服务站点,形成三级贯通、多级完善的文明实践新格局。全区 53 个百姓大舞台、14 个村史馆、900

① 天津市蓟州区志愿服务联合会:《天津市蓟州区志愿服务联合会 2022 年工作要点》(内部资料)。

处文明实践广场、980 个党群服务中心成为为群众提供文化、教育、娱乐等公益性服务的重要场所。

三是发挥志愿服务阵地就近就便服务群众的作用。区级文明实践中心向 110 余家区级单位、30 余个社会公益组织征集精品志愿服务项目 70 个，打造文明实践中心志愿服务项目库，为基层文明实践所、站提供"点派单"服务。全区各级中心（所、站）全部对群众免费开放，打造 15 分钟文明实践志愿服务圈，提升文明实践阵地的群众可及性。

（二）志愿服务队伍层次化建设初见成效

一是组建新时代文明实践志愿服务总队。区级新时代文明实践中心建立新时代文明实践志愿服务总队，由区委书记、区新时代文明实践中心主任任总队长，志愿服务队伍涵盖理论政策宣讲、教育培训、文艺体育、卫生健康等 10 个方面。志愿服务队伍每月至少开展 1 次活动。

二是吸纳多层面志愿者参与文明实践。全区 110 余家党政部门、企事业单位全部成立新时代文明实践志愿服务队伍，其中 39 家单位志愿服务项目入选区级新时代文明实践中心"点派单"志愿服务项目库。980 个村（社区）新时代文明实践站均成立学习宣传、文化健身、互帮互助、文明风尚、应急救援等"5＋N"支志愿服务队，广泛吸纳乡土文化人才、"五老"人员、返乡创业人员、本地群众参与其中，涌现出"五老"乐队、"晒被子"敬老、存利文化大院等一批群众自发参与的文明实践项目。

（三）志愿服务推动乡村人居环境更加宜居

蓟州区稳步推进乡村治理积分制，新增 443 个乡村治理积分制示范村，形成典型案例 55 件。开展乡村治理市级示范镇村创建，申报市级示范镇 1 个、示范村 4 个。申报全国乡村治理典型案例 5 个、文明乡风建设典型案例 3 个。加强农村人居环境治理，推动镇村人居环境整治三级网格长效管理体系落实落地，整改问题点位 1.8 万余个。常态化开展"周末大扫除"志愿服务活动，整治疏浚河道沟渠 1.9 万余千米、清理各类垃圾杂物 28 万余吨。

（四）志愿服务助力文明社风乡风更加浓厚

蓟州区坚持以社会主义核心价值观为引领,持续加强农村思想道德建设水平,依托在全区 25 个乡镇开展乡村治理积分制试点示范建设。其中,家庭美德、公益美德、移风易俗等多项内容纳入村民月度考核,对在全区推广起到较好的示范带头作用。截至 2023 年 1 月底,全区 567 个积分制示范村落实落地,共 10.74 万户家庭,共 33.92 万名村民参与积分制管理,评选出优秀村民 7694 户。这充分激发了群众参与精神文明建设的积极性与主动性。以农民丰收节为契机,举办"庆丰宴"活动,活动分为晒丰收粮、吃庆丰宴、赏丰收景等内容,重头戏是庆丰宴,成为蓟州区主题鲜明、乡土气息浓厚、农民主体突出的庆丰收活动品牌。举办"农民广场舞"大赛,27 个乡镇(街道)500 余名群众广泛参与,充分展现健康向上、文明和谐的美丽蓟州新形象。

（五）志愿服务不断丰富群众文化生活

蓟州区着力加强文化供给,近年来完成送戏、送文艺下乡演出 260 场,送电影下乡放映 6043 场。同时,采取"线上 + 线下"方式,组织开展线上主题展览 23 场以及"红香梨韵·醉美春天"第十四届梨园情旅游文化节、"悠悠野菜香,浓浓家乡情"野菜节、"游大美蓟州、品湖畔蓝莓"第七届蓝莓节等活动,极大地丰富了群众的精神文化生活。完善公共服务设施,开展智慧图书馆、文化馆设施功能提升、蓟州文化驿站和周各庄文化礼堂改造、渔阳镇西井峪"书吧"建设项目,实施尤古庄镇、下营镇、下窝头镇、白涧镇文化服务中心改造提升工程,建成了东二营镇、侯家营镇西桥头村等百姓大舞台,乡镇综合文化服务中心设施功能得到提升。推广全民阅读,举办"阅读新时代 奋进新征程""我的书屋·我的梦""聆听书的声音""美文美声 春读蓟州""绿书签·伴成长"等活动,撰写读后感 10 万余份,创作书法、绘画、手抄报等作品 5 万份,上传"童言妙语向未来"寄语短视频 100 余条,在全区营造了浓厚的"爱读书、读好书、善读书"氛围。

三 提出蓟州区志愿服务发展的建议

在蓟州区志愿服务"十四项行动"和"1235 计划"的双重指导下,当前全区 27 个镇乡街新时代文明实践所全部建立,982 个村(社区)新时代文明实践站挂牌率基本实现全覆盖。为了更好地深化落实"奉献、友爱、互助、进步"的志愿精神,推动志愿服务事业在渔阳大地上持续深化发展,对蓟州区志愿服务的进一步发展提出以下建设性建议。

(一)进一步加强区域内志愿服务宣传工作的推广力度

蓟州区应从志愿服务宣传的方式、方法和渠道等方面推动创新。在宣传方式上,积极利用各类信息平台,在抖音、微博、微信公众号等新媒体上将优秀的志愿服务组织、个人向广大群众推广。在宣传方法上,利用志愿服务联合会等平台将丰富的志愿服务活动展示给社会各界,通过对志愿服务好经验、好做法、典型事迹的广泛宣传报道,吸引广大群众关注和参与志愿服务。在宣传渠道上,积极利用新时代文明实践中心、广播电视台等渠道,切实弘扬志愿精神,让志愿服务在蓟州进一步落实落细,让爱心奉献的志愿精神在实践中切实推动蓟州区的文明建设。

(二)进一步加强志愿服务工作的组织协调能力

应依托区新时代文明实践中心,不断完善协调保障机制,做好全区各地与志愿服务团队的需求对接,尽力为各个团队、各个活动提供支持与帮助,不断提高蓟州区志愿服务的整体质量与水平。党组织领导下的新时代文明实践中心、所(站)应更好地发挥引领作用,协同其他各类党建平台助力志愿服务发展,协调各方力量参与支持志愿服务活动的常态化开展。要进一步发挥自身配置资源的禀赋,为联合会等志愿服务组织和志愿者个人配套相应的资源、提供相应的服务,使得志愿服务可以更好地同城市治理同频共振。

186

（三）进一步完善志愿服务激励机制

模范典型的带头作用是进一步激发全区志愿服务热情的重要动力，先进的模范会通过自身对志愿服务的身体力行带动一群人、文明一座城。为此，应持续加大对蓟州区志愿服务平台的规范化建设，使志愿者、志愿服务团队全部在册，将志愿服务时长、服务活动全部记录，助力国家级和市级评优争先的数据支撑。同时通过积极开展优秀志愿服务项目、团队、志愿者创优评先活动，充分调动广大志愿者的积极性、主动性和创造性，增强志愿服务氛围，提升志愿服务的社会认同感和影响力。

案 例 报 告

天津博物馆志愿服务实践

张　堃　天津博物馆宣教部文博馆员

李晓静　天津博物馆宣教部助理馆员

摘　要： 天津博物馆志愿服务团队成立于 2005 年,由最初的几十名在校大学生,发展成为如今组织结构健全、专业水平高、服务意识强,集老、中、青三代几百人的优秀志愿服务队伍。天津博物馆不断健全志愿服务管理体制,细化志愿者招募流程,搭建志愿服务培训体系,制定奖励机制,创新志愿服务形式。经过多年探索与积累,一些志愿服务品牌已经在全市乃至全国都具有了影响力。新时代对文化志愿服务提出了更高要求,还需要通过探索管理新策略、优化志愿服务配置等措施持续推动天津博物馆志愿服务常态化发展和高品质发展。

关键词： 天津博物馆　博物馆志愿服务　文博志愿

　　天津博物馆是历史艺术类综合性博物馆,前身可追溯到 1918 年成立的天津博物院,是国内较早建立的博物馆。天津博物馆现有古代青铜器、陶瓷器、绘画、玉器、甲骨等各类藏品 21 万余件,收藏特色是中国历代艺术品和近现代历史文献、地方史料并重。2008 年,天津博物馆被评为国家一级博物馆。天津博物馆志愿服务团队于 2005 年组建成立,至今已有 18 年历史。在 18 年志愿服务实践中,天津博物馆志愿者始终秉承着"奉献、友爱、互助、进步"的志愿精神,致力于传播文博知识,传承中外文明。

一 天津博物馆志愿服务发展现状

(一)明确职责分工,规范管理模式

天津博物馆志愿服务团队成立以来的 18 年是博物馆飞速发展的重要时期,志愿服务工作取得的成绩与天津博物馆的组织管理和志愿者们的努力密不可分。

天津博物馆 2007 年底对外免费开放,博物馆客流增加,场馆服务人员不足,天津博物馆志愿服务团队成为提供公共文化服务的一支重要补充力量。在志愿服务实践进程中,天津博物馆志愿服务队伍日渐壮大,最初团队由几十名在校大学生组成,之后形成老、中、青均有的志愿服务队伍,人数也从几十名扩增到几百名。截至 2023 年底,团队累计讲解 12 万余场次,惠及观众 240 万余人次,累计引导观众 10 万余人次。天津博物馆志愿服务团队专业水平高、服务意识强,获得社会高度认可,天津市及全国主流媒体多次报道天津博物馆志愿服务情况。天津博物馆志愿服务团队在 2020 年度学雷锋志愿服务"六个一批"先进典型活动中荣获"天津市优秀志愿服务团队"荣誉称号。

天津博物馆志愿服务制度建设和组织管理在发展中日趋成熟。2005—2015 年是天津博物馆志愿服务团队发展的萌芽阶段,在此期间不断完善志愿者招募制度和管理体制。2016 年至今,天津博物馆志愿服务团队发展壮大,各方面均趋于成熟,工作稳步推进,亮点不断。2016 年 3 月 5 日,天津博物馆志愿者管理委员会(以下简称"志委会")正式成立。以民主投票的方式选举志委会成员,采取天津博物馆工作人员与志愿者共建的模式,将天津博物馆志愿服务团队划分为讲解组、策划组和服务组,明确了志愿者的职责分工,丰富了服务内容与形式，调动了志愿者的积极性，提高了团队管理水平。2017年，志委会结合天津博物馆志愿服务团队实际，修订了《天津博物馆志愿者章程》《天津博物馆志愿者行为规范》，加强团队制度建设，成为志愿服务的工作指南。

天津博物馆重视提升志愿者的志愿服务意识和专业素质，采取多种方式加强志愿服务培训。邀请志愿者参加每周六的《天博讲堂》和《名师教室》的学习，至今已举办400多期。定期组织志愿者参加"学术沙龙"以及"新老志愿者经验交流会"活动共计百余场。以论坛沙龙形式，通过优秀志愿者的讲述，提高志愿者的志愿服务意识和能力。针对近年来天津博物馆连续举办书画主题展的情况，天津博物馆邀请全国知名书画专家举办专业培训，同时组织负责书画讲解的志愿者赴故宫参观学习，极大激发了志愿者对书画的兴趣。"清代中期绘画特展"筹备期间，聘请天津文博院原院长李凯为大家进行专业书画知识培训；"其命维新——傅抱石的艺术世界"筹备期间，南京博物院陈列艺术研究所副所长万新华为大家进行傅抱石展览培训。越来越多的天津博物馆志愿者通过讲解考核，为观众讲解普及书画知识。

天津博物馆重视志愿服务团队馆际交流，通过与兄弟博物馆相互借鉴，取长补短，提升团队整体服务水平。团队每年都会组织优秀志愿者赴其他博物馆交流学习，曾先后赴北京、河北、山东、山西、上海、苏州等地区参观交流，增进友谊，开阔眼界。天津博物馆还联合首都博物馆、河北博物院共同举办"地域一体、文化一脉"京津冀志愿者联合讲述活动，选派优秀志愿者宣讲文物故事。天津博物馆还出版了《地域一体 文化一脉：京津冀文博志愿者联合讲述集锦》一书。

（二）创新管理思路，打造品牌团队

在拓展志愿服务形式过程中努力打造天津博物馆志愿讲解服务品牌。2016年开始采取提前登记整点讲解、每月定时考核制度，志委会对志愿者进行集中考核，规范考核流程。天津博物馆志愿者讲解水平不断提高，已实现天津博物馆所有常设及主题展览讲解全覆盖。

　　随着志愿服务多元化、精细化的发展,使用单一时长来评价不同强度、不同内容的志愿服务难以实现对志愿服务的多层次管理。2020 年开始,团队采用全新的志愿服务评价方式,将不同种类的服务时长乘以相应的权重比,转化成相对公平的积分,由此让评价更加精准和公正,进一步调动志愿者的积极性。同时还设置了成长积分,根据在馆服务年限赋分,鼓励和奖励资深志愿者。以一位服务 15 年的志愿者为例,每年他会有 15 分的基础分。这样一方面鼓励志愿者坚持长期服务,增加团队的稳定性;另一方面,也是对长期参与志愿服务、提供优质志愿服务的志愿者的肯定和奖赏。此外,参加馆内讲座培训与团队内部活动也有相应加分,用以记录志愿者在团队中的成长历程。团队对积分标准进行了反复推算和衡量,确保分数的合理性和公平性。每隔两年天津博物馆出版一本志愿者年刊,记录最新的规章制度、创新模式、荣誉成绩以及志愿者风采。

　　借助互联网技术完善服务流程,实时在微信公众号"天津博物馆"与小程序"天博导览"上公布志愿者讲解安排场次信息,搭建起志愿服务与观众之间的桥梁。

　　天津博物馆志愿服务团队完善了志愿者退出机制,志愿者年满 70 周岁不再开展讲解志愿服务工作,可选择退出或继续留在馆内进行其他志愿服务。对于选择退出志愿服务、工作表现优异的志愿者,团队授予"天津市博物馆优秀志愿者"荣誉称号及相关勋章。继续留在馆内服务的志愿者,可开展以下志愿服务:一是帮助后台人员进行登记和记录数据,开展签到签退整理工作。二是具有优秀讲解经验的老年志愿者开展多种培训讲座,从青铜器、瓷器、玉器、书画等方面进行专门性讲座指导。三是担任志愿者基本知识讲解和专业知识培训工作,协助团队对新加入的志愿讲解员进行专业性培训,提供讲解服务工作建议。四是在志愿者所在社区进行线下博物馆宣传工作,与同龄老年人群体交流互动,一方面促进老年人积极、主动了解博物馆,另一方面以老年人带动其家人对天津博物馆产生兴趣。由此引导更多群众了解和参观天津博物馆。

（三）宣讲党史故事，擦亮红色底色

天津是一座具有光荣革命传统的城市，拥有许多珍贵的革命文物和红色遗址。天津博物馆作为全国爱国主义教育基地，收藏各类革命文物 8000 余件，是天津市红色资源最集中的文博机构。

天津博物馆志愿服务团队中，共有党员 73 名，占团队总人数的 26%，在这些党员中既有从事志愿服务多年的老党员，又有刚刚加入党组织的青年学生。近年来天博每年会推出 1—2 个革命历史类展览，如"永远的长征""红色记忆——天津革命文物展"等，在这些主题展览中，党员志愿者发挥示范作用，带领团队高质量完成讲解任务，累计接待观众 5 万余人次。

为进一步提升党员在志愿服务团队中的作用，增强革命历史类展览的影响力，天津博物馆 17 名党员志愿者于 2018 年成立了"红色记忆宣讲团"志愿服务队。这支队伍以深入挖掘天博红色资源、讲好红色故事、传承红色基因为目标，充分发挥党员引领作用，用多角度、新形式讲述天津的革命故事。经过多年建设，"红色记忆宣讲团"已成为一支党性意识强、专业水平高、充满活力的志愿服务队伍。

为讲好党在天津的革命故事，让更多群众了解这段历史，从 2018 年开始，天津博物馆定期安排专家，结合馆藏革命文物，对"红色记忆宣讲团"成员进行针对性培训。组织团队成员赴上海参观中共一大纪念馆，依托"看天博展览听天津故事"志愿服务项目的优势，定期组织团队成员对天津市各类革命遗址和纪念馆进行实地寻访，利用与高校志愿团队合作的优势，培养吸纳青年学生。组织完成"播撒火种五四运动在天津——寻访中山路""伉俪情深周恩来与邓颖超在天津——寻访觉悟社""无名丰碑中共中央北方局——寻访和平路""气贯长虹——寻访抗日名将吉鸿昌故居""黎明决战——寻访平津战役指挥部"5 条红色主题线路的资料整理、线路规划、人员培训等工作，为下一步工作开展积蓄力量。

2021 年是中国共产党百年华诞，天津博物馆筹办了"红色记忆——天津革命文物展"。展览依托馆藏革命文物，全方位展示党领导天津人民走过的百

年奋斗历程。为了高质量完成讲解任务，提升展览在党史学习教育中的影响力，"红色记忆宣讲团"把讲好党史故事，赓续红色血脉确立为工作重点。天津博物馆提前在全市各高校马克思主义学院等相关专业，招募100名青年大学生补充进入"红色记忆宣讲团"。同时，天津博物馆还与专业媒体合作，在青少年中开展"讲述文物故事 追忆红色历史"活动，在全市中小学为"红色记忆宣讲团"选拔100名小小志愿讲解员，成为"百件红色文物小小讲述人"，他们以直播的形式开展志愿服务。通过对红色文物的讲解，革命薪火在百位讲解员幼小的心灵中点燃。

在宣讲中团队逐步形成了老中青不同年龄段、不同形式的党史讲解梯队。随着团队规模不断扩大，在挖掘红色资源的过程中，团队成员已经逐步探索出，以志愿服务践行新时代使命担当，用红色故事弘扬革命精神的志愿服务模式，得到了社会各界的肯定。团队的事迹，多次被中央电视台《新闻联播》、中央人民广播电台《新闻报纸摘要》、学习强国、《天津日报》等主流媒体先后报道。2021年团队事迹被中共天津市委党史学习教育领导小组办公室纳入"天津市党史学习教育简报（第147期）"，在全市各大机关、企事业单位中传阅。

天津博物馆"点燃红色薪火 传承红色基因"项目入选2022年度全国博物馆志愿服务典型案例，成为天津博物馆志愿服务品牌项目。"党史宣讲 志愿同行"项目在文化和旅游部与中央文明办主办的2022年文化和旅游志愿服务典型案例评选活动中，获评公共文化设施学雷锋志愿服务十大典型案例。

（四）创新项目内容，引领团队发展

作为天津博物馆志愿服务特色项目，"看天博展览 听天津故事"首次以馆藏资源与天津历史风貌街区相结合方式来开展。2014年天津博物馆宣教部牵头，组织馆内优秀志愿者开办此项目。项目建设包括前期策划、走访及资料整理、编写讲解词、项目推广、项目开展以及新闻宣传六大环节。每年拟定一条线路，由天津博物馆优秀志愿者带领市民寻访街衢巷陌，寻找曾在天津留下的点点滴滴鲜为人知的故事和记忆。2015年至今举办了"探访东方华尔街——天津解放北路""寻找天津的罗马元素——探访意大利风情街""深读睦南

道——寻找住在五大道上的收藏家""百年天博——寻访中山路""寻找红色记忆 缅怀革命先烈""津汉同心、风雨同行——寻访津汉老街 解读双城故事""寻找桨声里的城市——从千疮百孔到日新月异"等多个特色活动。每次活动结束后小组成员会形成研究性报告,与专家共同探讨后,将研究成果融入讲解词中,充实丰满自己的讲解内容。"看天博展览 听天津故事"项目吸引越来越多的观众驻足在志愿者身旁,聆听他们讲解"老天津卫"的故事。项目唤起观众一串串难忘而美好的"天津记忆"。"看天博展览 听天津故事"已经成为天津博物馆的品牌志愿服务,深受市民欢迎,受到业内和社会的广泛好评。该项目在 2019 年"牵手历史——第十届中国博物馆十佳志愿者之星"推介活动中荣获全国"十佳志愿服务团队（项目）"称号。

在互联网时代,通过网络技术传播中华优秀传统文化的方式越来越普遍。天津博物馆志愿服务团队推陈出新,利用天津博物馆宣教部微信公众平台、新浪微博、腾讯视频等新媒体资源,创新活动形式,宣传天津博物馆文物,利用数字化技术与观众一同探寻中华文明的博大精深。2017 年天津博物馆宣教部牵头,组织馆优秀志愿者开展"志愿者讲天博"项目,在 3 月 5 日"中国青年志愿者服务日"通过天津博物馆宣教部官方微信平台与公众见面,截至 2023 年底,微信平台共推送 50 余期。另外,还通过腾讯视频进行了 5 期网络直播。这些推送和直播,将博物馆送进千家万户,极大地扩大了博物馆的影响力,使公众足不出户即可感受和学习博物馆文化,"让天津博物馆展览永不落幕"成为现实。"志愿者讲天博"项目在由中宣部组织的 2018 年宣传推选学雷锋志愿服务"四个 100"先进典型活动中荣获"最佳志愿服务"荣誉称号。

习近平总书记指出,"历史是最好的教科书","一个博物院就是一所大学校"。沿着习近平总书记指引的方向,天津博物馆创造性地推出"双师历史课堂"志愿服务项目。这是博物馆挖掘馆藏文物,利用志愿服务团队教师资源优势,结合高中历史知识点,推出的志愿服务项目,旨在立足"让文物活起来",更好地发挥博物馆社会教育职能,并推动博物馆教育与学校教育的互动融合。自 2022 年开始,天津博物馆志愿服务团队面向全市中学生开设具有博物馆特色的历史课。通过历史文物进课堂,采取历史老师与博物馆教育专员"双师"

教学模式,充分挖掘文物的史料价值,将文物与历史课本的知识点深度融合,使学生们得到立体的、灵活的、多元化的教学体验,帮助广大青少年积累历史知识、把握历史线索、培养和塑造历史思维能力。一直以来,天津博物馆汇聚热爱文博事业的青少年志愿服务服务力量,通过特色项目讲好中国故事,培育和提升广大青少年的历史思维、精神素养及文化自信,让博物馆成为课堂教学的重要补充和延伸。

二 天津博物馆志愿服务存在的不足

随着社会公众日益增长的文化需求,博物馆需要提供更为丰富的公共文化服务,博物馆志愿者是公益性与志愿精神的完美呈现,符合现代博物馆发展方向。在博物馆事业的发展进程中志愿服务队伍逐渐成为重要的社会力量,不再只是提供简单的接待服务和讲解等服务,还承担着为社会公众构建愉悦参观学习环境、宣传推广博物馆的使命。面对新形势、新任务,天津博物馆志愿服务团队在更好地参与馆内事务、宣传地方文化特色、营造良好文化氛围等方面还面临一些挑战。

(一)存在一定程度人员流失问题,志愿者内驱力有待提升

有些志愿服务工作内容单一,缺少创造性。志愿者在天津博物馆主要的工作内容有讲解接待、活动服务、资料整理、辅助社教等。这些工作有的不需要太多专业知识,有些工作内容重复性强,有较强专业技能的志愿者在开展相关工作时,很难将自身所长应用到志愿服务中,难免产生一种"有劲儿使不上"的挫败感,日积月累对志愿服务失去了热情。在没有任何经济报酬的情况下,志愿者的服务热情将随时间递减,志愿服务队伍人员流失的问题就会出现。

志愿服务属于自愿行为,当学习和上岗热情一旦消退,志愿者的服务内驱力就会打折扣,导致部分志愿者进入服务"倦怠期",处于"被安排"状态,进而影响到整个志愿服务团队的服务热情。

(二)群众文化需求与志愿服务项目匹配度有待优化

近年来,随着公众文化需求的日益增加,越来越多的社会公众走进博物馆。2023 年天津博物馆迎来了暑期"博物馆热",参观人流量和讨论热度快速提升。在相关工作中,志愿服务队伍存在的问题有所显现。主要有志愿服务供给与公众需求不完全适配,较难满足观众个性化、类型化、差别化的需求等问题。一边是"群众有需求找不到志愿者",另一边是"有志愿服务项目难以吸引服务对象"。

天津博物馆志愿服务出现的问题有多方面的原因。一是志愿服务人力缺乏。天津博物馆志愿者中有部分大学生,假期因学业安排、就业选择等,大学生志愿者难以在节假日、寒暑假等公众参观较密集的时段到馆内开展常态化的志愿服务活动。二是未能及时了解到群众文化志愿服务方面的需求,现有志愿服务项目与需求供需不匹配,造成了人力、物力等资源的浪费。三是彰显本土特色的服务项目较少。越来越多的公众,特别是远道而来的外地观众来到天津博物馆更希望看到具有天津特色的展览和服务,以此感受天津市地域文化特色、人文底蕴。目前馆内具有天津地域文化特色的志愿服务品牌项目数量相对不足。

(三)志愿服务资金来源有待拓展

在志愿服务过程中,馆内日常服务和一些品牌志愿服务项目来源于政府的资金支持。然而在志愿者的人身意外保险、交通补助、餐费补助等方面仍然存在资金不足的现象,一些志愿服务项目保障性资金不足,给团队的进一步发展及项目的进一步提升造成阻力。因此,团队急需统筹协调,开拓更多的资金渠道。

三　天津博物馆志愿服务持续深入发展的对策建议

（一）探索管理新策略，不断提升志愿服务热情

第一，多渠道、大力度弘扬志愿精神。通过开发官方网站、官方微信公众号、短视频平台等志愿服务媒体阵地，探索志愿服务组织媒体发布联动机制，广泛开展志愿精神普及宣传活动，增强志愿服务宣传能力和效果，扩大志愿者对志愿精神的理解。

第二，探索有效的评估和灵活的奖励机制。对于志愿者服务质量的判定，需要采取有效的评估方式，可以从参与密度、参与频度和参与时间三个维度进行评估，形成有效反馈，确保志愿者持续保持服务热情。与此同时，要不断完善奖励激励机制，例如可以根据不同年龄段的志愿者提供不一样的奖励，优秀学生志愿者可以为其发放荣誉证书、奖状；大学生志愿者可以由其学校为其增加社会实践分值；邀请优秀志愿者参与团队决策等，使志愿者有更多的归属感和认同感，进而能够更加热心地投身于博物馆的宣教工作中。

第三，打造"深入—循环—提升"模式，探索文化、文物与志愿者传播的结合点。可以在馆内设置讲解以外的多种岗位，如互动活动指导、活动场所管理等。跨出宣教工作，使志愿者参与新媒体发布、文字撰写、翻译等工作。不断推出"因人设岗，用其所长"设置岗位。例如，青少年志愿者可以安排简单、参与性高的工作；高校志愿者侧重参与新媒体宣传、视频制作等辅助工作；年龄大的志愿者经验丰富、时间宽裕，可以安排强度不大的咨询和管理协调工作。通过这样的差异化安排，志愿者的工作范围"深入"到博物馆的部分核心业务，工作岗位可以做"循环"安排，提升志愿服务质量，满足志愿者全方位的成长需求。

（二）优化志愿服务配置，增加公众文化获得感

第一，针对不同人群特点，分配相应服务种类。目前天津博物馆志愿者管

理为积分考评制,年度达标积分为 60 分。可修改为每季度 15 分达标,以此引导志愿者持续性开展服务,避免年终志愿者扎堆"刷分"的情况发生,避免影响志愿服务质量和效果。可在节假日、寒暑期等"热门"时间段实行志愿服务"加权奖励",提高单位时间的服务分值,以此解决志愿服务、讲解服务供不应求的问题。

第二,整合多方资源,使得项目与需求供需相匹配。依托新时代文明实践阵地,整合多方资源,积极创新志愿服务工作模式,落实"点单—派单—接单—评单"工作流程,开启志愿服务"外卖"模式,将志愿关怀送到群众身边。

第三,深入挖掘天津历史文化,打造特色鲜明的志愿服务品牌。调动志愿服务团队的积极性,探索创建馆藏文物与天津城市历史、当下流行文化深度融合的特色项目。通过博物馆、志愿者团队及社会力量三方联合,让志愿服务项目"有意思、有意义"。挖掘志愿服务队伍中的人才资源,着重打造城市文化、非遗传承、传统民俗等方面的特色志愿服务,开展更加丰富的志愿服务活动。

（三）探索经费保障方式,推动志愿服务持续健康发展

志愿服务活动经费是志愿服务组织可持续发展的关键内容。公益并不等于免费,如果群众付出少量费用就可以从博物馆获得难以替代的文化、艺术乃至独特的体验价值,也可被视为一种公益服务。从志愿服务组织角度出发,首先是充分挖掘自身资源,拓展思路挖潜增效,打造特色志愿服务项目,协调商业赞助或商业广告等途径,都可以为组织发展提供坚强有力的资金保障。其次是组建专门的职能管理部门服务于该特色项目。最后是形成完备的财务公开制度,公示资金使用情况,使得群众更加愿意和放心付费以支持博物馆的发展。

此外,建议相关部门建立志愿者保险及志愿服务项目专项资金,用以保障志愿者的权益和志愿服务项目的运行。积极推进政府购买服务,依法发展志愿服务基金,引导并推动社会资金参与,解决志愿者和志愿服务组织的后顾之忧,减轻广大基层志愿服务管理部门的负担。

平津战役纪念馆志愿服务实践

祁雅楠　平津战役纪念馆文博副研究馆员

叶浩林　平津战役纪念馆文博馆员

赵佳美　平津战役纪念馆文博助理馆员

摘　要： 平津战役纪念馆红色文化志愿服务队自1998年成立以来,在志愿服务领域持续深耕,逐步完善志愿者招募和培训工作,建立起红色文化志愿宣讲团、文明旅游宣传队、平津大讲堂、学雷锋志愿服务岗、永远跟党走等多个志愿服务品牌项目,为弘扬爱国主义精神、建设文明天津、推动社会发展贡献了坚实力量。但志愿服务队在发展过程中也面临管理机制不完善、队伍结构不均衡、活动"乱、松、散"、资金保障不足等挑战。在志愿服务的未来发展中,应当健全志愿服务团队管理运行机制,推动志愿服务品质向"专、精、优"发展,拓展志愿服务资金来源并构建有效的监管机制。

关键词： 平津战役纪念馆　红色文化　志愿服务

党的十八大以来,习近平总书记对弘扬雷锋精神、发展志愿服务事业作出一系列重要指示。2019年习近平总书记视察天津时,到和平区新兴街朝阳里社区志愿服务展览馆考察,称赞志愿者所做的事业会载入史册。天津认真贯彻落实习近平总书记重要指示精神,志愿服务事业取得新发展。作为天津市重要文博场馆,平津战役纪念馆(以下简称"纪念馆")多年来立足红色场馆资源优势,不断深化红色文化志愿服务事业发展,借助志愿服务力量促进了公共服务均等化,取得了良好社会效益。

一　纪念馆红色文化志愿服务队概况

纪念馆红色文化志愿服务队采取常态化招募和特定活动招募相结合的方式搭建志愿服务平台，建设志愿服务队伍。纪念馆招募的志愿者涵盖广泛，包括专家志愿者、社会志愿者和学生志愿者，年龄跨度大、行业分布广、服务特长精，形成了良好的人才梯队和组织架构，提供红色文化宣传、文明旅游宣传、国防安全宣传等丰富多样的志愿服务。

在纪念馆红色文化志愿服务队全体成员的共同努力下，近年来团队收获国家级、市级荣誉二十余项。如"牵手历史——中国博物馆十佳志愿者之星"优秀志愿服务团队称号、2020 年全国文化和旅游志愿服务项目线上大赛三等奖、2021 年文化和旅游领域学雷锋志愿服务先进典型"最佳志愿服务项目"、第十三届中国青年志愿者"优秀组织奖"等，多次荣获天津市学雷锋志愿服务"六个一批"先进典型。这些荣誉激励纪念馆红色文化志愿服务队抢抓机遇、广泛凝聚志愿服务力量，以"大、优、全、新"的志愿服务，积极服务社会。

（一）线上线下联动做好志愿者招募

纪念馆红色文化志愿服务队成立于 1998 年，初期采取线下登记、志愿者手册记录活动的方式进行管理。随着线上平台的发展，2018 年开始采取半自动化方式进行志愿服务管理工作，使管理更加规范。馆内志愿服务招募信息通过天津志愿服务网、纪念馆官方媒体、纪念馆志愿者微信群进行发布，志愿者在天津志愿服务网注册，馆内工作人员与核心志愿者根据相关规定及服务需要，电话联络志愿者进行面试、确定参加活动人选。

为保证志愿者招募工作有序开展，纪念馆制定了《纪念馆志愿服务手册》，说明志愿服务活动章程和规范，便利开展新成员培训；定制志愿者胸牌和服装，强化身份认同；定期整理志愿者名录，每年为志愿者颁发志愿服务证书，掌握志愿者参加活动情况。

（二）丰富培训方式做好志愿者培养

志愿服务队伍的整体素质对于纪念馆发展具有积极作用。为建设一支专业水平高、富有志愿精神的志愿服务团队,纪念馆邀请专业学者根据志愿服务项目设置有针对性的培训课程,采用丰富的培训形式做好对志愿者的培养。

1.培训内容

培训内容主要包括志愿服务基础培训和志愿服务岗位培训。

志愿服务基础培训主要包括:志愿服务起源、志愿精神、理念、义务及志愿者基本素质等相关内容(依照全国以及天津市志愿者服务条例)以及消防安全基础知识、应急管理基础知识。

纪念馆志愿服务岗位培训主要有四项内容。一是参观导讲,负责为观众提供讲解、引导服务。二是文明旅游监督服务,为观众提供参观咨询引导服务,协助疏导观众,维持展厅秩序,协助保护展陈、藏品和观众安全。维护纪念馆主展馆、广场及周边环境秩序,劝阻不文明行为,协助保持环境卫生整洁。三是编辑策划,负责搜集资料、撰写稿件,协助策划主题活动。四是技术支持,负责辅助录音、摄影、PPT播放等工作,为志愿服务活动提供音视频的录制、后期处理等相关技术支持。

2.培训形式

根据志愿服务活动的特点和纪念馆的志愿服务项目要求,采取以下三种方式激发志愿者的主动性和责任感。

第一,集中学习与指导互动相结合的方式。例如开展志愿服务注意事项的讲座培训,在具体活动实施过程中,纪念馆工作人员负责对接各方和解答问题,主要由志愿者做好相关现场服务,落实到细节,做好投影仪的调试、活动现场的布置、现场人员的组织等工作。在不断地磨合中,志愿者更加了解纪念馆的活动流程,明确自己的角色,充分发挥作用。

第二,志愿者相互学习观摩的方式。组织志愿者讲解交流互评,特别是手语引导用语,在互相学习观摩的过程中发现普遍性和特殊性问题及时解决。在小规模培训中通常进行分组展示和观摩,在超过 20 人规模的培训中选择表现优异或者问题明显的,邀请其展示,请其他志愿者点评,提出建议。

第三,优秀志愿者帮助新生志愿者的方式。优秀志愿者熟悉活动方式、基本内容、注意事项,负责团队内的提醒、督促、联络,在新成员加入时能够及时交流经验,让新成员迅速融入,感受到志愿服务团队的强大凝聚力和包容性。

(三)集中与精准结合调配志愿者开展活动

第一,集中调配。大型纪念性活动、会议等需要大量志愿者保障现场服务,采取集中调配的方式组织志愿者。需要集中调配的志愿活动主要在纪念馆微信群内发布。根据不同招募需求,采取微信群接龙、问卷、天津志愿服务网链接、电话联络等形式整合报名信息,将符合要求的志愿者集中到某一活动中。

第二,精准调配。红色宣讲志愿活动、红色大讲堂等志愿服务需要志愿者展示自己的特长,分享输出自己的研究成果和经验,需要纪念馆根据项目特点、服务对象精准调配和安排任务。如红色大讲堂主要借助天津志愿服务网的新时代文明实践服务中心点单、派单、接单的方式完成。

(四)多措并举做好志愿者激励

志愿者自愿参与纪念馆的活动,为进一步激发他们的志愿服务热情,纪念馆多措并举,建立让志愿者有荣誉感、归属感、获得感的激励机制。

第一,证书激励。在志愿者年度表彰中对专家志愿者、突出贡献个人和家庭设置特别表彰环节,颁发定制的荣誉证书,安排事迹介绍推广和现场采访环节,扩大志愿者先进事迹的影响力。

第二,团建激励。为增强中小学生参与志愿服务活动的自主性,基于中小学生志愿者喜欢加入相对熟悉的活动小组,将彼此熟识的志愿者编入同一个任务小组。这种核心小组在合作过程中,心情更愉悦,彼此更默契,由此激励志愿者更乐于参与下一次志愿服务活动。

为大学生志愿者搭建馆校志愿服务合作正向反馈和激励机制,促进大学生志愿者持续参与纪念馆志愿服务。纪念馆与学校沟通,促成学校将志愿服务作为素质教育重要组成部分,以倡议书、加分、表彰、奖励等方式鼓励大学生积极参与纪念馆志愿服务活动。

第三,平台激励。纪念馆将优秀志愿者参与志愿服务的感人瞬间、突出事迹、成长感悟等图文资料在官方平台展示。同时,联络中央电视台、新华社、津云等国家级和市级新闻媒体平台报道志愿者活动精彩瞬间,树立积极、奉献的志愿者公众形象,打造志愿服务品牌项目。

二 纪念馆志愿服务的项目品牌特色

纪念馆充分发挥红色文化志愿宣讲团、文明礼仪宣传、平津大讲堂、学雷锋志愿服务、永远跟党走等多个红色品牌的作用。此外,还与天津市城市综合管理行政执法总队、天津市人民检察院、天津红十字会、天津市河西区律师行业党委、枫叶正红志愿服务队、蓝天救援队等单位开展合作共建,吸引更多志愿者加入,培育党史宣讲专业化队伍,为群众提供更多优质的专业服务。

(一)深耕宣讲项目,诠释红色文化志愿服务的精神力量

第一,进社区,守正创新实现发展之"特"。持续走进多个社区开展特色宣讲活动,根据主题、观众打造新内容新节目。吸纳"全国最美志愿者"退休律师马芳菲、"天津楷模"宝翠花都社区党支部书记林泽银、"中国好人榜"七旬义务讲解员张振东、第七届天津市道德模范"爱心摄影师"孔令智等加入红色宣讲队伍,增强活动的影响力和感染力。纪念馆积极主动开展志愿服务,亲民视角、守正创新的社区宣讲因此成为鲜明名片,凸显发展特色。

第二,进企业,定制内容实现服务之"诚"。结合企业的业务特色和宣讲需求,设计开展了"中国梦我的梦""遵义会议——中国命运大转折""延安精神永放光芒""不忘初心、牢记使命——打赢新时期的平津战役"等主题公益宣讲报告会800多场次。将红色专题展览送到天津航空等84家机关企事业单位,开展巡展、巡讲活动,参观人数达到数十万人。进企业旨在提供精神食粮,以正能量为生产助力,实现社会效益和经济效益的双促双提。

第三，进校园，品牌迭出实现参与之"广"。走进大中小学校义务开展平津战役史专题讲座 500 余场次，在"永远跟党走""党的故事我来讲""童心向党""红色大讲堂"等活动中培养大批优秀学生党史宣讲员。红色资源进校园让优良传统浸润拔节孕穗期的时代新人，帮助广大青少年深入理解革命文物内涵，主动学习革命历史，坚定报国之志。

第四，进军营，深度协作实现品质之"精"。巡展进军营、党课进军营、宣讲进军营，纪念馆红色文化志愿服务队在与军营开展合作共建的过程中，不断打磨升级内容和形式，培育党史宣讲专业化队伍。在征兵展览、国防教育、文艺演出等深度协作中创作精品。

平津战役纪念馆只有一个，但红色教育阵地可以流动。红色文化志愿宣讲项目及时将政策理论、党史学习教育、革命精神送到不同观众群体中，用活红色资源，讲好中国故事。志愿者们用饱满的热情传递着红色文化的火炬，献上对中国共产党的真挚情感和衷心爱戴，诠释好红色文化志愿服务的精神力量。

（二）赋能助残项目，持续深化志愿服务品牌的价值意义

为倡导扶残助残良好社会风尚，平津战役纪念馆针对不同残障群体开展各类公益服务活动。"我心系公益 献红色爱心"系列志愿服务项目致力于帮助残障人士感悟红色文化正能量，激励他们奋发进取，更好地融入社会。残障人士在志愿服务活动中不仅能够获得帮助，也能够成为志愿者，在志愿服务参与中实现人生价值。

第一，"走出去：让红色文化走进他们"。罕见病——成骨不全症的患者（"瓷娃娃"）因为骨折风险高，无法承受路途颠簸，纪念馆志愿者带着拍好的文物故事和景观视频来到天津市武清医院瓷娃娃关怀中心开展宣讲，邀请现场参与活动的患者用画笔描绘纪念馆，并将活动过程制作成小短片《我眼中的平津馆》，激励更多残障人士克服病痛、阳光生活。

第二，"请进来：让他们走进红色文化"。纪念馆开展对残疾青少年群体的教育活动。尤其是在全国助残日、国际博物馆日等重要时间节点举办"牵手同行"文化助残"公益活动,向包括盲人、听障人士和智力障碍儿童在内的残疾青少年观众推出了残疾人专属公益讲解服务,让他们感受到纪念馆这个第二课堂的有趣而温暖。纪念馆志愿者积极引导肢体残疾人、盲人使用无障碍通道参观,讲解时特意放慢速度;搀扶盲人观众触摸雕塑、兵器,用生动阐述营造沉浸式参观体验。

第三,"手拉手:让手语点亮一盏明灯"。纪念馆编写手语培训班教材,面向150余位青少年志愿者开展手语基础培训,来自天津医科大学的志愿者已成立80人规模的手语社。天津市先后有50批次的听障人士进馆参观。手语志愿者热情引导,获得一致好评。

第四,"心连心:让云端汇聚强大信心"。新冠疫情防控期间,纪念馆志愿者下沉社区加入社区网格化防控,义务宣传疫情防控知识,介绍纪念馆系列云讲解、云导览活动。此外,纪念馆组织专业志愿者拍摄普及防疫知识的手语视频并发布,还特别推出了"跨越时空的力量:不同的战场相同的信念"湖北籍将领系列海报,在特殊时期弘扬战胜困难的精神力量。

(三)打造线上项目,丰富志愿服务活动开展形式

第一,红色馆藏故事走进电视专栏。IPTV《红色馆藏故事》收录平津战役纪念馆推出的"中国精神展",让观展更加便利。这一热度极高的展览以建党百年历史为轴,以社会发展进程为线,集中展示建党以来不同时期极具代表性的60种精神。通过对这些精神的展示与解读,讲好中国革命的故事、中国人民的故事、中国共产党的故事,为"奋进新时代,开启新征程"提供强大精神力量。

第二,云讲解系列上线移动端。腾讯视频是热度很高的在线视频媒体平台,受众基数大、传播范围广。因此,纪念馆与腾讯视频合作,上线云讲解、一级文物介绍、照片背后的故事等系列视频,让红色故事活起来。观众随着讲解员的介绍,了解文物和展品背后的故事,感受波澜壮阔的历史。

第三,有声故事开通音频分享。每天从清晨开始,数百万的用户通过喜马拉雅App、网站收听音频节目,丰富碎片时间。纪念馆上线"平津战役纪念馆

宣教部"喜马拉雅有声故事说，介绍英雄人物的感人事迹以及东北野战军、华北军区部队将领的戎马生涯。不仅全面介绍，还注重细节渲染，让听众产生强烈的现场感，深化对历史的了解，增进历史学习兴趣。

第四，平小津直播间互动点燃学习热情。直播是新时代博物馆连接观众的重要方式，纪念馆在腾讯、抖音的账号"平小津直播间"也已经通过多期直播与观众互动交流，积累大量人气。先后为观众推送"津门子弟兵'云游'平津""平安中国（三）未成年人保护法律知识百问百答""乘风破浪的大国利器"等与群众生活息息相关的内容，通过讲述故事、观看珍贵展品、普及生活知识等方式，拉近观众与历史的距离，强化精神传承的纽带。

三　纪念馆志愿服务发展面临的挑战

平津战役纪念馆红色文化志愿服务队经过二十余年的实践，打造出多个特色品牌，在扶残助残、创文创卫、志愿宣讲等方面获得了有效经验。但向更专业的志愿队伍看齐，为社会大众提供更专业的志愿服务，纪念馆红色文化志愿服务队在一些方面还有待提升。

（一）志愿服务团队管理机制不完善，专业度有待提升

志愿服务团队管理机制有待进一步完善。纪念馆志愿服务团队管理缺乏自主性。其一，志愿者招募主要依托纪念馆公众号、既有的志愿服务群、志愿者自主报名、馆校合作等，招募信息渠道比较单一，志愿者面试之后被吸纳的比率较低，目前难以做到志愿者分类定岗定责。其二，志愿服务团队目前由馆内工作人员与志愿者协同管理：宣教部主任主导，志愿服务队队长牵头，馆内四名讲解员配合，志愿者负责人协同管理。但由于管理人员不充足，无法对各类志愿项目做到专人专管，管理团队内部存在对接不及时、分工不明确等问题，影响工作效率。其三，志愿服务团队内部缺乏自主管理，志愿者之间缺少沟通交流，整个志愿服务团队的凝聚力有待进一步提升。

志愿者的专业素养有待提升。加入团队的志愿者和志愿服务团队的管理

者都要有责任心以及一定的专业能力。虽然近年来纪念馆吸纳了不少社会志愿者,覆盖法律援助、医疗健康、扶老助残等多个领域,但是在心理疏导、食品安全、疾病防控等专业领域,志愿者力量仍显不足。在开展社会性志愿服务过程中,志愿服务的专业化、精细化水平不高。

(二)志愿者人才队伍结构不均衡,缺乏服务长效性

目前纪念馆红色文化志愿服务队有在册志愿者千余人,包括大中小学生志愿者、社会志愿者和残疾人志愿者,其中大中小学生占比75%以上。虽然志愿服务队伍初具规模,但真正能够发挥作用的志愿者较少。

大中小学生志愿者、残疾人志愿者是志愿服务团队的主力军,他们在开展红色宣讲、扶残助残等志愿服务中发挥主要作用。但是,学生受到升学、就业等影响,难以持续参与志愿服务活动,导致志愿者流动性大、人才队伍无法形成常态化服务机制。同时,还存在社会志愿者参与度相对较低的问题。社会志愿者受工作性质、自我认知、服务路程等因素影响,服务时间不固定。综合来看,纪念馆尚未形成稳定的人才队伍,志愿服务的活跃度受到影响。

(三)志愿服务活动存在"乱、松、散"现象,主动创新性有待提升

志愿服务工作缺乏前置性。纪念馆红色文化志愿服务队的志愿服务项目主要集中在红色讲解员培训、志愿宣讲、扶残助残、红色大讲堂四个方面。有时会有临时通知的志愿服务活动,这时需要志愿者马上到位提供志愿讲解服务。然而,由于时间紧、任务重,临时通知活动难免与志愿者生活相冲突,此类情况较多,导致志愿者产生志愿服务是临时事件的不良印象,不利于常态化管理和组织。其他志愿服务活动主要是配合重要节假日、纪念日等时间节点开展主题活动,不够有条理,尚未形成固定的体系。

团队管理者对志愿工作缺少计划性。志愿服务团队管理者因工作内容繁杂,有时会疏忽志愿服务工作。部分管理者对跨月、跨季度、固定纪念日等工作缺少计划性。有些临时决定开展的活动存在方案不够全面、人员安排不够合理等问题。

志愿者积极主动性不够。一些志愿服务活动过多依赖团队管理者的策划组织,在开展志愿服务活动前期,管理者就活动的设计、规划、统筹等方面未能充分征求志愿者意见。由此导致志愿者不能对志愿服务活动充分理解,志愿者的主观能动性不能被充分激发和调动。

（四）志愿服务项目资金保障不足

目前纪念馆红色文化志愿服务队活动资金主要来自政府财政资金支持,资金来源渠道较为单一,相对有限。然而,志愿服务团队的日常管理、人员培训、激励奖励等,以及志愿服务活动的设计与策划都需要一定资金的支持。大型志愿服务项目的开展则需要更多资金来推动。由于资金不足,部分志愿服务活动难以常态化进行,也使一些大型志愿服务项目无法正常开展。志愿服务的活跃度受到一定影响。

四　促进纪念馆志愿服务高质量发展的举措

为更好地应对发展过程中遇到的挑战,促进志愿服务高质量发展。平津战役纪念馆应当从志愿服务团队管理运行机制、人才队伍管理机制、提升志愿服务品质、拓展志愿服务资金来源等方面着手开展工作。

（一）完善管理机制,提升志愿服务团队专业能力

实行志愿者队伍半自主管理,建立专人专岗专责制度。推动志愿服务的有效有序,不仅需要馆内工作人员参与管理以把握方向,也需要志愿者中产生领队来提高工作效率。选择在法律咨询、心理健康、扶残助残等领域表现较为突出的优秀志愿者作为总负责人,加入志愿服务管理团队,提升志愿服务管理团队的专业性。在招募志愿者后,充分征求志愿者的意愿,实现志愿者自主意向和岗位之间的高度匹配与契合。设立扶残助残组、文艺宣讲组、活动接待组、新闻宣传组、人员联络组等,通过岗位分工,发挥志愿者专长。

定期组织专业技能培训,提升志愿服务团队的专业水平。开办志愿服务

核心人才培训班,定期聘请各领域专业人员为志愿者开展培训,涉及志愿服务的基本知识、人力管理、法律法规、应急知识、心理健康、讲解技巧等内容。通过学练结合、同行交流、集中培训与指导互动相结合等方式全方位提升志愿者的职业素养。

吸收专业人才加入志愿团队,改善人才结构。纪念馆红色文化志愿服务队积极与社会各个领域的志愿团队建立合作关系,覆盖法律援助、扶老助残、疾病防控等方面,通过合作共建吸收各行业的专业人士加入志愿服务队伍,发挥专业志愿者在团队中的引领作用,带动整个队伍更好地服务社会大众。

(二)健全奖惩机制,推动志愿服务长效发展

完善志愿服务时长记录机制。纪念馆应在现有的志愿服务活动时长记录基础上增加相应的时长奖惩机制,如对于能够按时参加志愿服务并表现优秀的志愿者实行时长双倍记录方式;对于没有按时参加志愿服务、表现不积极的志愿者实行相应的时长扣分制度。

建立荣誉激励机制。纪念馆以志愿者累计服务时长、所做工作的难易程度、志愿者的积极性等方面为标准,评选出各个领域的优秀志愿者,为他们颁发荣誉证书并进行表彰宣传,给予志愿者正向反馈。推荐表现优秀的志愿者参与国家级、市区级相关评选活动,激发志愿者的荣誉感,树立优秀标杆。

利用物质激励志愿者积极参与。在重要节点、重大活动中,策划相应的文创产品赠送环节,通过物质奖励激励志愿者积极参与。

(三)激发志愿者主动性,推动志愿服务品质向"专、精、优"发展

创新志愿服务内容,打造精品志愿服务项目。在现有志愿服务项目基础上守正创新,推出一些适应时代发展的特色志愿服务。例如志愿宣讲项目,除了为社会大众宣传红色文化外,专门成立科普宣讲小组,宣传心理健康、网络诈骗、知法懂法等与公民生活息息相关的知识,让志愿服务切实惠及民生。

发挥志愿者主动性,不断提高志愿服务精准度。每月由团队管理者采取"互联网＋实地调研"的方式,制定志愿服务清单,动员各组志愿者进行实地调

研,征求民众意见。志愿者所提交的每份成果作为时长记录依据,每月依据调研数量评出最佳志愿者,并给予奖励证书,以此调动志愿者的积极性。通过出具服务清单—补充社会民众需求—优化志愿服务项目—提供个性化专业志愿服务,以此形成知民需、行民盼、解民忧、帮民困的良性志愿服务系统,逐步实现志愿服务精准化、服务品质高效能。

加强团队管理者的计划性,做到未雨绸缪。每年年初,由团队管理者依据志愿者意见及观众需求策划本年度志愿服务活动,对志愿活动进行分类,将工作细化、条理化,有计划地开展志愿服务。志愿团队管理者每年度固定举办志愿者表彰大会;各季度固定开展红色大讲堂、志愿宣讲、讲解员培训班等特色志愿服务项目;每月依据法定节日、纪念日策划出满足观众不同需求的志愿活动。例如,国庆节招募志愿者进行馆内志愿服务、全国助残日开展扶残助残活动、世界环境日开展文明旅游志愿活动等。

（四）拓展志愿服务资金来源,构建有效的监管机制

探索多元化资金募集渠道,助力志愿服务长效发展。各级政府在举办志愿服务项目评比活动过程中可设立相应的资金奖励机制,激励志愿服务组织积极作为。纪念馆红色文化志愿服务队积极探索与社会企业合作,通过自身优秀的志愿者、最佳志愿服务项目、志愿服务优秀品牌吸引社会资助者,不断拓展志愿服务资金来源。

健全志愿服务资金的监管机制,确保资金使用公开透明。建立由专人负责、公众监督的资金筹集使用平台,详细记录每一笔资金的使用去向,并在平台进行公布,促进社会募捐资金从筹集到使用良性循环的常态化运行机制。

中新天津生态城志愿服务实践

中新天津生态城社会事业发展局

天津生态城志愿者协会

摘　要： 作为"新"型城市功能区，中新天津生态城独有的居民文化和社会环境孕育了具有生态城区域特色的志愿服务内容。生态城志愿服务的显著特征是"锦上添花"而非"雪中送炭"，在生态城志愿服务中，脱贫攻坚、助残扶弱、社会救助等民生保障问题占比低，而社会赋能、人文发展和社会治理等内容占比过半。历经十年，生态城志愿服务立足顶层设计，不断推进区域实践，通过"五心"工作法，聚焦"五为"志愿服务，以"1+1+N"志愿服务体系为导向，努力探索出了具有生态城区域特色的志愿服务事业发展模式。目前生态城志愿服务发展仍存在协调机制不健全、支持和保障措施有待完善等问题。为此，生态城应坚持守正创新，做新品牌、做实项目、做强体系、做大文化，努力推动志愿服务的制度化、专业化、智慧化和项目化建设，实现从提供社会服务向参与社会治理、凝聚社会共识的转变，由此发挥志愿服务在参与社会治理和推动社会可持续发展中的重要作用。

关键词： 天津生态城　志愿服务　"五心"工作法　"五为"志愿服务

志愿服务是社会文明进步的重要标志，是加强精神文明建设、培育和践行社会主义核心价值观的重要内容，也是新时代文明实践的主要形式。中新天津生态城不断创新志愿服务内容，营造浓厚氛围，汇聚各方力量，激发服务热情,以志愿服务项目为抓手,不断提升居民的获得感、成就感和幸福感。同时,坚持问题导向,不断探索志愿服务多元化、专业化发展模式,通过队伍组建运作和资源链接整合,进一步提高了志愿服务增进民生福祉的能力和涵育主流价值、培育文明新风的引领力。

一 生态城志愿服务建设成效

（一）志愿服务协同发展机制日益完善

党政领导,青工妇协进。生态城志愿服务事业的快速发展得益于志愿服务领导机制的完善。2013 年,生态城志愿者协会在管委会社发局党委的指导下正式成立。第二社区党群服务中心设有志愿服务之家(志愿者工作指导中心),在社区一级建立了学雷锋志愿服务站。社发局的引领为志愿服务事业发展创造了良好的社会基础。有效发挥党组织、工会、共青团、妇联、社会组织的作用,是志愿服务事业发展的另一个推动力。党建带妇建,把党日活动和志愿服务结合起来,依托社区社会组织建立志愿服务组织,把社区治理和志愿服务结合起来,借助工会、共青团的组织系统,把志愿服务延伸到区域的每个角落。

协同联动,党建带领促发展。为了更好凝聚企业、机构、志愿服务组织的力量,将志愿服务融入党建工作,完善企业、机构便捷参与志愿服务的途径,协会在社区服务中心党支部的指挥带领下成立政企志愿服务联盟,为各界搭建参与志愿服务的平台,充分发挥各自优势,合作共赢。如今,生态城越来越多的企业和机构认识到自身的社会责任,积极主动参与到志愿服务中来。

（二）志愿服务制度化、专业化建设卓有成效

制度化建设方面,生态城志愿服务管理制度从一个个相对独立的规定,逐步形成了制度体系。目前生态城已经初步建立起以志愿服务激励机制为枢纽的志愿服务管理制度、志愿服务项目管理制度、志愿服务平台运营管理制度、志愿服务支持孵化制度等制度体系。在上述各项制度的支持下,初步建立起

了志愿者主动参与志愿服务的良性发展机制。此外,民间志愿服务组织支持孵化机制和各类主体参与志愿服务的便捷机制也为生态城志愿服务事业的健康发展提供了制度保障。

专业化建设方面,截至 2023 年 6 月,生态城注册志愿者数量从最初不足百人发展到 1.3 万余人,服务时长从不足 3000 小时/年,增长到 2.2 万小时/年,服务站点从 3 个发展到 60 余个,服务队伍从 5 支发展到 80 支。志愿服务人群从以老年人为主,逐步扩展到青年、少年,现有注册志愿者中,青少年比例已经超过 60%。在职志愿者也由政府事业单位工作人员为主,逐步拓展到企业人员为主。越来越多的企事业单位主动参与到志愿服务中来,为志愿服务发展提供人力、物资和智力等多方面的支持。越来越多具有专业技能的志愿者加入志愿服务中,利用自身的专业特长,开展了多样化的服务。具有专业技能的志愿者占比超过了 50%,一大批专业技术人员、研究人员、教师、医护人员、律师加入志愿服务队伍。近年来,生态城每年开展专业志愿服务超过 100 场。志愿者不再仅凭热情参与到服务中,更是用自身的技能、知识、智慧参与到服务中,促进了志愿服务品质的提升。

(三)志愿服务内容与时代发展不断融合

志愿服务不再拘泥于形式,无数不同年龄、不同身份但怀揣同样志愿精神的人参与其中,根据"量力而行,尽力而为"的理念,不断满足居民的多样化需求。从早期的青少年"课后托管"项目,到生态城本土文化社区节、乐活家庭市集、滨湖河畔音乐汇、新春交响乐、青少年成长学堂、健康小屋、春风文工团、爱心中转站等 120 余个品牌项目,不仅成为服务居民的载体,也成为居民日常生活的组成部分。服务领域也从便民服务类、环保服务类逐步拓展到文化服务、安全服务、宣传服务、科普服务、专项服务等领域。从服务特定领域、特定人群逐步拓展到了全领域覆盖。服务活动也从单一与零散的模式,逐步形成了以项目化运作为主、主题活动为辅的模式,使志愿服务内容从孤立化迈向体系化,保证了志愿服务的可持续性。

生态城将志愿服务与社会基层治理现代化相融合,将志愿服务与人民对美好生活的向往相融合,使志愿服务更好地适应新时代基层治理的新挑战与新要求。历数过往,三年抗疫一次次的新冠疫情流调、一次次的全民大筛、一次次的物资配送,志愿服务在抗疫一线从未缺席。深入社区,走访困难家庭、慰问单亲母亲、为空巢老人提供帮助,为他人送去关爱等。十年来举办绿色环保、文明实践、文娱演出、科普宣传等大型公益活动上百场,用实际行动谱写了新时代志愿精神。

二 生态城志愿服务实践特色

（一）创新特色志愿服务方法

志愿服务是城市文明进步的标志,也是社会变迁发展的重要动力。生态城志愿服务以"五心"工作法为出发点,聚焦"五为"志愿服务,开展常规化志愿服务活动,提升城市品质生活。

暖心为"老"。"为老"志愿服务是重要的民生工作,也是新时代文明实践志愿服务的一项重要内容。在科学助老方面,与共建单位、联盟机构新城医院、中福颐养老年机构开展老年人健康义诊、健康体检等活动。在智慧助老方面,不断创新助老服务内容,与天津科技大学合作开展多场次"老年人智能手机课堂",结合防诈 App 提高老年人防诈反诈意识,解决老年人"不会用、不敢用、不想用、不能用"智能手机的问题。在全面为老助老志愿服务方面,常态化开展慰老文艺演出、老年乐龄课堂、戏剧歌舞社团等,以文体娱乐为主要内容,丰富老年人的精神文化生活。同时,开展老年普法教育宣传活动,讲解相关政策,增强老年人的自我维权意识。开展爱心义剪、节日慰问等系列助老服务。以多方面、多平台、多层次为辖区老人送去服务,做到老有所乐、老有所养、老有所为,不断满足老年人各方面的需求。

爱心为"小"。为推动全社会践行儿童友好理念,满足儿童成长发展需要,依托青少年成长学堂、未成年人科普营地、儿童友好社区等项目,资源联动共建发展。在 2023 年,生态城开展青少年志愿者培训活动 2 场、联合 4 所学校举办了"我把雷锋讲给您听"主题演讲活动,征集到 200 余份作品,25 份作品参加了现场展示。此外,还开展"阅"读"悦"成长系列亲子活动、《论语》课堂等未成年人活动,积极为未成年人提供多样化的成长平台,打造"为小"服务新天地。

贴心为"困"。特殊群体志愿服务是志愿服务的重要组成部分,为培育和践行社会主义核心价值观,弘扬"奉献、友爱、互助、进步"的志愿精神,进一步强化特殊群体服务为志愿赋能,2023 年,爱心中转站项目开展 5 场活动,还启动了志愿"蓝灯行动"项目,在万达广场举办了"爱不孤单,携手相伴"关爱孤独症儿童社区志愿服务活动。同时,联合新滨海义工协会、小白鸽公益等机构在万达广场等地开展 4 场公益市集活动,与新滨海义工协会开展"浓浓端午情 慰问暖人心"主题志愿服务活动,走访慰问辖区内 45 户困难老人及空巢老人,共同营造关爱、接纳、友好的社区社会氛围,传递社会温度。

舒心为"心"。为科学调试压力,守护心理健康,天津生态城志愿者协会2023 年推出心灵港湾志愿服务项目,邀请心理咨询专家,旨在为区域居民及区内员工提供心理疏导服务,开展"心灵补给 赋能加油"赋能主题讲座。未来,心灵港湾志愿服务项目还会通过讲座、一对一辅导等形式,为辖区群众开展社会心理健康守护行动,分类引导各类基层群体共同营造健康和谐的社会心理环境。

聚心为"需"。不断创新服务模式,汇聚各方力量,激发服务热情,以志愿服务项目为抓手,不断提升居民的幸福感,传递文明新风。以"社区节邻里日""我们的节日""乐活市集""共同缔造平台"等生态城特有品牌,开展常态化志愿服务。在 2023 年,图书漂流志愿服务项目开展各类活动 20 余场,并与华夏未来教育签署合作协议,共同在华夏未来广场设立图书漂流驿站,共同开展服务活动。

(二)创建本土化志愿服务平台

在我国,志愿服务要获得持续生命力,必须扎根于"本土"资源,只有和本土的思维、价值、文化营造等有机结合起来,志愿服务才能被广为接受。自

2021年以来,生态城深入贯彻落实滨海新区开展"党建引领市域社会治理现代化"和"美丽滨城建设 你我共同缔造"部署要求,积极联动区内企业(吉宝置业中国天津分公司),线上与线下齐联动,"共同缔造志愿服务平台"。此项目是生态城志愿服务事业中社区治理层面因地制宜的智慧一笔,生态城联动吉宝智城依托"智慧社区"升级,打造基于城市居民信用活动与志愿服务的区域性"共同缔造服务平台"。

"线上与线下"联动,搭建志愿服务新平台。通过"1+2+N"模式,即1个志愿服务平台作为落地窗口,融合新加坡前沿智慧社区运营经验与生态城基层社区治理双方优势资源,围绕社会治理、志愿服务、文明诚信,设置了共治社区、活力社区、和谐社区、绿色社区等N大社区运营模块,盘活社区人力、物力闲置资源,将志愿服务的受益人群延伸至志愿者本身,使"单向付出"变为"双向循环"。线下通过成立共同缔造文明实践站、共同缔造志愿服务站、居民创新创业中心等实体站点,组建共同缔造志愿服务队伍,打造线上线下互通联动,实现志愿服务的一网式覆盖。建立数据平台,对志愿者登记、活动信息发布、志愿者培训、志愿者积分管理、活动展示进行统一化管理,实现智慧化、规范化、数字化,实时掌握,实时发布。截至2023年6月,共同缔造服务平台已注册用户5万人,认证志愿者6000余人,共开展新冠疫情防控、绿色环保、全民科普等志愿服务活动300余次。

"点单与常态"齐联动,实现志愿服务高效率。为实现精准化、智能化服务需求,提高服务效率,共同缔造志愿服务平台推出志愿服务"在线点单",对于居民及时性、突发性、个性化需求,可以提出"点单式"服务,有需求的居民可以通过线上、线下平台,随时发出服务申请,由社区网格长及志愿服务队快速回应,实现志愿服务与居民需求的有效对接。同时,联动生态城志愿者协会与19个社区学雷锋志愿服务站实行志愿服务常态化,建立"共同缔造志愿服务站",整合区内外企事业单位志愿者、学校志愿者、社会组织志愿者等资源,定期与不定期结合的方式开展一对一志愿服务活动320余次(截至2023年6月),真正把服务送到老百姓的心坎上。

"倡导与引导"联动,推进志愿服务制度化。为促进志愿服务可持续化发展,不断激发志愿者的服务热情,共同缔造服务平台推出"智慧＋志愿——福利时时兑"志愿服务积分管理办法,志愿者通过共同缔造服务平台所获志愿服务积分可以进行全平台兑换。实行志愿服务积分制管理,一方面创新性地建立起区域性的志愿服务激励机制,采用精神激励与物质激励并重的模式,把志愿服务作为挖掘社区精英骨干、发展党员的"必谈必讲必问"内容,让参与志愿服务成为社区党员群众的自觉行为。另一方面,广泛吸纳社会力量参与志愿服务活动,志愿者可根据服务时长获得积分,把表现突出的社会志愿者及优秀的社团带头人通过媒体进行广泛宣传,对"志愿服务之星""最美志愿者""优秀志愿者""杰出志愿者"进行表彰,让志愿者在奉献中有荣誉、受尊重、得实惠、添动力。同时,共同缔造服务平台积极与生态城46家爱心企业建立合作关系,丰富志愿者积分使用的领域,为平台的自我良性运作打下基础,并积极探索建立志愿者俱乐部为志愿者赋能,为志愿者组建队伍、开展服务提供种类丰富的定制化支持。

(三)打造区域志愿服务品牌项目

1. "青少年成长学堂"助力儿童友好城市发展

在生态城的常住人口中,青少年比例接近30%,家庭条件总体较好,社区调研发现生态城家长更加关注青少年的全面发展。基于此,志愿服务"青少年成长学堂"项目在2016年成立。项目以青少年的发展为切入点,以促进青少年儿童个人素养提升为主要目标,连接各类资源,以科学、艺术、能力、心理健康提升为主要内容,为青少年提供多样化的选择,满足青少年个性化的需求,实现个人成长。同时也延伸出"父母大讲堂",开展教育讲座,实现家校社共育,促使项目次要受益群体为青少年的家长。服务活动以"学生假期社会实践""生态手工坊""亲子学堂""科学俱乐部""快乐英语角""小艺术家""父母学堂""点亮蓝灯"等子项目为载体,共开展活动、讲座百余场,着力推动儿童友好城市发展。

2. "图书漂流"项目赋能全国书香社区

生态城秉承"全面贯彻循环经济、重视可再生资源和能源的利用,实现经济高效循环"这一理念。2021 年由天津生态城志愿者协会、哈云科技（天津）有限责任公司共同发起成立了"图书漂流"志愿服务项目。该项目通过"免费领书、换书、捐书、读书"的形式，让居民家中闲置的图书流动起来，促进旧书籍的循环利用，促进阅读，为生态城成功创建国家级"书香社区"打下了良好的基础。项目以区域居民、学校学生为主要活动对象，以图书漂流驿站为项目常态化运营的骨干节点，以"线上漂流图书馆"为扩展面，实现常态化运作，达到循环、可持续健康发展，营造浓厚的读书氛围，广受居民欢迎。

活动形式上，采用不定期活动与站点活动相结合的形式。在生态城不同的社区轮流开展"图书漂流"活动，平均每周 3—4 场活动，覆盖 3 个以上社区，激发了居民参与的热情、读书的热情。通过送书入社区，居民可领取、交换、捐赠图书等，促进居民"全民阅读"意识的提升。在生态城区域内的主要商业街区、社区，先后设立了 8 处漂流驿站。依托驿站，开展常态化的"图书漂流"活动，居民可以到任何驿站参加活动，领取图书、交换捐赠图书，极大地方便了居民就近参与。

运营模式上，以生态城志协为核心，以哈云科技为主体，成立了项目运营团队，负责项目的日常运作。同时积极吸引爱心企业参加，不断为项目注入资金、物资、人力等资源，促进项目的可持续发展。截至 2023 年，在生态城开展活动一百余场，覆盖了生态城大部分社区，共有 5000 余人次参与活动，领取图书 4000 余册，交换书籍 11000 余册，接受捐赠图书 5500 余册。同时，项目积极联合生态城的企事业单位开展多样化活动。例如，联合社区党群服务站，在中新友好图书馆举办红色文化教育讲座，为小读者们讲述党史故事，帮助其树立正确的世界观和人生观。与中新天津生态城投资开发有限公司在其企业园区开展"助力图书漂流 畅游浩瀚书海"文化共建活动，让入驻企业员工在工作之余享受知识的洗礼。

3."爱心中转站"积极践行志愿奉献精神

天津生态城志愿者协会的特色志愿服务项目"爱心中转站"由协会发起，以社区骨干、社区社会组织成员为主要力量，于 2016 年 11 月在生态城第一邻里中心挂牌成立。每周日上午 9 点至 11 点，志愿者提供服务，对居民捐赠的

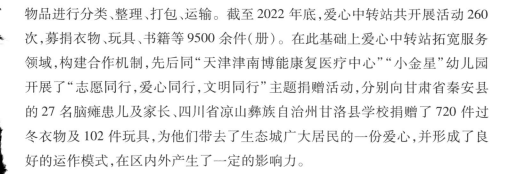

物品进行分类、整理、打包、运输。截至 2022 年底,爱心中转站共开展活动 260 次,募捐衣物、玩具、书籍等 9500 余件(册)。在此基础上爱心中转站拓宽服务领域,构建合作机制,先后同"天津津南博能康复医疗中心""小金星"幼儿园开展了"志愿同行,爱心同行,文明同行"主题捐赠活动,分别向甘肃省秦安县的 27 名脑瘫患儿及家长、四川省凉山彝族自治州甘洛县学校捐赠了 720 件过冬衣物及 102 件玩具,为他们带去了生态城广大居民的一份爱心,并形成了良好的运作模式,在区内外产生了一定的影响力。

三 生态城志愿服务发展存在的不足

生态城志愿服务工作总体上取得明显成效,但是与人民群众需求还有一定的距离,如何实现生态城志愿服务事业高质量发展是生态城面临的主要挑战。

(一)专业化水平有待提高

志愿服务的专业化水平不足是志愿服务的弊端之一。生态城社区里的一批热心公益人士,虽然有大量的空余时间和精力,但要么是被动参与社区志愿服务活动,要么是有心却无能力。目前许多志愿者缺乏必要的专业服务知识和服务能力。因而,怎样进一步提高志愿者的专业知识、服务技巧和业务能力,是生态城志愿服务在高质量发展中需要解决的问题。为此生态城在专业志愿服务路径上要进行深入的探索。

(二)资源整合力有待增强

志愿服务需要不断注入资源才能实现可持续发展。志愿者协会是负责规划、指导、组织、协调生态城志愿服务工作的一个中枢平台。所以,生态城志愿者协会要想方设法增强自身链接资源的能力,通过不断拓展、维护现有合作伙伴,提升其参与支持志愿服务的热情,同时也要思考怎样联动拥有较多企业资源的部门帮助协会牵线搭桥,助力协会拓展资源。从目前的环境来看,生态城志愿服务高质量的"资源"比较少,如何吸引有质量有文化有知识的志愿服务资源,如何通过合理组织和配置群体的资源,促成一种"协商协作、互助互爱"的集体行为理性,是生态城志愿服务需要解决的难题。

（三）志愿服务能力有待提升

随着生态城志愿服务事业的快速发展,生态城志愿服务呈现服务领域、服务方式多元化的趋势,在这种趋势下,要不断加强服务能力建设。当前生态城志愿服务能力在三方面有待进一步提升。一是志愿者协会缺乏培育孵化服务团队的能力;二是缺乏组织、策划服务项目与服务活动的能力;三是缺乏强化宣传与交流能力,在利用多种媒介对生态城志愿服务进行宣传,并积极与其他志愿服务组织进行交流互动的能力方面,还有待进一步提升。

四　生态城志愿服务高质量发展的对策建议

志愿服务事业既是经济转型、社会变迁的产物,也是政府职能转型,建设高效、节约、服务型政府的必然要求。如何更好地激发志愿群体的参与积极性,如何更好地促进志愿服务组织的健康成长,如何提高社会对志愿服务事业的认可度和美誉度,将成为今后几年生态城志愿服务高质量发展的关键所在。

（一）健全志愿服务领导体制

生态城的志愿服务已经实现由社区服务转向区域综合性志愿服务,志愿服务已经走出社区服务领域,拓展到社会服务领域。然而,生态城志愿服务领导体制还停留在社区服务时代,存在多头管理、部门各自为战的情况,志愿服务信息和资源未能实现融通共享,难以满足现有志愿服务高质量发展的需求。因此,建议参照2020年中央成立全国志愿服务工作协调小组模式,成立由管委会分管领导挂帅、社发局牵头、各相关委办局参加的生态城志愿服务工作协调小组,负责全区域志愿服务工作的总体规划、协调指导、督促检查。为保证协调小组的有效运作,可以在社发局设置办公室,负责日常的协调、组织工作。

（二）鼓励社会群体参与志愿服务

志愿服务应当把志愿群体身上蕴藏的参与社会的巨大热情和积极性长期地保护好、引导好、发挥好。目前在志愿群体行为特征的调查中,生态城各类单位参与志愿服务,主要停留在合作共建,开展服务活动层面,缺少长期化、体系化的深度参与。为促进各类单位广泛深入参与志愿服务,建议首先要建立生态城区域的志愿服务奖励机制,对积极参与服务的单位进行表彰与宣传;其次,要从税收、政府服务等途径,探索对积极参与志愿服务单位给予优待的措施;再次,要建立志愿服务项目认领机制,以年度为单位,以需求为导向,开放各单位进行认领;最后,要探索以志愿服务积分为载体,在全区域各类单位实施志愿者优待的途径。

（三）强化志愿服务支持和保障

志愿服务本身是很难实现自我"造血"的公益事业,需要各界的广泛支持才能实现可持续发展。为了保障志愿服务资源的可持续性,建议建立以政府购买为辅、单位支持为主的志愿服务资助体系,同时探讨成立区域性志愿服务基金的可能性。整合生态城本土的企业和名人资源,成立旗舰式的公益基金会,以基金会的方式支持志愿组织的发展提升,让资源有效对接,让服务更加精准。进一步扩大调研规模,分别向合作伙伴、志愿者、居民发放调查问卷,梳理各类服务资源以及服务需求,为服务项目服务活动策划提供支持。

（四）完善志愿服务激励机制

生态城志愿服务激励机制包含三个层面,精神层面即对志愿服务典型进行表彰,并利用多种媒介进行广泛宣传,增强其荣誉感和自豪感;物质层面即服务积分兑换,志愿者可以兑换物品、社区服务、特色活动等,志愿服务团队可以兑换用于团队开展服务的物资;社会层面即为志愿者服务,对志愿者进行赋能,开展志愿者间互动交流,开展特色服务活动,起到提升志愿者凝聚力。生态城志愿服务激励机制由三个组成部分,志愿服务平台即技术支持平台,实现志愿服务经历记录、积分兑换、志愿者宣传等功能；志愿者俱乐部即服务志愿者，提升志愿者凝聚力；志愿服务联盟即资源提供者，为志愿服务体系提供人力、物资、智力等方面的支持。

（五）动员社会多元主体参与志愿服务

建议以年度为单位，推出服务项目与活动，由合作方认领，并将最优秀的合作方吸收进志协理事会。开展志愿服务需要积聚来自社会各方的力量，反过来，生态城志愿服务的发展又促进了社会多元主体的参与。通过党政系统的力量，把"机关干部"的力量动员起来；通过社区力量，把"社会人"的力量组织起来；通过共青团组织网络，把企业员工吸纳进来；通过公益组织，把"外来人口"吸纳进来，形成一个覆盖全社会的动员参与网络。生态城还制定了"合作伙伴—共建单位—单位会员"三级合作模式，让单位参加服务更加便捷。分类分级管理，推送服务项目与活动，促进共同发展。

（六）尝试志愿服务文化传播"出圈"探索

志愿服务文化是志愿服务工作的"精、气、神"。因此加强志愿服务文化建设与传播，打造志愿服务整体品牌，是推进生态城志愿服务事业高质量发展的必然要求。未来可尝试通过文字、特别策划等形式，在刊物推出志愿者专题、十大志愿服务行动专题、志愿服务项目专题，总结志愿服务经验，宣传志愿服务典型；通过"我们的节日""邻里日"等活动契机，借助电视、网络、公益广告等载体，推广志愿服务理念；通过志愿者主题文艺作品、摄影作品、办展等形式，传播志愿服务文化；推出生态城志愿服务的专属标识、形象设计，运用于志愿服务媒体宣传中，提升志愿者的亲和力和志愿服务的知名度。通过多载体、全方位的志愿服务文化传播，促使志愿服务影响力逐渐增强，志愿服务理念深入人心，志愿服务事业"锦上添花"。